PAUL KRIEGER

p + b

Das Buch - die Autoren

Weiß gut Deutsch, *bin* warm, und morgen *planiere* ich mein Leben. Plane oder planiere, wissen oder können, bin warm oder mir ist warm - das sind typische Fehlerquellen, die Deutschlernende immer wieder vor Probleme stellen. Oft ist es die Muttersprache, die durch «Falsche Freunde» zu Verwechslungen führt, oft sind es Ähnlichkeiten zwischen Wörtern und Strukturen, die in die Irre leiten. *Versprechen Sie Deutsch? Fehlerverlern - buch für Ausländer / neu* bringt Sie auf den richtigen Weg zurück. Lesen, Erkennen, Testen -so lautet das Konzept. Verwechslungen in Satzbau, Wortbildung und Rechtschreibung werden in kurzen Geschichten mit Witz und Ironie thematisiert. In zwanzig eingeschobenen Übungen können Sie überprüfen, ob Sie das gerade Gelesene verstanden haben und richtig anwenden.

Gemeinsam schrieben Hans-Jürgen Hantschel und Paul Krieger für Klett in der Reihe *"Mit Erfolg zu..."* Test- und Übungsbücher für die verschiedenen Niveaus des gemeinsamen europäischen Referenzrahmens. Ebenso waren sie an der Erarbeitung von Tests für das Goethe-Institut in Zusammenarbeit mit TELC beteiligt.

Hans-Jürgen Hantschel hat Amerikanistik, Anglistik und Klassische Philologie studiert. Er ist zurzeit im Sprachbereich Deutsch der Johannes-Gutenberg-Universität tätig, zuständig für die Testentwicklung für Deutsch als Fremdsprache. Zuvor war er - und ist es nach wie vor - als freier Sprachtrainer an Volkshochschulen, in Firmen und Institutionen tätig und führt Methodik bezogene Fortbildungsseminare für Sprachlehrer/innen durch.

Paul Krieger studierte Amerikanistik, Anglistik und Publizistik. Er ist Autor, schreibt Lyrik und Prosa und arbeitet als Sprach-Coach in der Erwachsenenbildung. Seine Sprachen da: Deutsch – English – Italienisch.

Mehr hier zu Paul Krieger und seinen Büchern hier: www.paul-krieger.de

Paul Krieger / Hans–Jürgen Hantschel

Deutsch

Versprechen
Sie Deutsch?

Fehlerverlernbuch für
Ausländer / neu

Gewidmet ist dieses Buch all den wunderbaren
Menschen, die wir kennenlernen durften, als sie
ihr Deutsch verbessern wollten, um die
Mittelstufenprüfung (B2, C1) des Goethe-
Instituts zu bestehen.

Und ein großes Dankeschön für die Gestaltung
des neuen Umschlags an Ekaterina Ratkevitch-
Knazuk.

Impressum

Versprechen Sie Deutsch? Fehlerverlernbuch für Ausländer / neu

Aktualisierte und erweiterte Neuauflage
durch *p+b*, Wiesbaden, 2014
ISBN: 978-3927684331

Auch für Kindle und andere Formate erhältlich
Originalausgabe im Rowohlt Taschenbuch Verlag Gmbh
Reinbeck bei Hamburg,
als: Versprechen Sie Deutsch? Fehlerverlernbuch für Ausländer
dann p+b-Verlag
Umschlagsgestaltung: Ekaterina Ratkevitch-Knazuk
Gestaltung Paul Krieger
Offsetdruck durch: WirmachenDruck
Auflage3 / 2017
© Paul Krieger

Internet: http://www.paul-krieger.de/versprechen-sie-deutsch
Auf Facebook: https://www.facebook.com/VersprechenSieDeutsch?

Inhalt

Inhalt

Versprechen Sie Deutsch? ist wieder da, in aktualisierter und erweiterter Form. Dem veränderten Leseverhalten tragen wir Rechnung - genießen Sie das Buch auch auf Ihrem Kindle, Ihrem Tablet oder ihrem Computer. Natürlich liegt es auch wieder in gedruckter Form vor.

Wir unterrichten seit 1980 Deutsch als Fremdsprache, seit 1994 haben wir gemeinsam in unseren Kursen auf die Mittelstufenprüfung vorbereitet. Bei Klett finden Sie unsere Übungs-und Testbücher zu den verschiedenen Deutsch-Prüfungen in der Reihe: "*Mit Erfolg zu...*"

Wir haben in all den Jahren viele Sätze unserer Teilnehmerinnen und Teilnehmer gehört, viele Aufsätze gelesen und dabei festgestellt, manche Fehler werden immer wieder gemacht - obwohl doch Satzbau, Kasusregeln und Adjektivendungen und dergleichen bestens bekannt und verstanden sind. Wie kann man das ändern, so überlegten wir.

Irgendwann hatten wir dann die Idee zu *Versprechen Sie Deutsch?*, dem Fehlerverlernbuch Deutsch, das recht erfolgreich war und ist, wenn auch der Verlag gewechselt hatte und das Buch eine Zeitlang vergriffen war.

Zurück zum Buch:

Sie finden hier die häufigsten Fehler, die Ausländer, bzw. Sie irgendwo auf der Welt im Deutschen immer wieder machen, wenn Sie aus beruflichen Gründen oder einfach aus Spaß an der Sprache Ihr Deutsch in Schrift und gesprochenem Wort benutzen. Wir haben in unseren Mittelstufenkursen und in Kursen von Kolleginnen und Kollegen Deutschlernende befragt: Was ist das Schwierigste in der Grammatik für euch, welche Wörter verwechselt ihr immer wieder? So haben wir die häufigsten Wortpaare und grammatischen Phänomene gefunden, mit denen Sie in *Versprechen Sie Deutsch?* üben werden.

Sprache lebt, die deutsche Sprache lebt auch, manche starre Regel verliert sich in einer modern benutzten Sprache. Sie finden in *Versprechen Sie Deutsch?* das Deutsch, das Sie in der täglichen Kommunikation mit anderen, im Fernsehen, im Radio, in Filmen hören oder in der Zeitung und in Büchern lesen.

Es heißt, Deutsch sei eine schwere Sprache. Aber ist nicht jede Sprache schwer, wenn man sie gut beherrschen will? Solange Sie Spaß am Erlernen einer Sprache haben, solange werden Sie auch immer besser in dieser fremden Sprache und werden sich eines Tages zu Hause in ihr fühlen. Dessen sind wir uns aus Erfahrung ganz sicher. Haben Sie Spaß an unserem ein wenig unorthodoxen Buch, stecken Sie es in Ihre Tasche und lesen Sie darin, wann immer Sie Lust haben. Oder nehmen Sie Ihren Kindle, Ihr Tablet zur Hand und lesen Sie die kurzen Geschichten über Menschen und Gedanken, die Ihnen bekannt oder auch unbekannt sind. Lesen Sie dann die Erklärungen. Am besten immer wieder, denn eine Sprache zu sprechen, bedeutet ja nicht, dass man sie dann schon korrekt benutzt, wenn man die Grammatik perfekt verstanden hat. Eine Sprache korrekt zu sprechen, heißt üben, immer wieder üben - wie Akrobaten, die eines Tages das Hochseil beherrschen wollen. Im Deutschen sagen wir: Übung macht den Meister. Also, üben Sie und haben Sie einfach Spaß dabei!

Abschließend noch dies: Wir bedanken uns bei all denen, die durch ihre Nachfrage nach dem Buch uns den Mut gegeben haben, es nun wieder aufzulegen. Und ebenso bedanken wir uns bei den Teilnehmerinnen und Teilnehmern in unseren Kursen, die uns bei diesem Fehlerverlernbuch geholfen haben. Allen ein dickes Dankeschön.

Und wenn Ihnen dieses Buch gefällt, weil Sie es hilfreich und auch unterhaltsam finden, dann erzählen Sie davon in Ihren Kursen oder Deutsch-Foren.
Oder kommen Sie auf unsere Facebook-Seite "Versprechen Sie Deutsch?" und lassen Sie uns dort Ihre Meinung wissen.

Und jetzt – fangen Sie an und haben Spaß beim Lesen, Üben und Testen.

September 2017
Ihre Autoren

So macht es Spaß, das Buch zu lesen:

Lesen Sie das erste Kapitel "Testen & Üben 1".

⇩

Lösen Sie den kurzen Test.

⇩

Kontrollieren Sie Ihre Antworten im Schlüssel.

⇩

Nur zwei richtige Antworten? Lesen Sie noch einmal das erste Kapitel. Oder suchen Sie in Kapitel 1 nach den Wörtern in Test 1, die Ihnen Schwierigkeiten bereiteten.

⇩

Überlegen Sie, warum Sie diese Aufgabe nicht richtig lösen konnten.

⇩

Machen Sie eine Pause und genießen Sie Ihren Tag oder Sie lesen weiter, weil Sie zufrieden sind. Gehen Sie dann zu Kapitel 2.

⇩

Kapitel 2 gelesen? Noch nicht müde oder gelangweilt? Dann lesen Sie eben jetzt gleich in Kapitel 3 weiter. Oder Sie machen endlich eine Pause und genießen sich und Ihren Tag. Die restlichen Kapitel laufen Ihnen nicht weg.

aber / sondern

Ob Englisch oder Französisch, ob Urdu oder Deutsch: Wer schlechte Zähne hat, kann nicht gut sprechen. Deshalb hat Arnold nicht nur eine Bürste zum Zähneputzen, *sondern* drei. Die schöne Amy hat *aber* nur eine. Und Shakira hat gar keine Zahnbürste, *aber* sie hat eine vollautomatische Zahnputzmaschine.

Sondern und *aber* drücken einen Gegensatz aus. Der Unterschied im Gebrauch: *Sondern* folgt auf einen verneinten Satz. *Nicht* ich..., *sondern* du... .

abheben / hochheben

Das Telefon klingelt. Lady Gaga *hebt* den Hörer *ab* und meldet sich. Am anderen Ende spricht Ronaldo. Er schlägt vor, am Abend ins Restaurant "Zum Hungrigen Engel" essen zu gehen. Lady Gaga möchte kurz in ihren Terminkalender schauen, ob sie noch frei ist. Ihr Terminkalender liegt unter dem Telefon. Vorsichtig *hebt* sie das Telefon *hoch*, um den Kalender hervorziehen zu können.

Abheben: Heute hebt man zumeist keinen Telefonhörer mehr ab, sondern eher Geld.
Hochheben kann man vieles, z. B. Lady Gaga.

absagen / versagen

Justin *sagt* alle Termine *ab*. Er muss sich gut auf seine morgige Prüfung vorbereiten, denn er hat mit Hugh gewettet, dass er die Prüfung besser machen werde als er. Er darf also morgen auf gar keinen Fall versagen.

Absagen = einen Termin zurücknehmen; *versagen* = etwas sehr schlecht machen oder nicht schaffen, wie z. B. eine Prüfung.

abstellen / abstellen

Daniel kommt gerade von der Arbeit nach Hause und sehnt sich nach Ruhe. Er *stellt* das Fahrrad im grünen Hof seines Hauses *ab*.

Mensch, ist das hier ein Lärm, so denkt er. Seine Tochter Ella hört schon wieder Beethovens Neunte bei voller Lautstärke. Daniel schreit, so laut er kann: *„Stell* doch endlich diese Musik *ab*, man versteht ja sein eigenes Wort nicht mehr!"

Zwei Bedeutungen: ein Fahrzeug oder einen Gegenstand *abstellen* = an einen Platz stellen und weggehen. Zweitens: Musik oder eine Maschine *abstellen* = ausschalten.

abstellen / aufstellen

Der Polizist knurrt Lionel an, der gerade seinen Maserati Gran Tourismo parken möchte: „Hier können Sie aber Ihr Auto nicht *abstellen*. Sehen Sie nicht das Schild, das hier *aufgestellt* ist? Halteverbot!" „Gut", antwortet Lionel, „dann steigen Sie bitte ein und fahren so lange mit meinem Wagen um die Ecken, bis ich mit dem Spielen fertig bin."

Abstellen = sein Auto parken, oder einen Gegenstand irgendwo stehen lassen;
aufstellen = Dinge wie Straßenschilder werden fest an einem Platz *aufgestellt*. So können sie nicht umfallen. Auch Fußballer werden in einer Mannschaft *aufgestellt*. Die fallen aber öfter um als Straßenschilder.

ähneln / gleichen

Mary-Kate sitzt auf einer Parkbank. Die Frau daneben *ähnelt* ihr. Sie *gleicht* ihr, weil sie ihre ZwillingsschwesterAshley ist.

Gleichen ist ein Verb, das außer dem Subjekt nur eine Ergänzung im Dativ annimmt. Andere Ergänzungen passen da nicht mehr hin.
Ähneln bedeutet fast dasselbe wie *gleichen* und hat auch nur Platz für eine Ergänzung im Dativ.

ähnliche werden / ähnlich werden

Eltern sehen oft nicht, wenn ihre Kinder ihnen *ähnlich werden*. Die anderen sehen aber, wenn Kinder *ähnliche* Menschen wie ihre Eltern *werden*.

In *ähnlich werden* ist *ähnlich* Nominativergänzung. Und die hat nie (!) eine Endung. Dagegen wird *ähnlich* in *ähnliche Menschen* attributiv gebraucht, d. h. wie ein Adjektiv, ein Eigenschaftswort also. Deshalb muss die Endung da hin. Bisweilen findet sich das in einem Satz wie: Das sind *ähnliche.* Auch hier ist *ähnlich* wie ein Adjektiv gebraucht, das Substantiv ist aus Schönheitsgründen weggefallen, weil es schon im Satz vorher steht. Man denkt dann: *ähnliche* Menschen.

ai / ei

Herr Einstein fand in einem *Laib* Brot ein Oster*ei.* Da freute er sich sehr. Doch aß er es viel zu hastig – schwer liegt es nun in seinem geschwächten *Leib.*

Unser Tipp, damit Sie nichts durcheinander bringen: Wer *ai* (bitte nicht verwechseln mit au!) hört, schreibt bitte immer *ei*, wie in Oster*ei.* Nur in wenigen Fällen darf er ein *ai* benutzen, z.B. wenn er hört: Ein L*ai*e kann einen L*ai*b Brot nicht vom Fischl*ai*ch unterscheiden.

alle / alles

Jedes Jahr feiert Angela ihren Geburtstag mit einer großen Party. Sie lädt dann ihre zwölf besten Freunde und Freundinnen aus der Welt der Politik ein. *Alle* sind gekommen, natürlich auch Nikolas. Angela hat persönlich Kuchen, kleine Häppchen und Salate vorbereitet. *Alles* schmeckt den Gästen sehr gut.

Alle steht hier für alle Personen, *alles* steht für: *Alle* Sachen, die es zu essen gab, schmeckten den Gästen sehr gut.

alle / jeder

„Guten Tag, ich begrüße *alle* Damen und Herren zu unserem kleinen Deutschkurs. Ich hoffe, *alle* werden viel Spaß und Freude haben und möglichst viel lernen. Doch zuerst die wichtigste Regel: *Jede* und *jeder* soll hier sprechen dürfen und *alle* sollen *allen* zuhören."

Alle ist wie ein Plural zu *jeder.*
Jeder/ jede / jedes betont mehr *jeden* Einzelnen. *Jeder* ausländische Tourist möchte das Schloss Neuschwanstein sehen.

alles glauben / an alles glauben

Anna ist wirklich nicht zu helfen. Sie *glaubt* Wavel *alles*, was er ihr sagt, selbst wenn es die größten Lügen sind. Dabei sind doch seine Lügen so offensichtlich. Aber Anna muss wohl in Wavel verliebt sein. *Glauben* Sie auch *an* die Liebe und ihre Macht?

Glauben = etwas als richtig ansehen;
glauben an = ein Ideal haben (Gott, die Liebe usw.).

am / im + Zeitausdrücke

Am Montag gehen manche nicht so gern zur Arbeit. *Im September* beginnt der Herbst, manchmal auch schon *im Juli. Im Sommer* reisen viele Deutsche in fremde Länder. *Am* Anfang *der Ferien* sind alle Schüler voller Freude, *am* Ende *der Ferien* langweilen sich manche und freuen sich auf die Schule. *Im Januar 1933* begann eine unheilvolle Zeit in Deutschland. *Im Moment* regnet es einmal nicht. *Am Abend* möchte ich mit dir ins Kino gehen. Vorsicht! *In der Nacht* sind alle Katzen schwarz, auch wenn es heißt, sie seien grau.

Am steht mit Tagen (*am Montag, am Dienstag* etc.) und Tagesabschnitten (*am Morgen, am Mittag, am Nachmittag, am Abend*) sowie in den Ausdrücken *am Anfang* und *am Ende*.
In/im steht mit Monaten (*im Januar im Februar* usw.), außerdem mit den Jahreszeiten (*im Sommer, im Winter*) sowie in den Ausdrücken *in der Nacht, im Moment. In + Minute, Stunde* etc. drückt aus, wann etwas in der Zukunft geschehen wird: *In fünf Minuten* beginnt die Show. Nebenbei gesagt: Nennt man im Satz eine Jahreszahl, zum Beispiel 1996, dann heißt es so: Ich bin 1956 geboren. Siehe auch: in 1998 / im Jahr.

an der Universität/ in der Universität

Sabrina studiert *an der Universität* Mainz Mathematik. Meistens macht ihr das Studium großen Spaß, nur im Hochsommer ist es *in der Universität* zu heiß und zu schwül. Sabrina geht dann lieber ins Schwimmbad.

An der Universität = Da verbringen Studierende einige Jahre;
in der Universität = im Gebäude der Uni gibt es auch eine Bar.

andauernd / weiterhin

Andauernd dieses schlechte Wetter in Deutschland! So klagen viele ausländische Studenten. Wann hört das denn endlich auf? So fragen sie. Leider können wir ihnen keine große Hoffnung machen. Es wird auch *weiterhin* immer unbeständig bleiben.

Andauernd = eine Zeitlang ohne Pause;
weiterhin = auch in Zukunft so wie jetzt. Es bleibt, wie es ist.

anderes / anders

Jeder Mensch ist *anders*, und je nachdem, woher er kommt, ist er auch *anderes* gewöhnt: *andere* Traditionen, *andere* Kleidung, *anderes* Essen, ein *anderes* menschliches Verhalten.

anderes = etwas anderes;
anders = anders (sein).

anders / anders herum

In der Türkei ist vieles *anders* als in Deutschland. Trotzdem stehen dort die Häuser nicht *anders herum*, die Eingangstüren sind nicht hinter dem Haus und die Häuser stehen auch nicht auf dem Dach, da wären sie ja unbewohnbar.

Antrag / Auftrag

Moni muss ihr Visum, also ihre Aufenthaltsgenehmigung verlängern lassen. Dazu muss sie ein Formular, einen *Antrag*, ausfüllen. Herr Wulff ist leider arbeitslos geworden. Er stellt einen *Antrag* auf Arbeitslosengeld. Diese Sorgen hat Silvio nicht. Er baut ein neues Haus, das alte hat zu wenig Zimmer. Er baut es natürlich nicht selbst. Die Baufirma Bungagunga & Co. hat den *Auftrag* zum Bau des Hauses erhalten. Die Firma hatte zuvor Miss El Mahroug zu ihm geschickt – mit dem *Auftrag*, die Details zu besprechen.

Der *Auftrag* = Damit bittet man jemanden förmlich, etwas für einen zu tun. Meist eine Arbeit, die dann bezahlt werden muss.
Der *Antrag* = Damit bestellt man etwas bei einem Amt, bei einer staatlichen Institution. Eine besondere Bedeutung von *Antrag*: Hat Silvio Ruby einen *Antrag gemacht, sie* gefragt, ob sie ihn heirate?

antworten / beantworten

> Es war einmal ein Angestellter, der musste jeden Tag die Briefe unzufriedener Kunden *beantworten*. Das war keine schöne Arbeit. Deshalb kam er immer wieder zu spät ins Büro. „Entschuldigen Sie bitte", sagte er dann zum Chef, „ich habe verschlafen." Da *antwortete* der Chef: „Was, zu Hause schlafen Sie auch noch?"

Man *beantwortet* also einen Brief oder eine Frage und *antwortet* auf eine Frage oder auch auf einen Brief. Was hast du auf diesen dummen Brief *geantwortet*?

Artikel / kein Artikel bei Berufsangabe

> „Sind Sie *Ärztin* oder *Tierärztin*?", fragt ein Bauer, der eine Frau sucht, beim ersten Date. Und die Dame fragt zurück: „Sind Sie *ein echter Bauer* oder sind Sie *der Schauspieler*, der in allen Talkshows in einer anderen Rolle auftritt?"

Kein Artikel bei Angabe des Berufs! Nur wenn auf einen Relativsatz hingewiesen wird: *die Keramikerin, von der* man gerne kauft.

Artikel / kein Artikel

> *Beruhigungstabletten* beruhigen zwar, machen aber auch dumm. Da fragt man sich sofort: Welche machen nicht dumm? *Die Tabletten* von Föring oder die von Marx?

Will man sagen, dass allgemein (alle) *Beruhigungstabletten* dumm machen, heißt es: *Beruhigungstabletten* machen dumm. Allgemeine Aussagen bekommen *keinen Artikel*. Anders sieht es aus, wenn Irina die Grammatik vergisst und schwärmt: „Deutsche Sprache ist ziemlich schöne Sprache!" Klar, sie schwärmt von *der deutschen Sprache. Die deutsche Sprache* ist eine ziemlich schöne Sprache. Es heißt *eine*, weil Irina natürlich nicht alle Sprachen schön findet, aber doch die eine oder andere, wie zum Beispiel ihr Russisch oder Deutsch.

auch mich / mich auch

> Alida kennt *mich auch*. Alida kennt *auch mich*.

Da gibt es schon einen Bedeutungsunterschied. Im ersten Fall denke ich: Fritz und Franz kennen mich, und Alida kennt *mich auch*. Im zweiten Fall: Alida kennt Fritz und Franz und *auch mich*. Es geht also um die Sichtweise, das heißt, aus wessen Sichtweise etwas gesagt wird.

auch / sogar

Der berühmte Sänger der Superband Bammstein erzählt Shakira von sich und seinen Erfolgen in der ganzen Welt. Nach einer halben Stunde macht er verlegen eine Pause. „Verzeih, dass ich immer nur von mir rede. Jetzt wollen wir *auch* mal von dir reden." – „Wie?", fragt Shakira überrascht. „Du willst *sogar* meine Meinung hören?" – „Aber natürlich!", antwortet der berühmte Sänger. "Wie findest du denn meinen neuesten Song Shakgirlstyle?"

Spricht man erst von einer Sache, dann von einer anderen, heißt es: *auch*. Wenn man dabei *auch* ein Erstaunen ausdrücken will, verwendet man: *sogar*.

~~auf anderen Seite~~ /auf der anderen Seite

Der Patient sagt: „So weit geht es mir ganz gut, Herr Doktor. Ich kann jetzt wieder alles essen. *Auf der anderen Seite* macht mir aber das Atmen Beschwerden." – „Keine Sorge", erwidert der Arzt, „das bekommen wir auch noch weg."

Einfach merken: *auf der einen Seite* = einerseits und *auf der anderen Seite*= andererseits. Siehe zu *anderen Seite* auch Artikel/kein Artikel.

auf den Arm nehmen / in den Arm nehmen

Wissen Sie noch, wen Sie zum ersten Mal *in den Arm genommen haben* und dann zärtlich gedrückt haben? Und wissen Sie auch noch, wer Sie zum ersten Mal *auf den Arm genommen hat?* Nein, das war ganz sicher nicht Ihre Mutter. Die hat bestimmt nicht gesagt: „Hallo ich bin deine Tante."

Spott treiben, jemandem aus Spaß etwas Falsches sagen, das bedeutet: *auf den Arm nehmen*. *In den Arm nehmen* sollte man jeden, der Zuwendung, also Trost oder Liebe braucht.

auf der Stelle / an deiner Stelle

„*An deiner Stelle* würde ich nicht so vorlaut sein", sagt Wladimir zu seinem Bruder Vitali. „Sonst gibt es *auf der Stelle* Ärger."

An deiner Stelle bedeutet: wenn ich du wäre.... , ...
Auf der Stelle heißt: sofort.

auf der Straße / in der Straße

Franz wohnte einmal *in der Schubert-Straße* und Ulli war sein Nachbar. Jeden Morgen trafen die beiden sich *auf der Straße*.

Sie wohnen *in einer Straße*. Sie treffen Leute *auf der Straße*.

auf der Wiese / in der Wiese

Auf der Wiese muhen die Kühe. *In der Wiese* gräbt Paul Grabowski, der fleißige Maulwurf, schon seit Jahren vor sich hin.

Die wenigsten Menschen legen sich freiwillig *in die Wiese*, meist liegen sie *auf der Wiese* und sonnen sich, mancher wurde aber auch schon *in einer Wiese* vergraben. Was gar nicht schön ist.

auf etwas schauen / etwas anschauen

Der Kommissar *schaute* (sich) lange das Foto *an*. Er schüttelte den Kopf, dann reichte er das Bild dem ertappten Verkehrssünder. Der *schaute* hilflos *auf* das Foto in seinen Händen.

Anschauen und *auf etwas schauen* drücken die gleiche Tätigkeit der Augen aus. Aber wenn Sie 60 km/h zu schnell gefahren sind, dann könnte es sein, dass Sie *auf das Foto schauen*, ohne dort etwas zu sehen. Sie stehen nämlich unter Schock angesichts der auf Sie zukommenden Strafe.

aufgeben / aufgeben

Der Lehrer ist restlos erschöpft. Ständig summt ein iPhone oder Galaxy, keiner hört ihm zu. Er denkt: Das Leben ist ein Witz. Man kann nur *aufgeben* oder den Schülern so viele Hausaufgaben *aufgeben*, dass sie nicht mehr kommen oder zu müde zum Simsen sind.

Aufgeben: Schluss machen; *Hausaufgaben aufgeben* = viel Arbeit den Schülern für zu Hause geben.

TEST 1

1. Unsere Presseabteilung wird Ihren Brief so schnell wie möglich
....

    a) antworten   b) eine Antwort geben
    c) beantworten   d) Antwort geben

2. Diane und Joshua haben keinen kleinen Garten, ... einen
großen.

    a) aber   b) sondern   c) auch   d) sogar

3. ....Menschen sind gleich, doch manche sind gleicher.

    a) Eine   b) Jeder   c) Alle   d) Alles

4. Herr Klein geht jeden Morgen zu einem anderen Amt, wo er
.... stellt.

    a) einen Artikel   b) keinen Artikel
    c) einen Auftrag   d) einen Antrag

5. Nach dem Urlaub werden die Koffer im Keller ....

    a) abgestellt   b) aufgestellt
    c) abgehoben   d) hochgehoben

6. .... deiner Stelle würde ich mir diese Entscheidung noch einmal
gut überlegen.

    a) An   b) In   c) Auf   d) Für

7. .... diesem Foto sieht man unsere Oma, als sie noch ein Teenager
war.

    a) In   b) An   c) Auf   d) Auch

Das rechte Wort an den rechten Ort

Auftrag - Am - abstellen - jeder - Weiterhin - Anträge

... Freitag, dem 13., gibt .... normale Mensch seinen Freunden den ...., besonders gut aufzupassen. .... besorgt man .... für die Leute, die man gern hat. So können diese beruhigt ihre Autos auf der Straße ...., wenn sie in Urlaub fliegen.

Auf die richtige Wahl kommt es an.

1) das Fahrrad *abstellen - aufstellen*
2) *alle - alles* schmeckt
3) der fette Hans, *sondern - aber* der dürre Franz
4) bei der Prüfung *absagen - versagen*

Wer sucht, der findet.

Laib - abheben - auf der anderen Seite - sich gleichen

1) Zum Telefonieren musste man früher: ....

2) Gibt es beim Bäcker: ....

3) Eineiige Zwillinge tun es: ....

4) Sagt man in Diskussionen: ....

Raus mit den Fehlern

„Aber liebste Frau B., warum darf ich Ihnen keinen *Auftrag* machen?" So fragte Herr Raab Frau B. - „Mein Herr", sagte Frau B. zu Herrn Raab, „es gefällt mir nicht, dass Sie *der* Moderator von Beruf sind." Herr Raab dachte nun daran, dass Frau B. nicht nur Herrn Jauch, den Millionenbringer, gut kannte, *aber* auch Angela. Da bedankte sich Herr Raab ganz höflich dafür, dass Frau B. seine Frage so ehrlich *antwortet* hatte.

1) statt .... heißt es ....
2) statt .... heißt es ....
3) statt .... heißt es ....
4) statt .... heißt es ....

Dreimal laut lesen bitte

1) Ein abgestelltes Auto stellt keine Schilder auf.

2) Jeder hat alles und alle haben nichts.

3) Der Laie trägt am Leib keinem Laib Brot.

4) Studenten sind an der Universität zu Hause.

aufgeweckt / aufgeweckt

Claire hat ihren Freund um vier Uhr *aufgeweckt*. Sie lachte, als der Freund sie irritiert ansah und ihr sagte: „Ich weiß, du bist ein *aufgewecktes* Kind. Deshalb lässt du mich besser weiterschlafen."

Aufgeweckt ist das Partizip Perfekt von *aufwecken*. Wer hat Sie heute Morgen *aufgeweckt* – das Handy oder ein lieber Mensch? *Aufgeweckt sein* dagegen bedeutet: klug, intelligent. An der Endung sieht man, dass es wie ein Adjektiv gebraucht wird.

Aufmerksamkeit / Aufmerksamkeiten

„Danke für Ihre *Aufmerksamkeit*", sagt Frau Rodriguez, als sie ihren Vortrag beendet. Alle Zuhörer klatschen begeistert. Auch Herr Müller ist begeistert. Er hat sich sogar in Frau Rodriguez verliebt. Dann hat er eine Idee. Er wird ihr jeden Tag *eine Aufmerksamkeit* schicken: montags eine Rose, dienstags Pralinen, mittwochs ein Büchlein. All diese *Aufmerksamkeiten* werden ganz sicher ihr Herz gewinnen.

Aufmerksamkeit im Singular bedeutet a) aufpassen auf das, was andere sagen oder tun und b) ein kleines Geschenk für jemanden, dem man etwas Liebes damit sagen will. *Aufmerksamkeiten*, der Plural, hat immer nur die zweite Bedeutung.

aufwachen / aufwecken

Als Leon am Morgen *aufwacht*, sieht er, dass es schon sehr spät ist. Er beschwert sich bitterlich bei seiner Mutter: „Warum hast du mich nicht *aufgeweckt?*" – „Ich habe dich dreimal zu wecken versucht", sagt da die Mutter, „aber du hast nicht reagiert."

Man *wacht* am Morgen *auf* oder später, wenn kein Wecker, keine Mutter oder Vater oder sonstige Zeitgenossen einen wecken oder *aufwecken*. *Wecken* und *aufwecken* ist das Gleiche, nur ist *aufwecken* bildhafter. Siehe auch: *aufgeweckt* /aufgeweckt.

aufwachsen / erwachsen

Wenn Kinder *aufwachsen*, brauchen sie viel Liebe, Fürsorge und Geduld ihrer Eltern. Wenn sie dann *erwachsen* sind, sind sie keine Kinder mehr, aber sie werden ihre Eltern nie vergessen.

aus ganz Europa / aus der ganzen Welt

Aus ganz Europa kommen Menschen zu uns, ja sogar *aus der ganzen Welt* kommen Menschen nach Deutschland. Und hoffentlich kommen sie auch weiterhin, denn wir brauchen diese Menschen doch hier.

Das muss einfach so gelernt werden: *aus* Afrika, *aus Europa*, etc., aber: *aus der ganzen Welt*. Die Welt ist die Welt, das wissen Sie.

ausgeben / (he)rausgeben

Peter Hartmann *gibt* in letzter Zeit sehr viel Geld für Kosmetika gegen Falten *aus*. Aber als ihm gestern die nette Drogistin nur vier Euro fünfzig auf seine 200 Euro *herausgab*, da hat er geschluckt und sich vorgenommen, nicht mehr so viel Geld für Anti-Falten-Cremes *auszugeben*.

Ausgeben heißt: Geld für etwas bezahlen. *Herausgeben* bedeutet: Jemand bezahlt und bekommt Geld aus der Kasse zurück. Am besten so merken: *ausgeben für/ (he)rausgeben auf.*

ausziehen / sich ausziehen

Die Miete wurde erhöht, deshalb mussten Fred und Maria aus ihrer alten Wohnung *ausziehen*. Jetzt sitzen sie in der neuen Wohnung bei einem Glas Wein und überlegen, wo sie *sich* am besten *ausziehen*. Sie haben nämlich noch keine Gardinen vor den Fenstern.

Man *zieht sich aus*, um schlafen zu gehen. Oder weil es aus irgendwelchen Gründen zu heiß ist. Aus einer Wohnung *zieht* man *aus*, wenn man umzieht. Siehe auch: Umzug / Einzug / Auszug.

außer / außerdem

Fritz dachte, es gibt nichts Gutes, *außer* man tut es. *Außerdem* kostet es nichts *außer* einer Briefmarke und etwas Zeit, wenn ich der Bundeskanzlerin einen Brief schreibe. *Außerdem* macht es Spaß, einmal seine Meinung zu sagen. Also schrieb er diesen Brief. Nach drei Monaten ist aber noch immer keine Antwort gekommen und er denkt: *außer* Spesen nichts gewesen.

Nichts außer bedeutet hier: nur. *Außerdem* ist identisch mit: und. *Außer* kann aber auch bedeuten: wenn nicht. Lesen Sie ruhig den Text ein zweites Mal.

außerdem / außer dem

Frau Elvira Sonnenschein ist nie allein im Seniorenheim. *Außerdem* bekommt sie oft Besuch von einem jüngeren Herrn. Das ist ihr Enkel. *Außer dem* besucht Frau Sonnenschein allerdings niemand.

Außer dem steht für: *außer diesem.* Zu au*ßerdem* schauen Sie nach unter: außer/ außerdem.

außerdem / zusätzlich

Herr B. wollte frei von Ängsten vor der Zukunft sein. *Außerdem* wollte er endlich für sich selbst sorgen können. So kaufte er einen Ochsen, eine Ziege, einen Hasen. *Zusätzlich* erwarb er einen zweiten Ochsen, eine zweite Ziege, einen zweiten Hasen. Jetzt ist Herr B. frei von jeder Angst vor der Zukunft.

Beide Wörter sagen das Gleiche aus: *darüber hinaus.* Aber *zusätzlich* wird nur benutzt, um zu sagen, dass man zu einer Sache eine weitere Sache macht oder bekommt.

Beamte / Beamter

Der *Beamte* schaut Fräulein Soares streng an, als diese ihr Portemonnaie aus der Handtasche nimmt. Er sagt: „Glauben Sie etwa, dass sich hier in Deutschland *ein Beamter* bestechen lässt?

Tipp zur Schreibweise: Der *Beamte* hat kein 'R' am Ende, aber *ein Beamter* braucht sein R unbedingt, damit man weiß, dass es sich um einen Mann handelt. Ebenso verhält es sich bei: *der* Angestellte, *ein* Angestellter. Die Angestellte, eine Angestellte.

Bedürfnis / Bedürfnisse

Früher *hatte* man in Deutschland an Samstagen das *Bedürfnis*, in eine Badewanne zu steigen. An Sonntagen spürte man das *Bedürfnis*, in die Kirche zu gehen. Heute sind diese *Bedürfnisse* kaum noch bei den Leuten zu finden. Dafür können aber ganz neue *Bedürfnisse* gefunden werden, zum Beispiel an Sonntagen mit einem dicken Rad durch den Wald zu rasen.

Das Bedürfnis haben ist ein feststehender Ausdruck, und hier werden der bestimmte Artikel sowie der Singular benutzt. Wer einfach nur sagt, er habe ein *Bedürfnis*, der sucht wahrscheinlich dringend eine Toilette. Das sind jetzt zwei verschiedene Bedürfnisse.

bei ihm leben / mit ihm leben

Siggi kann sich als Studentin keine eigene Wohnung leisten. Deshalb *lebt* sie *bei* Onkel Fritz. Der hat gerade ein Zimmer frei, weil ihn seine Ex, also seine Ex-Freundin Martha, *mit* der er lange Zeit zusammen*gelebt* hatte, vor Kurzem verlassen hat.

Wenn Siggi *mit* Onkel Fritz *leben* würde, wäre das ein furchtbarer Schock für die Familie. Dann wären sie ja ein Liebespaar, oh je!

bei jemandem schlafen / mit jemandem schlafen

Die Party dauert bis in den frühen Morgen. Andreas letzte Straßenbahn ist schon lange abgefahren. Deshalb *schläft* er diese Nacht *bei* Jörg. Rita und Christina aus seiner WG tuscheln natürlich miteinander. Ob er wohl auch *mit* Jörg *schläft*?

Bei jemandem schlafen = übernachten;
mit jemandem schlafen = Sex haben. - Nur eine kleine Präposition, deren falscher Gebrauch aber durchaus manche verwirren kann,

bei / an

Die schönsten Blumen gibt es im Geschäft *am/beim* Theater. Es ist gleich neben dem Theater. *Bei* Flora *an* der Ecke Hauptstraße und Poststraße sind die Blumen auch nicht schlecht, aber zu teuer.

Bei benutzt man mit dem Firmen- oder Geschäftsnamen (*bei* Flora); in der Umgangssprache aber auch: in der Nähe von. *An* bezeichnet einen bestimmten Punkt: *an* der Ecke.

bei / zu

Ali (nein, trotz des Namens: ein Deutscher!), steht mit seinem BMW an der roten Ampel. Plötzlich hält neben ihm mit quietschenden Reifen ein Autofahrer mit seinem Audi an. Beide öffnen die Seitenscheiben. „Ei, Guuder, wo geht's denn hier *bei* 'n Aldi?", fragt der Audi-Fahrer. „*Zu* Aldi", korrigiert Ali. „Was – Aldi schon *zu?*", meint irritiert der Audi-Fahrer und braust davon.

Gegen die Tücken der deutschen Sprache ist niemand gefeit. *Bei* Aldi ist natürlich nicht geschlossen, und hätte der Audi-Fahrer gefragt, wo es *zu* Aldi geht, hätte er von Ali den richtigen Weg erfahren.

beide / zwei

Aijin hat *zwei* neue Freundinnen. Die eine heißt Taijia, die andere Christiane. *Beide* sind sehr nett.

Beide drückt aus, das *zwei* etwas gemeinsam haben.

beim Professor / bei Professor

Bei Professor Müller gibt es Kaffee in der Prüfung und es gibt sogar Kuchen *beim* Professor in der Prüfung, so hat Rahman von anderen Studenten gehört. Daran denkt er, als er nervös vor der Tür des Prüfungsraums sitzt.

Beim Professor Müller werden Sie umgangssprachlich oft hören, was aber falsch ist. Korrekt heißt es: *bei* Professor Müller. *Beim* Professor ist aber richtig, da hier der Name nicht genannt wird. Ich bin *bei dem* (*beim*) Professor. Siehe auch: Artikel / kein Artikel.

Bekannte / Bekannter

A, *der Bekannte* meines Freundes Erik, hat viel Geld und lädt ihn oft zum Essen ein. B, *ein Bekannter* meiner Freundin Valerie, hat auch viel Geld, er lädt sie aber nie zum Essen ein.

A ist auch *ein Bekannter* von Valerie und lädt sie immer gern zum

Essen ein. Valerie ist also nicht traurig, dass B sie nie einlädt. *Der* und *ein* sind also bei *Bekannt...* für das *E* oder *ER* am Ende verantwortlich. Bestimmter und unbestimmter Artikel eben. Siehe auch: Beamte /-Beamter.

Belastung / Belästigung

Achim arbeitet 38,5 Stunden in der Woche. Daneben besucht er das Abendgymnasium, um das Abitur nachzuholen. Außerdem kümmert er sich um seine kranke Mutter. All dies ist für ihn eine große *Belastung*. Seine Nachbarin, Frau Keller, ist oft sehr wütend. Ihr Nachbar Angus hört ständig Heavymetal und das meist sehr laut. Frau Keller versteht oft ihr eigenes Wort nicht mehr. Die laute Musik ist für sie eine *Belästigung*.

Eine *Belastung* entsteht durch schwere körperliche oder psychische Anstrengung, eine *Belästigung* wird meist von einer anderen Person verursacht und macht seelisch kaputt.

belebt / lebend

Was würde wohl ein noch *lebender* Einstein über das Internet denken? Würde er sagen, all die verfügbare Information dort *belebt* den Geist? Eine Antwort auf diese Fragen gibt es leider nicht – Einstein ist ja schon lange tot. Aber überlegen Sie einmal: Was würde er wohl über „Whistleblowers" sagen?

Lebend ist das Gegenteil von *tot*. Grammatisch gesagt: Es ist das Partizip Präsens des Verbs „Leben"
Zu *belebt* finden Sie gleich mehr.

belebt / lebendig

Der Stachus in München ist ein sehr *belebter* Platz. Es wimmelt von Menschen, Autos, Bussen und Straßenbahnen. München ist eine *lebendige Stadt*. Die Menschen gehen gerne aus und auf den Straßen herrscht viel Leben.

benutzt / genutzt

In Japan werden die Essstäbchen anders *benutzt* als in China. Da in Deutschland meistens mit Messer und Gabel gegessen wird, werden die Essstäbchen oft ganz anders *genutzt*. Man findet sie zum Beispiel in Blumentöpfen, wo sie Pflanzen stützen.

Benutzen: Man benutzt etwas, um damit etwas zu machen, zum Beispiel Gabeln zum Essen, den Kopf zum Denken.

Nutzen: Mhmm, ein winziger Unterschied. Vielleicht *nützt* oder *nutzt* diese Erklärung: Man macht mit etwas etwas, wofür es gar nicht gemacht ist. Man zweckentfremdet, z. B. Servietten. Origami- -Meisterinnen und –meister machen gerne Kunstwerke daraus.

bereit / bereits

„Charly, es ist *bereits* 11 Uhr!", ruft Camilla dem depressiven Altprinzen zu. „Wir müssen gleich gehen, bist du zur Krönung *bereit?*"

Bereits = schon; *bereit* = fertig, um etwas zu machen, zu bekommen. Wie Charles, der doch noch König wird.

Besetzung / Besatzung

Die *Besetzung* eines Flugzeugs durch militante Umweltschützer wurde heute Vormittag von der Polizei beendet. Die Umwelt- schützer wollten gegen die Verschmutzung der Atmosphäre durch den wachsenden Flugverkehr protestieren. Die *Besatzung* des Flugzeuges (Kapitän, Pilot, Flugbegleiterinnen und -begleiter) sagte später aus, die Besetzer seien sehr nett zu ihnen gewesen. Man habe keine Angst haben müssen.

Besatzung: die Leute, die im Flugzeug, auf einem Schiff, auf einer Bohrinsel arbeiten;

Besetzung: Leute dringen in ein Gebäude ein und sagen den Leuten dort, jetzt sind wir hier die Chefs und ihr macht, was wir wollen. Aber auch für einen Film ist die *Besetzung* der Rollen sehr wichtig. Wer wäre wohl die ideale *Besetzung* für die Rolle der Queen im irgendwann zu erwartenden Film über ihr Leben?

besonders / etwas Besonderes

Früher waren Flugzeugreisen *etwas Besonderes* für die Leute, *besonders* Reisen nach Florida oder Thailand. Heute sind sie nichts *Besonderes* mehr und so sind heute viele auf der Suche nach dem *Besonderen* unterwegs, dann melden sie sich für das Dschungelcamp an, wo sie live vor der Kamera ekelerregende Insekten essen dürfen.

Ersetzt man *etwas Besonderes* durch eine besondere Sache und *besonders* durch vor allem, dann erkennt man den Bedeutungsunterschied ganz schnell.

besorgen / besorgt sein

Carlos hat sich verfahren und wird deshalb nicht rechtzeitig zu Leilas Party kommen. Er ist *besorgt*, denn er hat Angst, die Gäste essen alles weg, bevor er kommt. „Hätte ich (mir) doch nur eine neuere Straßenkarte *besorgt*!", schimpft er laut.

Besorgen = kaufen, erwerben; *besorgt sein* = sich Sorgen um etwas machen.

besorgen / versorgen

Ani sagt zu ihrem Mann, als sie die feine Wohnung verlässt: „Ich gehe jetzt in die Stadt einkaufen. Ich muss noch ein paar Dinge für Ellen *besorgen*. Schau bitte nach ihr und *versorge* sie."

Ein Baby ist *versorgt*, wenn es genug Essen, Trinken, Wärme und Liebe bekommt. Dafür *sorgt* jetzt Anis Mann, weil sie doch in der Stadt ein paar Dinge *besorgt* (beschafft, kauft).

Besserung / Verbesserung

„Eine *Besserung* ist noch nicht in Sicht", sagte Philipp zu seiner Chefin. – „Dann *verbessern* Sie das", befahl Angela. „Wenn Sie das schaffen, Philipp", verbesserte sich die Chefin, „dann wird sich daraus auf jeden Fall eine *Verbesserung* Ihrer Position in Ihrer Partei und der zukünftigen Regierung ergeben. Das wissen Sie doch."

Die *Besserung* = etwas Krankes oder etwas, was nicht ganz in Ordnung ist, wird besser.
Die *Verbesserung* = eine Person leistet etwas, wodurch ihr Wissen oder ihr Können oder ihre Stellung im sozialen Gefüge (Jaja, was ist das?) oder ihr Gehalt größer werden. Und: *Verbessern* kann auch korrigieren (Fehler *verbessern*) bedeuten.

1. Weil Herr Schurke, Evas neuer Vermieter, so ein Ekel ist, ...

   a) zieht sie sich aus   b) zieht sie aus

2. Paula kauft Peter zum Geburtstag ein neues Hemd und ... eine Krawatte.

   a) außerdem   b) trotzdem

3 .... Müller & Co. ist eine Hausmeisterstelle frei.

   a) Bei   b) In

4. Da Dirk sehr reich ist, hat Geld ... ihn keine besondere Bedeutung.

   ab) an   b) für

5. Die kleine Rita schläft heute ... ihrer Tante Clara.

   a) bei   b) mit

6. Rosen, Pralinen, Parfüms, Ohrringe. Solche ... erhält Julia regelmäßig von ihrem Verehrer Mario.

   a) Aufmerksamkeit   b) Aufmerksamkeiten

7. Clarissa wohnt seit letzter Woche ... der Beethovenstraße 33.

   a) in   b) auf

8. Susanne und Eberhard sind stolz auf ihre dreijährige Pauline, weil sie so ein ... Kind ist.

   a) aufgewachtes   b) aufgewecktes

9. Der Bahnhofsplatz in Frankfurt ist ein .... Platz.

   a) lebender   b) belebter

Richtig oder falsch?

1) In Deutschland werden die freien Hände der Arbeitslosen benutzt, um freie Stellen zu schaffen.   R   F

2) Hunde werden genutzt, um Rentner und Rentnerinnen von dummen Gedanken abzuhalten.   R   F

Senkrecht:

1. Ist kein Fremder und kein Freund. 2. Wer viel Arbeit hat, hat viel … . 3. Was man morgens zuallererst macht. 4. Nomen für "gut aufpassen". 5. Wer viel kauft, macht es mit seinem Geld. 6. Sie arbeiten im Team an Bord von Flugzeugen und Schiffen. 7. Einen Schlafenden in einen wachen Zustand versetzen. 8. Ich kann es mit einer Schlafcouch, aber auch mit einem Pullover machen.

Waagerecht:

9. Anderes Wort für viele kleine Geschenke.

betrachten / beobachten

Lara sieht aus dem Fenster ihrer Wohnung. Sie *betrachtet* den kleinen Park vor ihrem Haus mit den vielen Blumen in vielen Farben. Larissa, ihre Nachbarin, hingegen *beobachtet* oft die Leute auf der Straße. Was macht wohl heute die Nachbarin? Mit wem trifft sie sich, und was könnte das wohl bedeuten?

Betrachten = sich einen Ausschnitt von einem größeren Ganzen genau ansehen und vielleicht auch genießen.

Beobachten = eine Person oder einen Vorgang mit den Augen verfolgen, meistens sogar kontrollieren.

Bevölkerungen / Völker

Wenn die *Völker* der Erde alle miteinander in Frieden lebten, gäbe es keine Kriege mehr. Wenn die deutsche *Bevölkerung* noch weniger Angst vor allem Fremden hätte, gäbe es noch weniger Ausländerfeindlichkeit.

Bevölkerung = alle Leute an einem bestimmten Ort; *Völker* = Spanier, Italiener, Russen und Rumänen zum Beispiel.

bevor / nachdem

Bevor Mahbooba nach Deutschland kam, sprach sie kein Deutsch. In Afghanistan, später in Pakistan hatte sie nur Englisch gelernt. *Nachdem* nun die Kinder größer geworden sind, möchte sie Deutschkurse besuchen, um uns hier von der Situation der Frauen in ihrer Heimat zu erzählen.

Bevor Sie dieses Buch kannten, wussten Sie manches nicht. *Nachdem* Sie dieses Buch gelesen haben werden, werden Sie viel mehr wissen.

bevor / vorher

Beim ersten Mal, da tut's noch weh, doch mit der Zeit, so peu à peu, gewöhnt man sich daran. Hans Albers, ein großer deutscher

Schauspieler, sang dieses Lied vom ersten Liebeskummer in seinen Filmen gerne, *bevor* er dann wieder auf See fuhr. Er sang dieses Lied sehr oft, *vorher* hatte er schon viele andere gesungen.

Wer den Unterschied nicht gleich sieht, schaue bitte nach dem konjugierten Verb. In *bevor*-Sätzen steht es am Ende, das heißt, es handelt sich um Nebensätze. *Vorher* dagegen leitet einen Hauptsatz ein, folglich steht das konjugierte Verb an zweiter Stelle.

bewundern / sich wundern

Die Kunstwerke Salvador Dalis werden von vielen *bewundert*. Seine Zeitgenossen haben sich aber auch oft über seine Bilder *gewundert*. Sie haben sie offenbar nicht recht verstanden.

Bewundern = etwas großartig finden;
sich wundern (Partizip Perfekt: gewundert) = etwas nicht recht verstehen können.

bewusst sein / Bewusstsein

Vielen Menschen *ist* schon *bewusst*, dass man nicht ohne schlimme Folgen weiterhin die Umwelt vergiften kann. Leider bestimmt nicht in allen Ländern dieses *Bewusstsein* bisher das Handeln der verantwortlichen Politiker und Wirtschaftsbosse.

bilden / abbilden

Martha besucht oft Museen und Galerien. Zu Hause liest sie dann Bücher, in denen *abgebildet* ist, was sie sich angesehen hat. Martha *bildet* sich in Kunst. Sergio reist viel. Er sagt, Reisen *bilde*.

(Sich) bilden heißt: Man lernt dies und das.
Und *abbilden* heißt: auf einem Bild oder Foto etwas wiedergeben. Auch van Gogh hat *abgebildet*, wenn er nicht gerade an seinem Ohr schnippselte, sondern ein Kornfeld malte.

bin / habe für (Perfektbildung)

Am letzten Freitag *ist* Elvira nach Berlin *gefahren*. Sie *ist* aber nicht, wie üblich, mit dem Bus *gefahren*. Nein, sie *hat* den Bus mit den chinesischen Touristen selbst gefahren.

Normalerweise bildet man die *Verben der Bewegung* (fahren, gehen, fliegen, schwimmen, etc.) mit dem Hilfsverb *sein* im Perfekt. Wenn aber eine *Ergänzung im Akkusativ* dazu gesetzt wird, um richtig zu erklären, was gefahren oder geflogen wird, dann nimmt man das Verb *haben*. Jetzt erklären Sie mal selbst den Unterschied: Voriges Jahr *bin* ich mit dem Schiff nach Helgoland *gefahren*, letzten Monat *habe* ich ein Schiff nach Helgoland *gefahren*.

bis auf / bis hierher

Ein kleines Rätsel: Alle *bis auf* einen haben die Lösung gefunden. Wie viele haben also nicht verstanden? So weit, das heißt *bis hierher*, können Sie mir folgen, nicht wahr. Schon bald kommt aber ein schwierigeres Rätsel.

Bis auf = Einer hat den Witz nicht verstanden. Man könnte auch sagen: alle außer einem.

Bis hierher: bis zu einem bestimmten Punkt gehen, kommen.

bis / bis an / bis zu

Marleen trainierte noch einmal *bis an* die Grenzen ihrer Leistungsfähigkeit. Sie lief jeden Tag *bis zum* Monte Monticelli, und das *bis zu* dreimal. Klar, dass sie bald den Weltrekord verbessern wird. *Bis* Juli will sie das schaffen.

Ach, Präpositionen! Die Logik hilft da nicht immer weiter. *Bis* ohne Präposition steht jedenfalls nur mit Ausdrücken, die sowieso keinen Artikel benötigen, wie zum Beispiel bei: Uhrzeit, Städtenamen, morgen, übermorgen, nächste Woche. Ausdrücke mit Artikel (der Morgen, der Abend, die Straße usw.) brauchen bis + zu. Also: *bis* morgen bedeutet nicht *bis zum* Morgen.

bischen / bisschen

Soraya nimmt Fari in den Arm und *bischt* ihn ein *bisschen*.

Wenn das in Ihren Ohren ein *bisschen*, also ein wenig unanständig klingt, dann liegen Sie falsch. *Bischen* ist ein Verb, bedeutet so viel wie ein Baby im Arm wiegen. Es wird aber so selten gebraucht, dass Sie es am besten vergessen und sich einfach merken: Ein *bisschen* schreibt man mit doppeltem S (-ss-). Es bedeutet immer ein wenig von etwas: Ich esse an Feiertagen nur ein *bisschen* Suppe. Aber Vorsicht: Verwechseln Sie das Wort nicht mit der Verkleinerungsform des Wortes Biss. Das *Bisschen* könnte nämlich ein *bisschen* weh tun.

brauchen / haben müssen

Manche Menschen denken, sie *brauchen* ein eigenes Auto. Es gibt nämlich keine Verkehrsverbindungen von ihrer Wohnung zu ihrer Arbeitsstelle. Und deshalb *müssen* sie einen eigenen Wagen haben. Dann *brauchen* sie auch gute Augen zum Lesen des Kleingedruckten in Verträgen beim Autokauf.

Im Deutschen wird *brauchen* wie *haben müssen* gebraucht. Aber aufgepasst: Benutzen Sie *brauchen* (nicht verneint) nie wie ein Modalverb! Siehe dazu: nicht brauchen / nicht müssen.

Chinesisches Restaurant/chinesisches Restaurant

Morgen gehen wir ins Speiselokal *Chinesisches Restaurant* und nicht in die *Lotusblume*. Dort war das Essen beim letzten Mal einfach zu scharf. Ehrlich gesagt, das war das *chinesische Restaurant* mit den schärfsten Soßen, die ich jemals aß.

Schreiben Sie Adjektive in solchen Verbindungen groß, werden sie Teil des Namens. Kleingeschrieben dienen sie einzig zur Unterscheidung: Es gibt *chinesische* Restaurants und *russische* Restaurants in der Stadt. Ob es auch die *russische* Mafia und die *chinesische* Mafia gibt, wissen wir aber nicht.

da-Korrelate

Unser Jogi denkt immer *daran*, dass Fußball offensiv gespielt wird. Dagegen wollte unser Kaiser Franz, dass die Spieler mehr ihren Kopf benutzen, nicht nur die Beine. Wie das zu erreichen sci, *darüber* dachte er viel nach. Vor einem wichtigsten Spiel sagte er: „Schaun mir (bayerisch für: wir) mal!"

Soll der ganze Satzinhalt so kurz wie möglich wiederholt werden, dann hilft das Wörtlein *da* + (*r*) + *Präposition*. Hier waren es die Verben *denken an* sowie *nachdenken über*.

dabei / dabei

Mona ist so schön und *dabei* so klug. *Dabei* schminkt sie sich nicht einmal. Wer mit ihr an einem Tisch sitzt und sie reden hört, kann *dabei* ihren feinen Witz genießen.

Dreimal *dabei*. Das letzte ist ein Korrelat, es steht für: am Tisch sitzen und Mona reden hören. Die beiden ersten *dabei* können gar nicht so richtig begriffen werden. Vielleicht kommen Sie zu einer gescheiten Übersetzung für den ersten Satz, wenn Sie einsetzen: *und doch*. Im zweiten Satz wiederum hat *dabei* die Bedeutung von: *obwohl*. Auch im ersten Satz denkt man ein bisschen an *obwohl*, aber das wäre dann ja politisch nicht korrekt. Oder denken Sie etwa noch, schöne Frauen seien immer dumm?

dabei / daran

Stefanie und Gabi unterhalten sich über die guten alten Zeiten. „Erinnerst du dich noch an deinen ersten Kuss?" – „Natürlich erinnere ich mich noch *daran*." – „Und was hast du damals *dabei* gedacht?" – „Na, was für ein toller Kerl!"

Nachdem Stefanie ihre Frage gestellt hat, denkt Gabi an den herrlichen Augenblick, als sie ihren ersten Kuss bekam. Und dann will Stefanie wissen, was sie sich *dabei* gedacht hat: *beim Küssen natürlich*. Um nicht zu wiederholen, ersetzt man Satzteile oder Sätze dann mit *da* und der *Präposition*, die zu dem Verb gehört. Deshalb werden diese Wörter auch *Korrelate* genannt. Weitere solche Wörter sind: *da*mit, *da*rüber, *da*runter, *da*zu usw. Siehe auch: da-Korrelate.

dabei sein / mitmachen

Jeder und jede will *dabei sein*, wenn es etwas umsonst gibt. Aber nicht jeder oder jede will *mitmachen*, wenn es heißt, ein Opfer dafür zu bringen.

Dabei sein und *mitmachen* sind zuerst einmal identisch und bedeuten: bei einer Gruppe dabei. *Mitmachen* heißt aber auch: aktiv werden, Sie tun etwas dafür. Überlegen Sie einmal: Möchten Sie *dabei sein*, wenn in Ihrer Firma vielen gekündigt wird? Oder möchten Sie *mitmachen*? Oder: Einmal waren in unserer

Geschichte (fast) alle *dabei gewesen*, aber keiner will *mitgemacht* haben.

dagegen / dagegen

Der Mensch ist, was er isst. Falsch *dagegen* ist: Der Mensch isst, was er ist. Wer hat eine andere Meinung und möchte etwas *dagegen* sagen?

Dagegen ist im ersten Satz eine Konjunktion, Sie könnten auch *aber* benutzen. Anders ist es bei: etwas *dagegen sagen*. Bienen sind fleißig. Wenn Sie aber widersprechen wollen, dann sagen Sie etwas *dagegen*, gegen diese Aussage. Erinnern Sie sich an all die da-Korrelate?

dagegen / darauf

Es gab Völker, die dachten, sie seien besser als andere Völker. Die Reaktion der anderen Völker *darauf* erfolgte immer prompt. Die Reaktion der Klugen *dagegen* zeigte sich nicht sofort.

Lange Rede, kurzer Sinn: *Reaktion darauf* = auf den Hochmut, zu denken, besser zu sein. *Reaktion dagegen* = Hier ist *dagegen* kein Korrelat, sondern Konjunktion. Siehe auch da-Korrelate.

dagegen / hingegen

Da gibt es überhaupt keinen Unterschied: Prinz William ist ein Mann, *dagegen* ist Kate eine Frau. Das heißt, Kate ist eine Frau, Prinz William *hingegen* ist ein Mann.

Es gibt keinen Unterschied zwischen den beiden adversativen Konjunktionen. Die Stellung ist unterschiedlich? Nun, die darf auch geändert werden. Etwa so: *Hingegen* ist Prinz William ... .

damit / damit

Damit Hannah nachts nicht mehr mit den Zähnen knirscht, hat ihr die Schwester ein Anti-Knirschgerät gekauft. *Damit* schläft sie jetzt still und sanft.

Damit bedeutet einmal: um etwas zu machen; im zweiten Fall ist *damit* ein Verweiswort, es steht für das Wort: Anti-Knirschgerät.

darinnen / darauf

Viele Deutschen träumen vom eigenen Haus und Garten. Sie möchten ein Stück Land kaufen, *darauf* ihr Traumhaus bauen und einen Garten anlegen. *Darinnen* pflanzen sie dann Kartoffeln und Sauerkraut und Tomaten.

So geht das: Land kaufen, auf das Land, also wirklich *darauf*, ein Haus bauen. Im Haus hat man viele Zimmer; und im Garten, also *darinnen*, da pflanzt man gern Tomaten.

darüber / damit / dazu

„Hast du dich *über* das erste Geschenk gefreut, das dir dein Freund mitgebracht hat?" - „*Darüber* habe ich mich sehr gefreut." - „Was hast du später *mit* diesem Geschenk gemacht?" - „Ich habe *damit* meiner kleinen Schwester eine Freude gemacht." - „Du hast es also an deine kleine Schwester weitergeschenkt. Was hat denn dein Freund *dazu* gesagt?"

Dazu = zu dem Weiterverschenken; *damit* = mit diesem Geschenk; *darüber* = über dieses Geschenk. Achtung: Die Pronominaladverbien (damit, darüber etc.) können nicht auf Personen bezogen verwendet werden. Da nimmt man: über ihn / über sie / über es, mit ihm / ihr etc. Siehe auch: dabei / daran. Pronominaladverbien kennen Sie: Denken Sie an die Korrelate zuvor.^^

darum / darum

Frage: Worum geht es hier? Antwort: Es geht *darum*, zu zeigen, was man kann. *Darum* darf man sich nie unter Wert verkaufen. Man sollte auch keine Schwäche zeigen, da das als Unvermögen gesehen wird.

Zwei verschiedene Anwendungen von *darum*. Die erste ist wieder ein Korrelat, bezieht sich auf worum und weist mit *darum* darauf hin, dass gleich gesagt wird, worum es geht. Verstehen Sie das? Das zweite *Darum* ist identisch mit *deshalb*. Ist also ein sogenanntes Konjunktionaladverb. Schöner Ausdruck nicht wahr. Einfach gesagt: eine Konjunktion. Noch einfacher gesagt: ein Konnektor, der Sätze verbindet.

das / dass

Im Hörsaal war endlich die Lautsprecheranlage repariert worden. Der Professor klopfte zur Probe aufs Mikrofon und sagte: „Ich denke, *dass* Sie mich auf den hinteren Sitzreihen hören können." Ein Student in der letzten Reihe, der sich intensiv mit Freunden unterhielt, blickte kurz auf und rief: „Jawohl, Herr Professor, aber *das* stört uns nicht im Geringsten!"

Das = Verweiswort und bezieht sich auf all *das,* was der Professor sagte.
Dass = Grundstufe: Ich bin ganz sicher, *dass* Sie das bereits gelernt haben und beherrschen. Manchmal werden Sie beim Schreiben das zweite S auslassen. *Das* ist aber normal: Vielen Deutschen passiert das auch.

das Bedeutendste / die Bedeutung

Das Bedeutendste im Leben eines Volksliedsängers ist die Verleihung des Großen Preises der Volksmusik. *Die Bedeutung* dieses Preises ist im ganzen Land bekannt.

Substantive mit der Endung *-ung* sind weiblich: die Bedeut*ung*, die Erfahr*ung*, die Erzähl*ung*. Etwas anderes ist: *das Bedeutendste.* Siehe auch: das Schönste. Aus dem Adjektiv im Superlativ wurde kurzerhand ein Nomen gemacht und das ist dann ein Neutrum.

das ist gut / es ist gut

Ein schönes Auto, ein großes Haus, eine tolle Frau, viele Reisen, irgendwann Kinder, *das ist gut Es ist auch gut* zu wissen, dass die tolle Frau gut mit Geld umgehen kann. So dachten früher viele Männer, was heute natürlich ganz anders ist.

Das ist gut bewertet, was vorher gesagt wurde. *Das* ist das Verweiswort. Man benutzt es am Ende oder am Anfang einer Aussage. *Es ist gut* verweist auf das, was gut ist und gleich gesagt wird. Also auf einen erweiterten Infinitiv, der nach dem Komma kommt. *Es ist gut*, etwas zu lernen. Oder: *Es ist gut* zu wissen, dass viele bei uns nichts gegen Ausländer haben.

1. Wenn in der UNO darüber abgestimmt wird, ob man der Bevölkerung eines Landes helfen soll, ist immer einer ....

   a) dafür   b) dagegen   c) darüber   d) damit

2. Wer bei Rot über eine Kreuzung fährt, sagt am besten: „Ich ...... das Auto nicht gefahren. Ich war zu dieser Zeit im Urlaub."

   a) bin   b) war   c) hatte   d) habe

3. ..... ist gut, ein schönes Haus, einen guten Partner, Kinder und keine Krankheit zu haben.

   a) es   b) das   c) damit   d) darum

4. Michaela ist schön und .... sehr klug.

   a) dadurch   b) dabei   c) damit   d) dafür

5. Viele Menschen .... Nelson Mandela für seinen Mut.

   a) bewundern   b) bewundern sich
   c) wundern sich   d) wundern

6. Lisa und Gregory haben ein Stück Land gekauft. .... möchten sie eine Klinik bauen.

   a) Darauf   b) Darüber   c) Darin   d) Darunter

7. David hat Victoria einen großen Blumenstrauß geschenkt. .... hat sie sich riesig gefreut.

   a) Davon   b) Dafür   c) Darüber   d) Dazu

Was ist das?

1) Man ist noch nicht so klug wie hinterher: ....
2) In Museen machen das viele: ....
3) Alle Leute in China sind das: ....
4) Beim Schlafen hat man es nicht: ....
5) Dort wird Reis gegessen: ....

Machen Sie mit "Da(r....)-Wörtern", was Jogi will

für etwas sein - gegen etwas sein - nachdenken über - überzeugt sein von

1) Jogi will nicht, dass defensiv gespielt wird.

....

2) Er will, dass die Spieler den Kopf benutzen.

....

3) Wie kann man das erreichen? So denkt er nach.

....

4) Er ist noch immer überzeugt: Wir holen den Titel.

....

Was kommt nach bis?

3 x bis - bis auf - bis hierher - bis zu- bis zum

..... Weihnachten will Linda 20 Kilo abnehmen. Sie hungert von morgens ..... abends. .... Kamillentee trinkt sie nichts. .... dreimal täglich trinkt sie davon drei Liter. Jeden Nachmittag joggt sie von ihrer Wohnung .... Bahnhof. Dort steht sie vor der Bäckerei. Dann sagt sie zu sich: .... habe ich es geschafft, dann halte ich es auch noch ..... Weihnachten aus. Dann geht sie schnell weiter.

Ich nix gut deutsch! Sie besser machen!

1) Kuchen braucht Für nicht einen viele man Zutaten.

....

2) Isabel Auf Foto die ist schöne diesem abgebildet.

....

3) Weil studiert viel Carlos hat, gebildet. er jetzt ist

....

4) Sie essen, Bevor die Hände. waschen Sie sich

....

das meine / mein

Typisches Gespräch zwischen zwei coolen Jungs irgendwo in
Deutschland auf dem Land: „*Mein* Auto ist wirklich heiß, es fährt
auf dem Wasser, kann Treppen hinauf- und hinunterfahren." –
„Das ist doch gar nichts", antwortet der andere. „*Das meine* kann
in 28 Sprachen sprechen, es hupt sogar in 53 Sprachen, wenn es
jemand klauen will!"

"Statt *das meine* sagt man natürlich korrekter: *meins* (das Auto).
Aber bitte, wertes Italien, nie ~~das meine Auto~~ sagen!

das Richtige / die Richtige

Sedat hat sich in die schöne Fatima verliebt. Er überhäuft sie mit
Geschenken und spart nicht mit Komplimenten. Doch Fatima will
sich noch nicht entscheiden. Hat Sedat etwa nicht *das Richtige*
getan? Soll er noch größere Geschenke kaufen und sich immer
tollere Komplimente ausdenken? Er weiß, er will Fatima zur Frau
haben, sie ist *die Richtige*, und er wird weiter versuchen, ihr Herz
zu erobern.

Das Richtige = eine richtige Sache, ein richtiges Ding, das Richtige
tun;
die Richtige = die Frau fürs Leben.

das Schönste / das schönste ...

In den Siebzigerjahren, den Achtzigerjahren wollten viele
Menschen auf *das Schönste*, was ein Mensch erfahren kann,
verzichten. So ging die Geburtenrate drastisch zurück. Selbst *das
schönste* Bett im Kornfeld konnte die Leute nicht umstimmen.

Kommentare sind hier überflüssig. Man denkt beim groß-
geschriebenen *das Schönste* an die schönste Sache. Ist man im
schönsten Bett dürften wohl weniger Gedanken an Groß- oder

Kleinschreibung auftauchen, man wird wahrscheinlich mehr Artikulationsschwierigkeiten haben.

das / dass

Das Problem, *das* viele Deutschlernende und mancher Deutsche haben, ist, *dass* man nicht so genau weiß, wann man *dass* und wann man *das* schreiben muss. *Dass das* jedoch kein Problem sein muss, erfährt jeder, der richtig zuhört, schnell.

Das = Artikel; kann auch einen Relativsatz einleiten, dann ist es ein Relativpronomen. Oder man benutzt *das*, um auf etwas zu zeigen (*das* hier...). Siehe auch *das ist gut, es ist gut*.

Dass leitet immer einen Nebensatz ein, der etwas erklärt. Ich weiß, liebe Lernerin, lieber Lerner, *dass* Sie *das* längst verstanden haben.

das / die

(Fast) alles dreht sich hier bei uns um *das* Auto. 25% der Arbeitsplätze zählen zu diesem Sektor. Dennoch ist *das* Auto für uns sächlich geblieben. Etwa, weil *es* ja eine Sache ist? In anderen Sprachen, beispielsweise Italienisch, ist *das* Auto la, also weiblich. Vielleicht ist man dort verliebter in sein Gefährt. Aber Italiener, Spanier, Franzosen, Portugiesen und Rumänen kennen ja nur *die* und *das*. Oh lala. Und wie ist das in Ihrer Sprache?

~~das~~ / die Leute

Es gibt *Leute*, die sagen, es müsse endlich Schluss sein mit Vorwürfen wegen des Genozids im Dritten Reich. Denn die Taten der Väter gingen sie heute nichts mehr an. Und wir Deutschen seien doch eines der beliebtesten Länder auf dieser Welt. Es gibt hier aber auch *die Leute*, die fordern, nie dürfe ein Volk vergessen, was ihre Vorfahren getan haben. Weder das Gute noch das Schlechte. Wie finden sie diese *Leute*?

Das Wort *Leute* wird nur im Plural gebraucht, im Singular darf es unter keinen Umständen benutzt werden.

das / ein

Das Tier ist *ein* Lebewesen, das denken kann. Es wird allerdings bezweifelt, dass es so gut wie der Mensch denken kann.

Bestimmter oder unbestimmter Artikel. Siehe auch: der/ ein

dass / Dass-Komma

Viele denken daran, *dass* das *Komma* vor *dass* gesetzt wird. Viele Muttersprachler vergessen es aber auch, wenn sie etwas mit Herzblut schreiben. Mir geht es auch manchmal so, deshalb lese ich jeden Text noch einmal durch, bevor ich ihn abschicke. Aber ganz klar ist mir selbstverständlich, *dass* das *Dass-Komma* immer vor *dass* steht.

dass / weil

Entschuldigen Sie, *dass* ich Sie geduzt habe, Herr Polizist. Aber ich bin so erschrocken, als ich Sie gesehen habe, *weil* ich doch überhaupt keinen Führerschein mehr besitze. Der wurde mir vor 12 Jahren abgenommen, *weil* ich zwei Glas Wein zu viel getrunken hatte.

Nein, das sollte man wirklich nicht tun, wenn man noch fahren will. Dann vergisst man auch nicht Satzanfänge, auf die *dass* folgt: Sie sehen doch, *dass* ... . Es ist wichtig, *dass* ... . Man sagt, *dass* ... . Ich meine, *dass* ... .

deines Vaters Freund / meines Freundes Vater

Alles ist nur halb so schlimm, wie es anfangs aussieht. Taras Vater hat einen Freund, der James heißt. Tara wiederum hat einen neuen Freund, der Nigel heißt. Als sie dem sagt: "*Meines Vaters Freund* heißt James", ruft der: "Das ist ja interessant, dass *deines Vaters Freund* James heißt. Mein Vater heißt nämlich auch James. Später sagt Tara zu ihrem Vater: "Papa, *meines Freundes Vater* heißt auch James, wie dein Freund."

Wer gehört zu wem? Der Genitiv macht es leicht. James ist Nigels Vater und nicht Taras Freund. (Wer jemanden so wunderbar Genitive benutzen hört, der sollte aufstehen und Beifall für dies wunderbare Deutsch klatschen.)

denken / denken an

> „Bitte stört mich nicht, Kinder, Papa muss *denken*." – „Woran denkst du, Papa?" – „Ich *denke an* Mama, Kinder."

Denken und *denken an* sind schon zwei verschiedene Dinge. Marco *denkt an* die Riesenschnitzel im Rheingau und unser berühmter Schopenhauer *dachte* einfach viel und lehrte sein Denken. Und heute können wir darüber nachdenken, was er da so *dachte*. *Dachte* er vielleicht schon *an* Einstein? P.S. Ich *denke*, der *dachte* auch schon oft *an* Schnitzel. Wissen Sie warum?

denken / nachdenken

> „Wo ist denn nur der verdammte Schlüssel? Wir müssen doch gehen, sonst kommen wir zu spät." – „Ich *dachte*, du weißt immer, wo du ihn hingelegt hast?"– Lass mich *nachdenken*, wo er sein könnte. Hurra, ich weiß es wieder: natürlich auf der Schlafzimmerkommode."

Wer *nachdenkt*, der *denkt* lange und intensiv. Dann *denkt* er *über* etwas *nach*. Tut er das nicht, gibt es oft nicht das gewünschte Ergebnis. Und *denken* hier = meinen, glauben. Wenn ich also jemandem sage, was ich meine, was meine Meinung ist.

der See / die See

> Lukas und Melanie fahren in die Berge an einen kleinen *See*. *Der See* liegt mitten zwischen hohen Bergen. Anke und Boris möchten lieber im Meer schwimmen. Sie lieben die hohen Wellen und die würzige Meeresluft. Deswegen fahren sie an *die See*.

Der See ist so ein Loch, gefüllt mit Wasser, mit Ufern, die man sehen kann, manchmal auch schon ein größeres mit Wasser gefülltes Loch, und im Sommer sind wir froh um jeden See in der Nähe, damit wir dorthin zum Schwimmen fahren können. *Der* größte *See* Deutschlands ist *der* Boden*see*. Da sieht man das gegenüberliegende Ufer nicht immer.

Aber *die See* = das Meer, der Ozean. Sagen wir, ich fahre an *die See*, meinen wir damit die Nord*see* oder die Ost*see*. Und das sind ja keine Seen, sondern Meere.

der / das

In Ungarn sagt man: *der Auto*. Im Deutschen macht man ihnen einen Strich durch die Rechnung und sagt *das* Auto.

Auch *das* Thema ist in anderen Sprachen männlich oder weiblich Um weitere Unsicherheiten abzubauen, lese man nach unter *den / die*.

der / die

Der Mond liebt *die* Sonne, weil sie ihm immer *die* kalten Backen wärmt.

Diese Artikel werden so gern verwechselt. *Die* Sonne ist weiblich, vielleicht weil sie wie eine Mutter alles Leben hervorbringt. Aber das ist Spekulation. Man merke sich lieber einige Wörter, die ein anderes Geschlecht im Deutschen haben. Überlegen Sie und schreiben Sie sich diese auf. Und wenn Sie in Deutschland leben, können Sie sich beruhigt auf das verlassen, was Ihnen das Gefühl sagt, wenn Sie an *der/ die / das* zweifeln. In 90 Prozent der Zweifelsfälle haben Sie nämlich über das Ohr den Klang des richtigen Artikels aufgenommen und gespeichert. Verlassen Sie sich also ruhig auf Ihr Gefühl.

der / ein

Ein Mann will am Kiosk eine Zeitung kaufen. *Der* Mann hat aber kein Kleingeld und die Verkäuferin kann nicht herausgeben. Doch sie will trotzdem, dass er die Zeitung kauft. „Sie können ja morgen bezahlen!" – „Und wenn ich heute sterbe?", fragt der Mann. Da antwortet die freundliche Verkäuferin: „Nu bitte, das macht doch nichts!"

Wann wird *der* bestimmte Artikel, wann *der* unbestimmte *ein* benutzt? Wenn *ein* Mann an den Kiosk kommt, weiß keiner, wer dieser Mann ist. Wenn man dann von diesem Mann weitererzählt, weiß jeder, das ist *der* Mann, *der* eine Zeitung kaufen möchte. Deswegen heißt es eben: bestimmt, also definiert; unbestimmt, folglich nicht definiert.

der / welcher

Der Mann, *welcher* die Vorfahrt nicht beachtet hatte, liegt seit drei Wochen im Krankenhaus. Dort überlegt er: „*Welcher* Trottel hat da nicht aufgepasst?"

Der wird als Artikel und Relativpronomen benutzt.

Welcher wird als Relativpronomen und als Fragewort verwendet. *Der* Mann, *der* zuletzt das Dschungelcamp verlassen hat und *welcher* lange Zeit als schönster Mann der Welt galt, heißt Helmut Berger.

Die wichtigere Funktion *von welcher* ist aber die als Fragewort. *Welcher* Trottel hat wieder die Tafel geputzt? Jetzt muss ich ja alles neu anschreiben, ai! Das Gleiche gilt selbstverständlich für *welche* und *welches*.

dich / sich

Dirk möchte *sich* kämmen. Er stellt *sich* vor den Spiegel. Seine Freundin Natalie beobachtet ihn dabei: „Warum stellst du *dich* vor den Spiegel?" -"Ich möchte *mich* kämmen", ist seine Antwort. – „Du und *dich* kämmen? Aber du hast doch gar keine Haare mehr!"

Im Deutschen gehören bei den Reflexivpronomen immer zwei Partner zusammen: ich / mich, *du / dich, er-sie-es / sich,* wir / uns, ihr / euch, sie (Plural) / sich. Slawische Muttersprachler sollten daher immer daran denken: *Sich* wird im Deutschen nur bei *er-sie-es* benutzt! Sonst immer den passenden Partner suchen!

die alle / alle

Die Leute, *die alle* von dem feigen Brandanschlag tief betroffen waren, versammelten sich auf dem Marktplatz. Dann sprach der Bürgermeister: „*Alle* Leute in dieser Stadt schämen sich für das, was vorgefallen ist."

In "... *die alle* betroffen waren" ist *die* das Relativpronomen, das sich auf das Subjekt des Hauptsatzes bezieht. *Alle* wird entweder allein benutzt oder vor einem Substantiv im Plural. Bei *alle Leute* hat es die Funktion wie ein unbestimmter Artikel und deshalb wird im Deutschen kein Artikel mehr benutzt. Also aufgepasst, Russen und Italiener und andere!

die Frauen / der Frauen

Der Mut und die Ausdauer *der Frauen* wurden zu allen Zeiten gerühmt oder verteufelt. Das wissen *die Frauen.*

Manche können nicht begreifen, warum *die Frauen* plötzlich den maskulinen Artikel *der* haben. Aber es ist schon richtig so: Im *Genitiv Plural* wird *der* benutzt. Ebenso im *Genitiv Singular* und *Dativ Singular*: *der Frau.*

die ihren Hund / ihren Hund

Viele, *die ihren Hund* täglich mit Köstlichkeiten verwöhnen, sehen *ihren Hund* als Ersatzpartner an.

Bitte nicht verwechseln: bei *die ihren* ist die kein Artikel, sondern Relativpronomen, das sich auf *viele* bezieht. Siehe auch: die alle / alle.

die / das bei der Endung -nis

Das Gleichnis vom Fleißigen und dem Faulen: „Substantive mit der Endung *-nis* sind alle sächlich, haben folglich den Artikel *das*", sagte der Fleißige, der gerne Regeln hat, zum Faulen. Da gähnte der Faule gelangweilt und antwortete: „Die *Unkenntnis*, die in deinen Worten liegt, verschafft mir die *Erkenntnis*. Manchmal ist der Fleißige nicht besser als der Faule."

Manchmal macht sich doch Faulheit in der Sprache bezahlt. Man denke also an den Faulen und lerne nicht stur Regel um Regel. Denn kommen nicht auch Sie zu *dem Ergebnis*: Zu jeder Regel gibt es - fast immer - eine Ausnahme?

die / eine

Nennen Sie *eine* Zahl zwischen 1 und 9. *Die* (gedachte Zahl) multiplizieren Sie mit 3. Dann subtrahieren Sie 10. Wie lautet Ihr Ergebnis? Und jetzt haben Sie sich *eine* Kaffeepause verdient. Dehnen Sie *die* Kaffeepause aber nicht zu lange aus.

Zum Gebrauch des *bestimmten / unbestimmten* Artikels siehe auch: der/ein.

die als Pronomen / sie

„Du kennst jetzt *die* Geschichte von meiner Zähmung", sagte der Fuchs zum kleinen Prinzen. „Erzähle *die* jetzt allen, die *sie* hören wollen."

Die und *sie* sind beide hier Pronomen, doch hat *die* demonstrativen Charakter. Verwenden Sie *die* aber für Personen nicht so oft. Das kann sehr negativ klingen - als ob Sie mit dem Finger auf Leute zeigen würden. Und das tut man doch nicht!

dir / dich

Wir schenken *dir* eine neue Brille, so kannst du *dich* besser im Spiegel sehen.

Da hilft alles nichts, es geht um das leidige Problem: Verb mit Akkusativ oder Dativ? Da hilft nur eines: Lernen, lernen, lernen, welche Verben mit welchem Kasus der Personalpronomen gebraucht werden. Unser Tipp: Es gibt weniger Verben mit Dativ-Ergänzungen, etwa: jemandem etwas geben, jemandem raten, jemandem helfen, jemandem etwas kaufen. Wenn Sie also die Verben mit Dativergänzung lernen, haben Sie weniger Arbeit.

dir / Dir

„Ich rate *dir*", rief Friedrich Nietzsche dem Pferd zu, „wenn du zum Weibe gehst, vergiss die Peitsche nicht." Da schüttelte das Pferd traurig den Kopf, denn es war viel zu alt und krank und schwach, um an derlei zu denken. Nach dieser Begegnung in Turin verfasste Nietzsche einen Brief an seine Schwester. Er begann: Liebe Schwester, heute möchte ich *Dir* einen langen Brief schreiben. Du bist mir so nah und doch so fern.

In Briefen darf man das *Du* und das *Dir* großschreiben, wenn man will. Man muss aber nicht. Und natürlich, wenn man es als Nomen benutzt, etwa: das Wort *Dir*. Ansonsten gibt es großgeschrieben noch dies: jemandem das *Du* anbieten, jemanden mit *Du* anreden, mit jemandem auf *Du* und *Du* stehen.

TEST 4

1. Paige und Leo fahren zum Haus ....

   a) die Frauen   b) den Frauen
   c) der Frauen   d) Frauen

2. Till muss während der Dreharbeiten zu einem neuen Film im Hotel übernachten. Die ganze Zeit über denkt er .... seine Frau.

   a) auf   b) an   c) über   d) zu das

3. Norman findet, Katrin sei .... Richtige für ihn. Deshalb macht er ihr im Emirate Palace Hotel einen Heiratsantrag.

   a) der   b) die   c) das   d) was

4. Heute weiß man auf der ganzen Welt, ... die Erde rund ist.

   a) das   b) was   c) dass   d) welches

5. Manche Menschen mögen nicht einsehen, dass der Affe .... Lebewesen ist, welches dem Menschen sehr ähnlich ist.

   a) der   b) das   c) ein   d) eine

6. .... sind glücklich, wenn sie etwas Geld in der Tasche haben.

   a) Die alle   b) Die   c) Alle   d) Alle die

7. Sind alle Menschen von Natur aus friedlich? .... hat sich Jay Z noch keine Meinung gebildet.

   a) Dazu   b) Dafür   c) Damit   d) Darum

Sie - die - der - es - das - sie

1) Sie kennen meine Geschichte. Erzählen Sie ... allen, die ..... hören möchten.
2) Der Faule denkt, ... ist gut, der..... richtig macht.
3). Das Radio spielt nur ..... , was ..... einstellen.

Sich und mich und sich und dich

1) Nicht nur Hunde stellen .... vor den Spiegel und bellen.
2) Selena kämmt .... seit zwei Stunden.
3) Hast du .... heute schon vor den Spiegel gestellt?
4) Wenn ich .... kämme, fragen alle, warum.

Unterstreichen Sie die richtige Form.

Meine Liebste schenkt *mir/ mich* ein neues Auto. Bevor sie *mir/ mich* die Schlüssel in die Hand drückt, sagt sie: „Kauf *dir/ dich* bitte auch eine neue Brille. Und außerdem rate ich *dir/ dich*, eine Vollkaskoversicherung abzuschließen." Dann sieht sie *mich / mir* durchdringend an und fordert *mir/ mich* auf, *ihr/ sie* beim Einsteigen zu helfen. Der Porsche ist nämlich ganz schön niedrig.

Böse Artikel und andere unbestimmte Ungeheuer

Wenn am Abend ... Mond über ... München aufgeht, dann geht ... Sonne erleichtert schlafen. Wenn dann gegen zwei Uhr dreißig ... Auto ohne Auspuff über ... Maximilianstraße donnert, wacht sie wieder auf und fragt sich: Was für ... Mensch will mich da ärgern? Und so beschließt sie, am nächsten Tag zu streiken. Das ist ... Grund, warum es manchmal schlechtes Wetter in München gibt. Frage: Was sollten also alle ... Münchner nachts besser tun? Richtig, sie sollten ... Autos stehen lassen.

Von guten und schlechten Relationen

Viele, ... ihren Partner als Ersatz für einen Hund ansehen, leiden unter einem Sprachphänomen, ... sich Kommanditis nennt. Außerdem leiden sie unter der Wahnvorstellung, ... alle Griechen für immer mit Platon verbindet, dass nämlich ein Euro im Haus nicht die Lösung für viele Probleme ist.

Dir / Ihr

Dir und ~~Ihrer~~ Familie wünsche ich viel Glück! Das schreibt Manfred Mustermann seinem Freund, weil er Angst hat, sein Freund komme zur eigenen Hochzeit zu spät.

Natürlich muss es in der Glückwunschkarte heißen: *Dir* und *Deiner* Familie viel Glück! *Dir* und ~~Ihrer~~ Familie ... gibt es nicht, denn: Wer einmal Du sagt, muss immer Du sagen. Und sagt er plötzlich Sie, so ist sein Gesprächspartner verletzt oder überlegt, ob er irgendetwas Beleidigendes gesagt hat.

Doppel-S (ss) / Scharfes S (ß)

Wenn Sie gut zuhören, dann hören Sie, ob ein U in einem Wort lang gesprochen wird oder kurz. Und wenn Sie sich dann noch merken, nach Ü, Ö, Ä gelten die gleichen Regeln der Rechtschreibung, aber nach EI, nicht, dann werden Sie nie überlegen müssen, ob man weiß oder einen heißen *Kuss* mit scharfem S (ß) oder mit Doppel-S schreibt.

dort / dorthin

Es gibt Himmel und Hölle. Im Himmel ist es wunderschön. *Dorthin* kommen alle, die ein gutes Leben führten. *Dort* sind auch die Engel. In der Hölle dagegen ist es entsetzlich heiß. *Dort* wohnt der Teufel. Und *dorthin* kommen alle, die ein schlechtes Leben führten. So lehrt es die Bibel.

Dort wird benutzt, um zu beschreiben, was *dort* an diesem Ort ist. *Dorthin* zeigt eine Bewegung an, von A nach B. *Dorthin* ist dann B. Fragen Sie *wo?*, denken Sie an *dort*, fragen Sie *wohin?*: an *dorthin*.

dorthin / hierher

Es gibt herrliche Urlaubsländer in der Dritten Welt. *Dorthin* fahren viele Deutsche, weil Urlaub dort so billig ist und es viel

Sonne gibt. Hier in Deutschland gibt es weniger Sonne und das Leben ist teurer. Dennoch kommen viele Ausländer *hierher*. Da fragen sich manchmal Deutsche, warum die *hierher* kommen. Und auch die Ausländer fragen sich manchmal, warum sie *hierher* gekommen sind.

Das ist gar nicht so schwer! Einfach an die Richtung der Bewegung denken. Sind Sie nicht da, wo Sie hin wollen, dann sagen Sie: *dorthin*. Und sind Sie da, wo Sie hin wollten, dann sagen Sie vielleicht zu jemandem: Komm *hierher*! Siehe auch dort/ dorthin.

dreimal / dritten Mal

Ein wenig Geschichte: Bis ins 18. Jahrhundert gab es in Europa die Hexenverfolgung im Namen der Kirche. Offiziell durfte eine der Hexerei angeklagte Frau *dreimal* gefoltert werden, die wenigsten Frauen gestanden erst beim *dritten Mal* eine Hexe zu sein, meist taten sie das bereits beim *ersten Mal.*

Gottlob sind diese düsteren Zeiten der Hexenverbrennungen vorbei - oder sind wir da falsch informiert? Richtig informiert sind Sie auf jeden Fall, wenn Sie *einmal, zweimal, dreimal* als ein Wort und klein schreiben. Und wenn Sie beim *dritten Mal* schreiben, dann schreiben Sie zwei Wörter und das *Mal* mit großem *M*.

durch / über

Man redet *über* die Probleme, wenn *durch* dieses Gespräch eine Lösung möglich ist. Gibt es dann aber keine Lösung, geht man hin und her quer *durch* den Raum. Wenn man dann nach oben schaut, denkt man: „Oje, was hängt da *über* mir?"

Wer sich bewegt, geht von einem Punkt A zu einem Punkt B: zum Beispiel *durch* einen Wald, *über* eine Brücke. Aber daran denken: Wer auf der Brücke stehen bleibt, steht *über* dem Wasser. Wo? = Dativ; wohin = Akkusativ). Beide Präpositionen werden natürlich auch in festen Verbindungen gebraucht. *Denken* Sie ruhig einmal *über* ihre Bedeutungen *nach*. *Durch* kann aber auch für *mittels oder mithilfe* stehen. *Durch* das Gespräch wurde eine Lösung möglich. *Mittels* des Gesprächs ... , mithilfe des Gesprächs... .

~~Eierspiegel~~ / Spiegeleier

Weil Pater Jakobus zu viele *Spiegeleier* aß, warnt ihn der Doktor: „Sie haben zu viel Cholesterol im Blut, Pater."

Wortbau aus zwei Hauptwörtern leicht gemacht: Isst der Pater viele Eier oder steht er oft vor dem Spiegel aus Eiern?

ein / das

Wer kennt *ein* Märchen, das von Prinzessinnen handelt? Und wer kennt *das* Märchen vom Wolf und den sieben Geißlein?

Zum Gebrauch des *bestimmten* oder *unbestimmten* Artikels gibt es nichts mehr zu sagen. Was irgendwie bestimmt ist durch gemeinsames Kennen oder Definition im Nebensatz, braucht den bestimmten Artikel. Beim Schreiben daran denken.

ein / eins

Ein Schneiderlein ging einmal in einen tiefen Wald. Da traf es einen bösen Wolf. Der sagte zum Schneiderlein: „Wenn du *eins* und sechs zusammenzählen kannst und wenn du dann auch noch *ein* schönes Märchen kennst, dann fresse ich dich nicht auf." Da rief das tapfere Schneiderlein begeistert, dass es *eins* noch aus seiner Schulzeit kenne und eins und sechs mache sieben.

Es ist leicht, *eins* und sechs zu addieren, und *ein* Märchen kennen doch alle. Ich kenne auch *eins* = ein Märchen.

ein Paar / ein paar

Wer ist für Sie zurzeit das schönste *Paar* auf unserem Globus? Noch immer Victoria und David? *Ein paar* Leute, die ich kenne, meinen: Scarlett und Ryan. Für viel andere sind Li und Shi *ein* wunderbares *Paar*.

Ein Paar: Das sind immer zwei: zwei Menschen, zwei Schuhe.
Ein paar: = mehrere, aber nicht zu viele, zum Beispiel ein paar Ideen.

eine / das

Sie stehen am Frühstücksbuffet Ihres Fünf-Sterne-Hotels. Da

warten köstliche Dinge auf Sie, vor allem viel Obst. Eine Papaya sieht verlockend aus, aber auch Obst, das Sie gar nicht kennen, lässt Ihnen das Wasser im Mund zusammenlaufen. Wer die Wahl hat, hat die Qual, denken Sie und fragen den netten Menschen vor Ihnen in der Reihe: „Was ist denn *das* da, *das* kenne ich gar nicht." – „Mhmm", sagt der, „ich kenne das auch nicht. Ich nehme doch lieber eine Papaya."

Vielleicht sollten Sie sich diese Frage nie stellen. Greifen Sie einfach zu! Wollen wir nicht immer mehr lernen und unseren Horizont erweitern? *Eine* Papaya, der Artikel ist klar, aber *das* unbekannte Ding? Kosten Sie einfach einmal davon und wenn es nicht schmeckt, dann wissen Sie, dass Sie *das* nie mehr essen werden.

eine der wichtigsten/einer der wichtigsten

Eine der wichtigsten Entdeckungen der Menschheit war das Penizillin. *Einer der wichtigsten* Männer der Geschichte war Cäsar.

Eine Leistung ist wichtiger als andere Leistungen, aber es gibt noch andere genauso wichtige Leistungen. Ja, die Leistung. *Ein* Mann ist wichtiger als andere, aber andere wichtige Männer sind genauso wichtig wie er. Siehe auch: eines der wichtigsten / einer der wichtigsten.

einen Eindruck / den Eindruck haben

Romeo und Julia hatten *einen* Eindruck von der Liebe, als sie sich zum ersten Mal küssten. Dann hatten sie schnell *den* Eindruck, dass ihre Eltern sie nicht ernst nahmen.

Man bekommt *einen* Eindruck von Glück, aber man weiß auch, dass es noch viel mehr Eindrücke dazu geben wird. Wer *den* Eindruck hat, er wisse alles, muss strohdumm sein. Bestimmter oder unbestimmter Artikel. Den Eindruck haben: den Eindruck von einer bestimmten Sache, z.B. hier, dass Romeo und Julia den Eindruck hatten, ihre Eltern nehmen ihre Liebe nicht ernst.

einen / den

Jadwiga fragt ihre Mutter Maria: „Soll ich *einen* Schulabschluss machen?" Jadwigas Mama ist froh. Endlich versteht die Tochter, dass Schule wichtiger ist als Disco. Aber so richtig glücklich ist Maria noch nicht. Wenn mein Töchterchen einfach nur *einen* Schulabschluss macht, genügt das nicht. Was kann sie schon mit *einem* Hauptschulabschluss oder der Mittleren Reife anfangen? Nichts. Sie braucht das Abitur, also *den* Schulabschluss, mit dem sie studieren kann.

Wieder bestimmter oder unbestimmter Artikel. Jadwiga braucht *das* Abitur und *keinen* beliebigen Schulabschluss, mit *dem* sie nichts werden kann.

einer ..., er / jemand ... , er

Wenn *einer* eine Reise tut, dann hat *er* viel zu erzählen. Das heißt, wenn er nicht nur am Strand liegt und aufs Meer schaut und ein ums andere Bierchen trinkt. Und wenn *jemand* eine Reise tut, dann hat *er* zu Hause auch viel zu erzählen.

Eine einfache Regel: *Einer* und *jemand* werden gleich gebraucht. Und im Hauptsatz, der nach dem Nebensatz folgt, spricht man dann von *er*. Obwohl man bei *einer* und *jemand* ja an alle denkt, also an Männer und Frauen. Jaja, auch in der Sprache wird noch immer diskriminiert. Frauen der Welt, die Deutsch lernen, steht auf und fordert das Wort *jemandin* für die deutsche Sprache, die ja so präzise sein will! Und ebenso das Wort *Menschin*! (Übrigens... das Copyright für das Wort liegt natürlich bei uns Autoren. Und wenn wir noch mehr Geld mit diesem Buch verdienen, werden wir es uns natürlich patentieren lassen. Sie dürfen es dann aber trotzdem kostenlos benutzen.

einerseits ... andererseits / ~~von anderer Seite~~

Einerseits weiß man, dass Pizza dick macht, *andererseits* schmeckt sie immer wieder so gut. Und *einerseits* schmeckt ja auch Salat, aber *andererseits* schmeckt eine Pizza eben besser. So denkt man bisweilen – manche auch oft – , wenn man auf der anderen Seite der Straße steht und gegenüber eine Pizzeria sieht. Geht es Ihnen auch so?

Das hören oder lesen Sie oft. Aber bringen Sie da bitte nichts durcheinander. Wenn wir Gegensätzliches sagen wollen, sagen wir immer: *einerseits* und *andererseits* oder *auf der einen Seite* und *auf der anderen Seite*! Es könnte also auch so gesagt werden: *Auf der einen Seite* weiß man, dass Pizza dick macht, *auf der anderen Seite* schmeckt sie immer so gut.

eines der wichtigsten / einer der wichtigsten

Einer der wichtigsten Männer der Alchimisten-Bruderschaft dachte: *Eines* der wichtigsten Elemente für die Produktion von Gold ist Eisen.

Ein Mann ist immer der wichtigste Mann. Na ja, es gibt mehrere wichtige Männer im Leben, nicht wahr? Deshalb *einer der wichtigsten* eben. Ebenso verhält es sich mit Eisen und Gold: Ein Element wird aus einer Gruppe von Elementen hervorgehoben. Deshalb *eines der wichtigsten*... (das Element).

einige / eigene

Sonntags am frühen Morgen fahren schon *einige* Autos durch die Parkstraße. Zum Glück sind es nur ein paar, nicht viele. So denkt Ferdinand, der stolz vor seinem *eigenen* Wagen steht. Am Freitag hat er nämlich die letzte Rate des Kredits bezahlt. Jetzt gehört das Auto ihm allein.

Einige = drei oder vier oder fünf Autos; *eigene* = gehört Ferdinand.

einkaufen gehen/ shoppen

Apropos letzte Kreditrate: Ein gutes Heilmittel gegen die Winterdepression oder andere Depressionen ist *einkaufen gehen*. Mal nicht an das Geld denken und ständig rechnen müssen, befreit die Seele von ihrer Seelennot. Und es ist so einfach – ich muss nur online gehen, brauche nicht in die Stadt (zu) gehen. Das Dumme allerdings am *Shoppen* ist, dass die nächste Kreditkarten-abrechnung gar keinen Spaß macht.

Einkaufen gehen wird manchmal recht teuer, man kauft so manches dabei, was man eigentlich gar nicht braucht. Echte Fans dieser Sucht sagen heutzutage dazu: Ich muss mal wieder *shoppen*.

Und der Duden, unsere heilige Institution der Sprache, hat das Wort in seinen Wortschatz aufgenommen und zu einem schwachen Verb erklärt. Also: Ich *habe* gestern *geshoppt*.

einladen / einzuladen

„Ich möchte dich gern zu einem Drink *einladen*", sagte Ashton zu Mila. Doch die lehnte schnell ab. Da dachte Ashton betrübt: Warum ist es nur so schwer, Mila *einzuladen*? Sollte ich sie vielleicht einmal zum Shoppen einladen?

Daran denken: *Es ist* (*schwer*), *es ist / fällt* (*leicht*), *es ist / es scheint* (*schön*), *es kann wichtig sein*, usw. Diese Ausdrücke brauchen das *Zu* für ihr zweites Verb, hier für *einladen*. *Es ist wichtig*, bei den trennbaren Verben *zu* zwischen Vorsilbe und Stamm *zu* setzen.

einloggen / downloaden

Wie oft am Tag *loggen* Sie sich Tag *ein*, um Ihre Mails zu lesen? Oder sind Sie ständig *eingeloggt*? Und wie oft laden Sie etwas aus dem Internet herunter? Ich meine: *Downloaden* Sie oft?

Tut uns leid, liebe Deutschlernende, um Deutsch zu beherrschen, sollten Sie zumindest die Aussprache dieser neuen deutschen Wörter aus der Computersprache beherrschen. Man könnte natürlich fordern, dass wir in Texten keine englischen Ausdrücke benutzen dürfen. Aber wir sind da liberaler als anderswo. Sagen also statt *anmelden* lieber *einloggen*, statt *abmelden* lieber *ausloggen*, statt *herunterladen* lieber *downloaden*. Allerdings... wir lassen unsere Sprache nicht verkommen und ziehen den neuen Verben „deutsche" Kleidung an. Das heißt, sie sind hier trennbare Verben für uns. Wir sagen also korrekt: Ich *bin eingeloggt* und ich habe nichts Illegales *downgeloaded*.

einmal / auf einmal

Einmal hat er einmal in die Hand gespuckt, dann hat er ein großes Loch gegraben. Da hat er *auf einmal* Gold glänzen sehen.

Einmal ist keinmal, sagen manche, was natürlich nicht stimmt. *Einmal* gab es viel zu essen. Das heißt: früher mal.
Auf einmal bedeutet *plötzlich*. Siehe auch: einmal / ein Mal.

Einzug / Auszug

Whitney betrachtete betrübt den letzten Konto*auszug*. „Kann ich Ihnen denn irgendwie helfen?", fragt der Bankangestellte voller Mitgefühl. – „Ja, Sie können in der nächsten Zeit alle Ermächtigungen zum *Einzug*, also alle *Einzugs*ermächtigungen, stoppen. Ich werde wohl auf unbestimmte Zeit verreisen."

Bei Bankangelegenheiten gibt es die *Einzugs*ermächtigung und die Konto*auszüge*. Auf dem *Auszug* wird der Kontostand angezeigt, beim *Einzug* werden automatisch Geldbeträge, die man an andere zahlen muss, zum richtigen Zeitpunkt vom Konto eingezogen. weiteren Bedeutungen siehe Umzug / *Einzug / Auszug*.

Eisenbügel / Bügeleisen

Ein *Eisenbügel* ist ein *Bügel*, also eine Vorrichtung aus Eisen zum Aufhängen von Jacken und Mänteln. *Ein Bügeleisen* ist ein Gerät (früher war es ein heißes Stück Eisen) zum Bügeln.

Na, das muss man nicht erklären, nicht wahr.

Endung / keine Endung

Sie sind *sicher* einer Meinung mit mir. Viele fühlen sich nicht mehr *sicher*, wenn sie abends auf die Straße gehen. Sie sagen: Früher war es noch *sicher*, da brauchte man sogar die Haustür nicht abzuschließen, aber heute ist das überhaupt nicht mehr *sicher*, da braucht man *sichere* Haustüren.

Erkennen Sie das Problem? *Sicher meiner Meinung?* Sie sind bestimmt *meiner Meinung*. Haben Sie keine Angst, am Abend durch die Stadt zu gehen, weil es dort *sicher* ist? Nein, Adverbien haben keine Endung. Wer aber Angst hat, der hat auch *sichere* Fenster. Klar, das ist jetzt ein Adjektiv und braucht eine Endung.

TEST 5

1. Selbst um 3 Uhr in der Nacht sind .... Leute im Kurpark.

   a) eigene   b) eine   c) ein Paar   d) einige

2. Aus einem Brief an Kelly: Liebe Schwester, Du schreibst, ... Mann ist fort. Sei nicht traurig, sondern lieber froh. Es gibt doch noch genügend andere.

   a) dein   b) Deinen   c) Deine   d) deinen

3. In Grönland gibt es keine Spiegeleier. Deshalb fährt Michel niemals ....

   a) dorthin   b) hierhin   c) dort   d) hier

4. Man hängt daran Jacken und Hemden auf: ....

   a) Bügelkleider   b) Autospiegel

   c) Spiegelauto   d) Kleiderbügel

5. Wenn .... lange aufs Meer schaut, sieht er die Welt ein wenig anders.

   a) man   b) eine   c) alle   d) jemand

Das rechte Wort an den rechten Ort

etwas - Besonderes - einmal - auf einmal - Eindruck

Ein Mann kam .... in eine Bar in Texas. Er sagte dem Barmann, er wolle .... trinken. Dieser zog jedoch .... seinen Revolver und schoss in die Luft. Der Mann bedankte sich und ging, denn der Barmann hatte für sein Problem die richtige Lösung gefunden. Haben Sie jetzt den ...., Sie werden auf den Arm genommen? Die Lösung ist nichts .... Der Mann hatte keinen Durst, sondern nur einen Schluckauf.

Erkennen Sie die falschen Wörter?

Es war auf einmal ein Mädchen. Das ging gern Shopping. Es hatte schon eigene Shirts, Röckchen und Jeans gekauft. Als es gerade ein Eisenbügel betrachtete, hatte es einen Eindruck, dass es beobachtet würde... Es drehte sich auf der Stelle um. Wow, dachte es da. Das ist ja einer von schönsten Typen, die es auf dieser Welt geben kann. Den möchte ich doch unbedingt zu einem Kaffee einzuladen. (Fortsetzung folgt)

Statt .... heißt es: ....

Statt .... heißt es: ....

Statt .... heißt es: ....

Statt .... heißt es: ....

Statt .... heißt es: ....

Statt .... heißt es: ....

Statt .... heißt es: ....

Wo stimmen ß und S und SS? Tragen Sie die Wörter ein.

1) muß	2) Kuss	3) Schluß	4) Fluß
5) Fuß	6) Füße	7) weißt	8) heisst
9) Hass	10) Maß	11) Füsse	12) beisst

....

....

....

Tragen Sie hier die falschen ? und S und SS ein. Aber korrekt

....

....

....

Und die Regel?

ß bei .... Vokal,   ß bei .... Vokalen,   ss bei .... Vokal.

Endung -er bei Substantiven

Was haben ein *Dampfer* und ein *Messer* gemeinsam? Richtig, beide trennen etwas. Das Messer trennt das Brot, der Dampfer das Wasser. Darüber hinaus enden beide auf *-er*.

Diese Endung *-er* zeigt allerdings nicht an, dass das Wort immer männlich ist. Ebenso gut kann es auch sächlich sein. *Der* Schül*er*, *der* Lehr*er*, *das* Kalib*er*, das Wett*er*. Halt, es kann auch weiblich sein: die Schwester, die Tochter. Wörter mit der Endung –er können also alles sein. Männlich, weiblich oder sächlich. Toll!

erfinden / empfinden

Als Stephe Jobs den ersten iPod in den Händen hielt, *empfand* er sicherlich ein großes Glücksgefühl: „Mein Gott, und es dampft doch!", hat er bestimmt vor Freude ausgerufen.

Allerdings hat Stephe Jobs den iPod nicht *erfunden*. Er hat eine Unternehmensstrategie *erfunden*, so kann man vielleicht besser sagen. Die Strategie war das Neue.

Erfinden = eine Maschine mit neuen Funktionen als erster Mensch bauen; *empfinden* = fühlen.

erklären können / zu erklären wissen

Schiller *weiß* gut den Lauf der Geschichte *zu erklären*, wenn er sagt: „Die schönen Tage von Aranjuez sind nun vorbei." Das *könnte* selbst der Dalei Lama nicht schöner *erklären*.

Beides ist möglich: *erklären können* oder *zu erklären wissen*. Aber *erklären können* ist die modernere Sprache. *Etwas tun können* (hier: erklären). *Wissen* zeigt eher einen gehobenen oder auch altmodischen Sprachstil an, der manchmal deplatziert wirkt, z.B. in der Disco. Siehe auch kennen / wissen.

erst / zuerst

Zuerst dachte ich, es sei unmöglich, dass jemand mit vier Jahren schon Klavier spielen kann. Doch dann las ich, dass Mozart *erst* drei Jahre alt war, als er schon Klavier spielte.

Erst = wie *nur* (aber für Zeitangaben benutzt);
zuerst = erst eine Sache machen, dann eine andere.

erwähnt / erzählt

Können Sie mir etwas von den Toten Hosen *erzählen*? Wissen Sie z.B., wo der Name der Toten Hosen zum ersten Mal *erwähnt* wurde? Und warum die Band diesen Namen gewählt hat?" – „Wo der Name zum ersten Mal *erwähnt* wurde, weiß ich nicht. Aber ich kann Ihnen *erzählen*, warum sich die Band den Namen gab. Das hat mir Campino gesagt. *Hier ist tote Hose* bedeutet im Ruhrgebiet: Hier ist nichts los. Bei den Toten Hosen war am Anfang auch nichts los, sprich, wenig Besucher in den Konzerten, kein Geld. Damit niemand auf die Idee käme, Geld für eine Konzertkarte zurückzuverlangen, gaben sie sich den Namen.

Erzählen = zu einer bestimmten Sache oder Person etwas sagen und zwar genau dazu.
Erwähnen = man redet von diesem und jenem, unter anderen auch von den Toten Hosen, aber das ist nicht das wirklich Wichtige bei dem, was ich erzähle.

Erziehung / ~~Erziehungen~~.

Es gibt verschiedene Arten von *Erziehung*: *Erziehung* zur Freiheit, *Erziehung* zum Gehorsam, usw. Aber auch die *Erziehung* zum Ungehorsam kann aus *Erziehung* kein Pluralwort machen.

Zu weiteren Wörtern, die es nur im Singular gibt, siehe auch: Geschirr/ Geschirre.

es gibt / da ist

In Frankfurt *gibt es* viele Banken. Samantha steht vor dem Hochhaus der Deutschen Bank. *Da ist* doch tatsächlich ein Hund, der gerade an der Glasfassade ein Bein hebt.

Um allgemein auszudrücken, dass irgendwo etwas da ist, sagt man im Deutschen - im Gegensatz zum Englischen - *es gibt*. *Es gibt* in unserer kleinen Stadt eine Bank und *es gibt* zwei Hotels. *Es gibt* hat nur eine Singularform, auch wenn Pluralangaben folgen.

Da ist benutzt man nur, wenn man auf etwas schaut oder zeigt.

etwas Besonderes / etwas Gutes

Es ist schon immer *etwas Besonderes* gewesen, eine dicke Havanna-Zigarre zu rauchen. Ob das auch *etwas Gutes* ist, fragen sich manche Zigarrenraucher.

Setzt man *nach etwas* ein Adjektiv mit der Neutrum-Endung, so wird es ein großgeschriebenes Substantiv.

etwas / ein paar

Elaine chattet gern mit Paul. Wenn sie ihm sagt, dass sie *etwas* Geld braucht, um *etwas* für ihren Sohn zum Geburtstag zu kaufen, dann antwortet Paul natürlich: "Ich überweise dir gleich *ein paar* Euro mit WesternUnion."

Wer *etwas Geld* sagt, denkt im Allgemeinen nicht an einzelne Geldstücke oder eine bestimmte Summe. Wer *ein paar* Euro schicken soll, der denkt dann schon an jeden einzelnen Euro und überlegt, wie viele Euros er Elaine wohl schicken soll.

fangen / anfangen

Dirk *fängt* einen Ball, den ihm Michael zugespielt hat, mit großer Sicherheit und punktet natürlich. Dirk ist einfach super. Und solch einen Satz, wie Sie ihn gleich lesen, würde er nie *anfangen*.

Ein deutscher Satz *fängt* manchmal, wenn es der Autor so will, weil er denkt, das sei ein schöner Schreibstil oder weil er glaubt, nur lange und komplizierte Sätze seien für seine Leserinnen und Leser interessant, auf solche Weise, dass der Verbteil des trennbaren Verbs, wie das für Hauptsätze üblich ist, an der zweiten Position steht, das abgetrennte Präfix hingegen sich auf der letzten Position wiederfindet, doch einigermaßen komisch *an*.

Fangen = einen Ball *fangen*. Katzen fingen früher gerne Mäuse.

Anfangen = beginnen. *Anfangen* ist ein trennbares Verb, das heißt:

Wenn ich das Präfix *an* vergesse, dann denken meine Leser oder Zuhörer an die Bedeutung von *fangen*.

fer- / ver-

Mit der Silbe *fer-* (mit einem *F* geschrieben) beginnen nur wenige Wörter im Deutschen. Hier einige wichtige: *fer*tig und *fer*ner, *Fer*se, *Ferk*el und *Fer*ien.

Ansonsten gilt: Nie wieder *ver*sprechen und *ver*schreiben! Hören Sie *fer-* als erste Silbe bei einem Verb, schreiben Sie immer *ver*!

fernsehen / Fernsehen / Fernseher

Viele Deutsche sagen: Ich *sehe* gern ~~fernsehen~~. Das ist natürlich falsch. Es muss so heißen: Ich *sehe* gern *fern*. Ja, und ich *sehe* auch gern *fern*. Ich habe mir einen tollen *Fernseher* gekauft. Flachbildschirm, einen Samsung. Die Marke finden sogar Japaner gut. Und ich mag *das Fernsehen* in Deutschland. Nein, nicht das Private, sondern die ARD, das ZDF, die Dritten Programme, Sat3 und Arte. Schauen Sie doch auch einmal da rein^^.

Kompliziert? Wenn ich den *Fernseher*, das Gerät, anschalte, freue ich mich darauf, *fernzusehen*. *Das Fernsehen*, das die privaten Sender machen, gefällt mir allerdings nicht so gut, ich schaue lieber die Sendungen auf Arte und Sat3 und der ARD und des ZDF an.

fiel / viel

Das BabyHippopotamus sah einen großen Kirschbaum. Der hing voller saftiger, roter Kirschen. „Wie *viele* Kirschen da auf dem Baum sind", dachte sie sich. Gleich begann sie, auf den Baum zu klettern. Sie suchte sich die saftigsten Kirschen aus und aß sie. Doch sie aß zu viel: Es krachte in den Ästen, und zusammen mit dem Ast, auf dem sie saß, *fiel* das BabyHippopotamus auf die Erde. Und weinte, weil ihr das Hinterteil so weh tat.

Fiel ist das Präteritum von fallen;
viel bedeutet: na, das wissen Sie ja. *Viel* Liebe, *viel* Geld, *viel* Glück wünsche ich Ihnen!

fleißig / ~~fleißlig~~

Es gibt nur *fleißige* Bienen, nie gibt es ~~fleißlige~~ Bienen. Und die *kitzligen* Bienen sind etwas ganz anderes. Sind Sie *kitzlig?*

Selten benutzt man die Nachsilbe *-lig*. Neben *kitzelig* oder *kitzlig* fällt einem so schnell kein anderes Wort ein. Siehe auch: -ich / -isch und -lich / -ig,

frei sein / frei haben

„Ich *habe* die nächsten zwei Tage *frei*, endlich!", sagte die Frau Ministerin zu ihrem Sekretär. „Ich *bin* nicht *frei*, das wissen Sie, Sie kennen meinen Mann. Aber ich denke, wir zwei sollten einmal zu zweit freie Tage genießen."

Nein, denken Sie nichts Falsches. Frau Ministerin will keine Affäre; sie ist *nicht frei*, sie hat ihren Mann und sie liebt ihn. Aber ihr Sekretär muss so viele Überstunden wegen ihr machen. Da ist es gut für die Arbeitsmoral, dass die beiden gemeinsam einmal fein essen gehen oder spazieren gehen, wenn sie beide *frei haben* und nicht arbeiten müssen.

Forderung / Anforderung

Die Streikenden wollen weniger Arbeitszeit und mehr Lohn. Das fordern sie. Ihre *Forderung* ist: weniger Arbeitszeit und mehr Lohn. – Der neue Lehrer im Deutschkurs stellt an seine Kursteilnehmerinnen hohe *Anforderungen*. Er erwartet, dass alle jeden Tag zwei Stunden Hausaufgaben machen. Alle sagen, was er da von ihnen verlange, sei zu viel. Aber die *Anforderungen* der Mittelstufenprüfung sind sehr hoch. Um diese zu bestehen, müsse man schon recht gut in der deutschen Sprache sein. So erwidert der Lehrer.

Forderung = das, was man will, z. B. gleiche Rechte.
Anforderung = was man braucht, welche Voraussetzungen man haben muss, was man können muss.

Förderung / Beförderung

Studenten können vom Staat eine *Förderung* erhalten, das heißt, sie erhalten jeden Monat Geld. Man kann auch sagen: ein

Stipendium. Das nennt man hier in Deutschland BAföG. Ein guter Professor *fördert* seine Studenten. Er hilft ihnen, im Studium gut voranzukommen, gibt ihnen Tipps, erwartet aber kein Geld dafür. Ob er für seine guten Taten eine *Beförderung* zum Rektor der Universität erwarten darf, ist ebenso sehr ungewiss. Denn woher nimmt er die Zeit, sich zu profilieren, wenn er sich so sehr um seine Studierenden kümmert?

Man bekommt eine *Förderung*, um mehr Zeit zum Lernen zu haben, um etwas besser lernen oder machen zu können, zum Beispiel studieren. Wer eine *Beförderung* erhält, der macht in seiner beruflichen Karriere einen Schritt auf der Leiter nach oben.

fragen / Fragen zu

Herr König hatte oft *Fragen zu* vielen Dingen, die um ihn herum passierten. „Warum bereitet deine Mama eine Crepe Suzette für dich?", *fragte* er eines Tages misstrauisch seinen Sohn, als er nach Hause kam.

Im Deutschen *fragt* man eine andere Person direkt, jaja, grammatikalisch gesprochen. Es wird beim Verb keine Präposition benutzt. Gibt es noch *Fragen zu* diesem Thema? Das Nomen *Frage* braucht aber unbedingt diese Präposition.

französisch / französischer

Wer in der wunderschönen Breslauer Altstadt *französisch* essen geht, der trinkt stillgerecht auch immer einen *französischen* Wein zum Hauptgang. Frage: Und was trinkt man, wenn man polnisches Bigos isst? Lassen Sie es uns bitte wissen.

Adverb und Adjektiv. Wie isst man? Französisch. Also ein Adverb und somit keine Endung. Was man isst, erfordert hingegen eine Endung: *deutsche* Wurst, *französischen* Käse, *polnisches* Bigos und *chinesischen* Feuertopf

Frau / Dame

Etwas Geschichte: Henry VIII verliebte sich in eine *Dame*, dann wurde sie bald seine *Frau*. Mme de Pompadour blieb immer eine

Dame, sie wurde nie die *Frau* von Ludwig XV. War sie eine kluge *Frau*?

Aus den meisten *Damen* wird irgendwann eine *Frau*. Im Stadium der Verliebtheit und an die herrlichen Ritter- und Fantasy-Geschichten denkend, denke man an König Artur und all die Ritter seiner Tafelrunde und ihre Liebe zu Damen. Irgendwann sah solch ein Ritter seine Dame als realen Mensch. Nein, nicht gleich als Hexe!

Und Herr und *Frau* Müller lächeln in die Kameras. Herr Müller drückt die Hand seiner *Frau*, sie lächelt stolz ihren Mann an, als er sich für seine Wiederwahl zum Bürgermeister seiner Stadt bedankt. Sehr geehrte ~~Frauen~~ und Herren aber sagt er nicht. Er sagt: „Sehr geehrte Damen und Herren".

Freibier / Freibad

Franz und Peter freuen sich auf die Eröffnungsfeier des neuen Restaurants. Da gibt es nämlich *Freibier*, kostenloses Bier also und so viel man will. Stefanie und Rita halten nichts vom Biertrinken. Sie nutzen das schöne Wetter zu einem Besuch im *Freibad*. Doch hier gibt es leider nichts kostenlos. Der Eintritt kostet 8 Euro.

Frei kann sowohl kostenlos als auch *leer* oder *unter freiem Himmel* bedeuten. Die Schwimmbadbesucher dürfen zwar im Freien baden, aber nur wenn sie an einen See fahren, sind sie ganz frei und dürfen frei von Kleidung baden. FKK heißt das hier.

freien / freuen

Stanislav schaute die Dame überrascht an, als sie ihm die Hand zum Handkuss reichte und sagte: „Ich akzeptiere Ihr Angebot gern. Ja, ich *freue* mich sehr darüber, dass Sie um mich *gefreit* haben." Stanislav schluckte verlegen. Ich hätte mich doch mehr um die Aussprache von Ei und EU kümmern müssen, dachte er, bevor er ohnmächtig wurde.

Freien bedeutet: um jemanden werben; *sich freuen* dagegen: Spaß an etwas haben, ein gutes Gefühl haben. Und nicht wenige Firmen *freien* um gute Mitarbeiter und *freuen sich*, wenn ein zukünftiger Mitarbeiter ihr Angebot zur freien Mitarbeit annimmt. Und der neue Mitarbeiter *freut sich* gar nicht so richtig über dieses Angebot. Wissen Sie warum?

Fresssucht / ~~Fressucht~~

Ja, Sie sollen in zusammengesetzten Wörtern drei Konsonanten hintereinander schreiben! Es heißt also *Fresssucht*. Und auch *Schifffahrt*, selbst wenn es komisch aussieht für die Leute, die in der Schule gelernt haben, dass es keine Wörter mit drei hintereinander geschriebenen Konsonanten gibt.

frühmorgens / morgen früh

Früh übt sich, was ein Meister werden will. So denkt Signor Verdi, wenn das Kind seiner Nachbarin *frühmorgens*, spätabends, mitten in der Nacht auf dem Klavier herumhämmert. *Aber morgen früh*, denkt er erleichtert, wird es nicht üben, weil heute Nachmittag alle Nachbarn in Urlaub ans Meer fahren.

Ai, der *Morgen* bereitet manchen Sorgen. Viele Deutschlehrer hoffen, dass niemand sie fragt, wie schreibe ich das in Verbindung mit...? Groß oder klein? Der Duden spricht hier von schwieriger Rechtschreibung. Jetzt geht es aber zuerst um die Bedeutung: *Morgen früh* heißt *am nächsten Morgen*, *frühmorgens* sagen wir, wenn wir erzählen wollen, was jemand um halb fünf *jeden Morgen* tut.

Finden Sie nicht auch, dass Sie mehr dazu lesen sollten? Deshalb siehe auch: am Morgen / morgens.

für alle Fälle / auf alle Fälle

Wenn man eine Schiffsreise antritt, sollte man *für alle Fälle* genügend Plastiktüten gegen die Schaukelei mitnehmen. So ist man *auf alle Fälle* vorbereitet.

Auf alle Fälle kann hier ersetzt werden durch *auf alles* vorbereitet, also alles, was passieren könnte.
Für alle Fälle bedeutet: Falls etwas in einer Situation passiert, falls mir schlecht wird und ich mich übergeben muss, habe ich ja Papiertüten in meiner Tasche. Erkennen Sie den Unterschied?

TEST 6

1. Die .... der Verkäufer und Verkäuferinnen nach freier Wahl der Arbeitszeit wurde begrüßt.

   a) Förderung   b) Anforderung
   c) Beförderung   d) Forderung

2. Frau Klein hat sich auf ihrer Bank einen .... von ihrem Konto geben lassen.

   a) Auszug   b) Umzug   c) Einzug   d) Abzug

3. Dustin war .... 15 Jahre alt, als er seinen ersten Hit landete.

   a) schon   b) erst   c) dann   d) zuerst

4. .... in Zürich so viele Banken.

   a) Da sind   b) Da ist   c) Es sind   d) Es gibt

5. Zum Leben braucht man doch meistens .... Geld.

   a) etwas   b) ein paar   c) ein Paar   d) geringes

6.. Geht man in Ulm .... essen, hört man den Ober sagen: "Hannoi, des goit nitte."

   a) französischer   b) französisch
   c) französischen   d) französische

7. Im .... gibt es Speicher, Module, Platinen und Kabel.

   a)fernsehen   b) Fernsehen   c) fernseher   d) Fernseher

Wer suchet, der findet.

der - Er - sucht - ung – zieh - För - fin - Fress - er - den - ung

1) Gute Schüler bekommen das manchmal: ....

2) Wer das hat, steht oft vor dem Kühlschrank: ....

3) Man entwickelt etwas, was es noch nicht gibt: ....

4) Eltern versuchen ihren Kindern das zu geben: ....

Ändern Sie die falschen Wörter? Fortsetzung 1

Das Mädchen *erfand* ein eiskaltes Gefühl auf seinem Rücken, das es sich nicht erklären *wusste*, als es den Kerl ansprach. Die Knie wurden ihm schwach und es *viel* vor lauter Schreck um. Als es wieder aufwachte, da sah es Herrn Wolf, seinen Deutschlehrer, vor sich stehen. Mein Gott, dachte es, das *sind* es doch nicht! Wie peinlich. Was soll ich jetzt mit dem *fangen*? So überlegte es und versuchte dabei, ein *Paar* Mal zu lächeln. ... (Fortsetzung folgt)

Statt .... heißt es: ....

Statt .... heißt es: ....

Statt .... heißt es: ....

Statt .... heißt es: ....

Statt .... heißt es: ....

Statt .... heißt es: ....

Finderlohn für richtige Effs

Wer *fragen / Fragen* zu diesem wichtigen Thema hat, *freie / freue* sich über diese Übung, weil sie nicht nur für Männer und *Frauen / Damen* wichtige Erkenntnisse bringt, sondern auch manches *Freibad / Freibier* verspricht.

Setzen Sie das passende Wort ein.

etwas Gutes, etwas Dummes, etwas Gemeines, etwas Schönes

1) Im Winter ohne Schuhe auf die Straße zu gehen - ist ....

2) Das neue Auto des Nachbarn zu zerkratzen - ist ....

3) Sich zu verlieben - ist ....

4) Geld in die Dritte Welt zu schicken - ist ....

Und noch dies

Es ist *wichtige / wichtig*, eine *wichtig / wichtige* Aufgabe in aller Ruhe zu erledigen.

....

für alle / vor allem

   Für alle auf dieser Erde sollte das Gleiche, wenn man gerne mit
   den Händen isst; Hände waschen *vor allem* nicht vergessen.

   Für alle heißt für jeden;
   vor allem bedeutet: Das ist das Allerwichtigte, damit man keine
   Bauchschmerzen bekommt. ~~für allem~~ gibt es einfach nicht.

für / vor

   Herr X heiratet *für* drei Wochen Frau Y, danach sind die beiden
   automatisch wieder geschieden. Sie fahren für drei Wochen nach
   Garmisch-Partenkirchen. *Vor* zwei Jahren waren sie schon
   einmal in Garmisch-Partenkirchen, wo sie eine wunderschöne
   Zeit hatten. Das gibt es nicht? Doch, das gibt es in manchen
   Ländern, doch dafür muss man natürlich die Gesetzeshüter
   bezahlen. In Deutschland aber funktioniert das anders.

   Für gibt eine Zeitdauer an, die - meist - auf die Zukunft gerichtet
   ist. *Vor* gibt einen Zeitpunkt (nicht Zeitdauer!) in der Vergangenheit an.

ganz anderes / ganz anders

   Das war dem Jäger sehr peinlich: Er hatte etwas *ganz anderes*
   getroffen, als er sich vorgestellt hatte. Keinen Bären, sondern ein
   Schild, auf dem stand: Angeln verboten. „Das ist beim Angeln
   ganz anders", sagte er verlegen zu seinen Jagdfreunden, die er zu
   dieser Jagdreise eingeladen hatte. „Da angele ich immer, was ich
   will."
   Ganz anderes steht für eine andere Sache. Man wollte einen
   Mantel kaufen, kommt aber mit etwas *ganz anderem* nach
   Hause, nämlich einem Rock.

Ganz anders bedeutet: das, was man macht, oder die Situation, die man sich erhoffte, ist völlig anders. Siehe unser Jägersmann, der einen Bären treffen wollte.

gar nicht / gar nichts

Oje, denken Max und Moritz. Wenn *gar nichts* passiert, bleibt es totenstill, und wir schlafen ein. Das wollen die zwei aber *gar nicht*. Also streichen sie den Stuhl der Lehrerin mit Klarlack an. Da war Frau Lehrerin Hempel *gar nicht* begeistert.

Tipp zum besseren Verständnis: das Wort *gar* wegstreichen, dann bleibt *nicht/ nichts*. Und zur Rechtschreibung: *gar nicht, gar nichts* werden nie als nur ein Wort geschrieben. Außer wir reden vom Nichts und *Garnichts* als Philosophen. Siehe auch: nicht/ nichts.

geantwortet / beantwortet

Naoko beantwortete Hiros Frage nicht, weil diese ihr zu dumm war. So sagte sie bis zum Abend kein Wort. Abends dann fragte Hiro: „Warum hast du heute Mittag nicht auf meine Frage *geantwortet?*"

Eine Frage wird beantwortet, auf eine Frage wird geantwortet.

gebeten / gebettet / gebetet

Der böse Wolf hatte Rotkäppchen um einen Gefallen *gebeten*, bevor er sich in Omas Bett *gebettet* hatte. Gottlob hatte Rotkäppchen die Worte der Mama im Ohr. Als dann später der gute Jägersmann dem Wolf den Bauch aufschnitt, sah er Rotkäppchen: Die lachte vergnügt und sagte: „Ich habe zum lieben Gott *gebetet*, dass du bald kommst."

Wer um etwas *gebeten* hat wie das Rotkäppchen, der hat zuvor manchmal *gebetet*, bevor er sich zur Nacht *gebettet* hat.

gebildet / ausgebildet / eingebildet

Nach der Wiedervereinigung Deutschland 1991 fragten sich viele im Osten des Landes: Brauchen wir *gebildete* Chefs, die sich in Latein und Mathematik und Geschichte auskennen?

Oder brauchen wir *ausgebildete* Chefs, die eine Berufsaus-bildung für ihre Arbeit hier haben? Inzwischen ist diesen Leuten bekannt, welche Art von Chefs dort aus dem Westen angekommen war. Manche meinen heute, es seien *eingebildete* Chefs gewesen, die gedacht haben, sie wüssten alles besser.

Einer der neuen Chefs hieß Herr Früh. Er war *gebildet* und konnte über Politik, Kunst, Musik, Geschichte oder Sprachen sprechen. Da er auch zum Elektriker *ausgebildet* war, konnte er vieles ins rechte Licht setzen. Bisher hat deshalb niemand gesagt, dass er die Nase hoch trägt, das heißt *eingebildet* sei. Dass Leute ihn böse anschauen, *bildet* Herr Früh sich nämlich nur *ein*.

Sich etwas einbilden: kurz gesagt, etwas Falsches denken;
gebildet sein: viel von allem wissen; von dem, was man in der Schule gelernt hat; von dem, was man von der Geschichte weiß und aus der Zeitung und aus den Medien. Zum *Gebildet* sein gehört allerdings nicht zu wissen, wer gerade im Dschungel-camp vor Würmern sitzt;
*ausgebildet ist man, wenn m*an einen Beruf erlernt hat.

gefallen / gefallen
Mama schenkt dem Sohn zum Geburtstag zwei Krawatten. Er will ihr zeigen, dass er das Geschenk zu schätzen weiß, und bindet sich gleich eine um, bevor er sich an den gedeckten Geburtstagstisch setzt. Die Mutter sagt enttäuscht: „Ach, *gefällt* dir die andere nicht?" Da ist dem Sohn die Kuchengabel aus der Hand *gefallen*.

Zweimal *gefallen*: etwas ist schön, dann *gefällt* es. Zum zweiten: Etwas *fällt* auf die Erde, das heißt, etwas folgt der Schwerkraft. Siehe auch: gefallen / schmecken.

Gegend / Umgebung
Die *Gegend* um Danzig ist wunderschön. Es gibt dort Wälder und viel Wasser. Allerdings gibt es in der näheren *Umgebung* auch ein Atomkraftwerk. Zum Glück soll es bis 2020

abgeschaltet werden. Lassen wir uns überraschen, ob das so sein wird.

Die Landschaft, das heißt das Land um Danzig, ist die *Gegend*. In der *Umgebung* von Danzig heißt: in einem Kreis um Danzig herum. Oder auch: nahe bei Danzig.

gehen / es geht

Camilla fragte Prinz William: „Wie *geht* dein Freund Kronprinz Frederic?" – „An Krücken, *es geht* ihm nämlich nicht sehr gut, seitdem er sich so viele Gedanken um die vier Vornamen seines Sohnes machen musste.

Fragt man danach, wie sich jemand fühlt, muss es selbstverständlich heißen: wie *geht es*?

genießen / gefallen

Gestern war Susanna im Kino: „Du, ich habe gestern den neuen James-Bond gesehen. Er hat mir wahnsinnig gut *gefallen*. Ich konnte ihn richtig *genießen*."

Achtung: In anderen Sprachen *genießt* man sich. Das klingt auf Deutsch aber sehr komisch. Es würde fast bedeuten, man hätte sich selbst aufgegessen und das hätte auch noch sehr gut geschmeckt. Siehe auch: hat gefallen / ist gefallen.

geschafft / geschaffen

Picasso hat viele Meisterwerke *geschaffen*. Gin A malt auch viele Bilder. Sie studiert Kunst, aber niemand außer ihrem Professor kennt sie bisher. Andere Leute sehen auf ihren Bildern nur Kreise und Kleckse. Wenn sie den Glauben an ihr Talent verliert, dann sagt ihr Professor zu ihr: „Du hast es bald *geschafft* und bist berühmt. Also gib nicht auf!"

Schaffen, *schaffte*, *geschafft* bedeutet: etwas, beispielsweise eine Arbeit, (gut) zu Ende bringen, etwas erreichen, zum Beispiel die Prüfung *schaffen*.
Schaffen, *schuf*, *geschaffen* bedeutet dagegen ein Kunstwerk machen. Drücken wir Gin A aus Korea die Daumen!

geschickt / geschickt mit

Manche großen Verführer waren sehr *geschickt* mit Worten. Sie sagten, sie seien von Gott *geschickt*, und versprachen Arbeit und ein gutes Leben. Wer hätte da nicht gern auf sie gehört?

Ein Zauberer ist *geschickt* mit den Händen. Er kann Ihnen etwas Tolles zaubern.

Geschickt ist das Partizip Perfekt von schicken = eine E-Mail schicken oder senden.

gehören / es gehört sich

„Wem *gehört* der wunderschöne Audi da vor dem Haus?" – „Der *gehört* mir!" – „*Es gehört sich* aber nicht, ihn auf dem Bürgersteig zu parken, da kommt ja niemand mit einem Kinderwagen daran vorbei!

Gehören = besitzen, Eigentümer sein;
es gehört sich = es ist Sitte oder Tradition.

Geschirr / Geschirre

In vielen Ländern ist es Tradition, dass man den Brautleuten zur Hochzeit Gold schenkt, in anderen schenkt man *Geschirr*. Hingegen schenkt man *Geschirre* höchstens deutschen oder britischn Olympiasiegern im Dressurreiten, den die brauchen *Geschirre*, um ihre Pferde auf Goldkurs zu lenken.

Das *Geschirr* ist, wenn es sich um Haushaltsausstattung handelt, ein unzählbares Nomen, das heißt, es steht *im Singular*.
Das Geschirr für Pferde (beim Auto würde man Lenkrad sagen) gibt es auch im Plural

gesehen / ausgesehen

Nachdem Thomas Edison zum ersten Mal eine Glühlampe zum Leuchten gebracht hatte, soll er an Herrn Tesla einen Brief geschrieben haben: Das Labor hat toll *ausgesehen* in diesem hellen Licht, nie zuvor habe ich so etwas Wunderbares *gesehen*. Danke für Deine Idee.

Lichtidee hin, Lichtidee her - *gesehen* kommt von *sehen*, *ausgesehen* von *aussehen*. Wer einmal Woody Allen im Film *gesehen hat*, weiß wie er *aussieht*: riesenlange Nase, schmaler Mund und spindeldürre Beine.

gestern / morgen

Gestern waren wir Kinder und frei. Heute leben wir endlich richtig. Werden wir uns vielleicht *morgen* schämen für das, was wir heute tun.

Bei diesen Zeitangaben gibt es doch wirklich nichts zu verwechseln.

~~gestrietten~~ / gestritten

Sich *streiten* ist oft heftig, aber hoffentlich nur kurz. Deshalb heißt es *gestritten*.

Vielleicht kann man sich so merken, warum *gestritten* nur ein *I* und kein E haben kann: Bei einem *IE* bleibt im Deutschen ja das E stumm, es lässt uns das *I* nur lange hören. Merken Sie sich also: *ie + Doppelkonsonant* gibt es nie, nie, nie!

gewaltig / gewalttätig

Obelix, manchmal auch Gerard, ist ein *gewaltiger* Mann. Er ist zwar nur 1,80 m (5'11) groß, doch bringt er viele, viele Kilos auf die Waage. Und was er macht, raubt den Atem, weil es so *gewaltig* ist. Deshalb gab Vladimir ihm ja den russischen Pass. Nein, das dürfen Sie nicht behaupten, dass Vladimir *gewalttätig* ist. Es gibt keinen Beweis dafür, dass er unliebsame Menschen unfein behandelt.

Gewaltig = riesig groß oder den Atem raubend, weil jemand etwas so Großes schafft;
gewalttätig = jemand, der sein Ziel mit physischer Gewalt erreichen will, also so, dass es weh tut. Manchmal sehr weh.

gewohnt / gewöhnt

Es ist ein gewohnter Anblick, Dieter als Chef bei Deutschland Sucht Den Superstar zu sehen. Dieter ist *gewohnt*, dass die Leute über seine Intelligenz lästern, und seine Kandidaten sind schnell daran *gewöhnt*, dass er über ihre Qualitäten lästert. Zum Beispiel sagte er dies zu einer Kandidatin, nachdem sie gesungen hatte:

„Man spürt, dass du die Musik liebst, aber diese Liebe ist einseitig."

Etwas *gewohnt* sein: Man hat einmal damit angefangen, seitdem macht man es immer wieder.

An etwas *gewöhnt* sein: Eigentlich das Gleiche wie *gewohnt* sein. Aber da ist die Präposition an, deshalb muss es *gewöhnt* sein heißen. Unser Dieter ist *gewöhnt* dar*an*, dass man über ihn lästert, weil er ja auch so gerne lästert.

Aber aufgepasst: ein *gewohnter* Anblick: Als Adjektiv benutzt, gibt es nur *gewohnt*.

gezogen / eingezogen

Emil und Emilie sind am Samstag in ihre neue Wohnung *eingezogen*. Sie hatten mit ihren Freunden einen kleinen LKW mit einem Anhänger gemietet. 300 Meter vor der neuen Wohnung, streikte der Motor. Also haben sie kurzerhand den Anhänger selbst zu siebt gezogen. Später sind sie dann mit ihren Freunden durch die Kneipen *gezogen*, um die neue Wohnung zu feiern.

Fragen: Wie oft sind Sie schon in eine neue Wohnung *eingezogen*? Haben Sie jemals einen Anhänger *gezogen*? Oder jemals jemanden an den Haaren *gezogen*? Und wann sind Sie zum letzten Mal durch Kneipen *gezogen*?

gibt / es gibt

Es gibt im Internet viel zu gewinnen. Täglich landen Mails, in meinem Postfach, die mir erzählen wollen, ich hätte einen BMW gewonnen. Oder ein iPhon oder eine Reise in den Süden. Ich müsse einfach nur das Formular mit meinen persönlichen Angaben ausfüllen. Ja, der Veranstalter eines solchen Preisausschreibens *gibt* sogar eine Garantie auf einen Gewinn. Mhm, was halten Sie davon?

Es muss ein Subjekt in einem korrekten deutschen Satz auftauchen. Im vorletzten Satz ist der Veranstalter Subjekt zu *gibt*. *Gibt es* kein Subjekt, dann muss man *es* benutzen. Siehe auch: ist egal / es ist egal.

Glas Wein / Gläser Wein

In vino veritas, im Wein liegt die Wahrheit. Drum gab sich Goethe mit zwei *Glas Wein* selten zufrieden. Er soll bisweilen sogar zehn *Glas Wein* gepichelt (getrunken) haben. Goethe hatte es noch gut, jaja, er musste keine Angst um seinen Führerschein haben. Heute muss man das und so fragt man in Foren: Darf ich drei Gläser Wein trinken und dann noch fahren?

Zwei *Glas Wein* ist eine Maßangabe und korrektes Deutsch. Aber Sie hören in Deutschland bestimmt auch einmal: Du hast *vier Gläser* Wein getrunken und willst noch fahren? Bis du verrückt? Und wenn der oder die Angesprochene Deutsch perfekt beherrscht, werden Sie zur Antwort bekommen: Lern zuerst einmal richtig Deutsch, bevor du mir etwas vorschreiben willst.

So ist das mit der Sprache: Manches benutzen wir falsch und wenn viele es falsch benutzen, werden immer mehr es falsch benutzen und irgendwann erklärt der Duden, man darf auch drei *Gläser Wein* als Maßangabe sagen.

gleich / ähnlich

Globalisierungseffekt: Viele Autos sehen heute *gleich* aus. Sie unterscheiden sich nur in kleinen Details. Das erschwert die Arbeit der Polizei, denn nur Autofans können die verschiedenen Marken unterscheiden und können genau erklären, in welchen Details die Autos sich unterscheiden und wo sie *ähnlich* sind.

Gleich heißt, Dinge sehen identisch aus, aber um Himmelswillen nicht sagen: Er fährt dasselbe Auto!
ähnlich = nicht ganz identisch, es gibt kleine Unterschiede.

1. Angela hat sich ...., jeden Morgen um 5 Uhr aufzustehen.

   a) gewohnt   b) gewöhnt
   c) daran gewohnt   d) daran gewöhnt

2. Im Lotto .... eine Million zu gewinnen.

   a) gibt   b) gebe   c) gibt es   d) gebe es

3. Wie man sich ...., so liegt man.

   a) betet   b) bittet   c) bettet   d) gebetet

4. Wer nicht ... mag, geht besser nie ins Freibad.

   a) freuen   b) genießen   c) geschaffen   d) geschafft

5. Es .... nicht, vor anderen die Nase zu putzen.

   a) gehört sich   b) geht ihm   c) gehört ihm   d) frei ihn

6. Fallschirmspringen ist etwas ganz .... als Bungee-springen.

   a) anders   b) anderes   c) gleich   d) ähnlich

7. Wenn sich .... ändert, werden wir uns wundern, was sich alles ändert.

   a) gar nicht   b) garnichts   c) gar nichts   d) gar

8. Wenn man zwei .... Wein bestellt, kann man sicher sein, auch tatsächlich Wein zu bekommen

   a) halbe   b) Glas   c) Gläser   d) volle.

Eingebildete ausgebildete Bildungen

Bildung - ausgebildete - eingebildete - eingebildete Bildung

1) .... Arbeitnehmer verdienen mehr.

2) Mit der .... kommt der Hunger.

3) .... Kranke sind gute Patienten.

4) Das Gefährlichste ist: ....

Richtig oder falsch?

1) *Für/ Vor* drei Wochen hat bei Konstantin der Wecker geklingelt.
2) *Für alle / vor allem* gilt das Gleiche: Bitte keine Fehler zugeben.
3) Vor Richtern sollte man *auf / für* alle Fälle nicht zu viel sagen.
4) In dem kleinen Zimmer ist es *ganz anderes / ganz anders*, als er sich das vorgestellt hatte.
5) *Gar nicht/ Gar nichts* Interessantes passierte.

Für Gourmets: gefallen und genießen

Uli in Bayern .... die Arbeit als Manager der Bayern. Er .... nicht die Macht des Amtes, sondern das Vertrauen .... ihm, das man in ihn setzt. Vor kurzer Zeit wäre er fast ausgerutscht und .... Aber alles ist gut gegangen und so .... er weiterhin die Spiele seiner Elf von seiner Loge aus.

Puzzeln Sie mit, dann setzen Sie ein.

schaf - ge - fen - schickt - Ge - schirre - schafft - ge - ge

Kandinsky hat viele Meisterwerke ....
Der Teufel soll sehr .... mit Worten sein.
Manche lieben ...., nicht nur Dressurreiterinnen und - reiter.
Sein Sohn hat endlich das Abitur ....

Was sagen Sie in diesen Situationen?

1) Vier Uhr morgens auf der Autobahn: Der Motor Ihres Wagens brennt. Doch da hält schon ein ADAC-Pannenfahrzeug: „Sie hat der Herrgott ...."
2) Es regnet und es ist kalt. Trotzdem gehen Sie ins Freibad. Dort erfahren Sie, Sie haben eine monatliche Rente von 5000 Euro gewonnen, weil Sie der zweimillionste Besucher sind. Sie rufen: „................... für alle!"

gleiche / selbe

Es war einmal eine Modenschau, viel Prominenz aus der Modeszene war eingeladen und genoss den Ansturm der Fotografen. Und Nickie und Jamie lachten, als sie feststellten, sie trugen das *gleiche* Kleid. Und auch Brooke und Carmen lachten, als sie sahen, sie trugen das *gleiche* Kleid. Wie sich Zeiten ändern... oder etwa doch nicht?

Natürlich trugen Brooke und Carmen ein *gleiches* Kleid. Hätten sie *dasselbe* Kleid getragen, wären sie als siamesische Zwillinge vor der Welt dagestanden. Aber wahrscheinlicher: Das Kleid wäre zerrissen und sie hätten nackt vor der Welt der Mode gestanden, es wurde ja nur für eine Person gemacht. Und das *Gleiche* trifft auf Nickie und Jamie zu. Wollen Sie sich also nicht entblößen und nackt vor Leuten stehen, dann prägen Sie sich diesen Unterschied zwischen *gleich*e und *selbe* sehr gut ein!

groß / schwer

Ausländer können manchmal *große* Probleme mit der Bürokratie haben, die oft nur *schwer* zu lösen sind.

Ein Problem ist klein oder *groß* und es ist entweder leicht oder *schwer*, es zu lösen.

großer / größer

Mahatma Gandhi war 1,72 m groß. Nach heutigen Maßstäben also kein *großer* Mann,. Und dennoch war er ein ganz *großer* Mann und sehr bedeutend für die Menschheit. Arnold Schwarzenegger ist mit 1,88m bedeutend *größer* als Ghandhi. Das betrifft aber nur seine Körpergröße.

Es geht hier selbstverständlich um die Körpergröße und ebenso um die Größe, die man zeigt oder die man hat, wenn man etwas Gutes für die anderen tut, auch wenn man nur 1,67m groß ist. *Großer* ist das Adjektiv *groß* mit Endung; *größer* ist der Komparativ von *groß* und der wird benutzt, wenn man vergleicht.

gut / schön

Nach einer ausgedehnten Bergwanderung schläft Vera *gut* und fest. „Hast du gut geschlafen?", fragt Bernd sie am nächsten Morgen. – „Ja", antwortet sie, „und ich habe auch *schön* geträumt, nämlich von einem Gewinn in der Euro-Lotterie."

Gut hier: gesund;
schön = sich etwas *Schönes* vorstellen.

Hare / Haare

Hare Krishna ist eine religiöse Gemeinschaft, deren Anhänger in den 70er-Jahren oft auf unseren Straßen zu sehen waren. Gekleidet in Orange tanzten und sangen sie sich durch die Fußgängerzonen. In manchen Städten kann man sie bis heute noch bewundern. Ein Symbol der Zugehörigkeit sind kurz geschorene *Haare*.

Wenn Sie das meinen, was Sie auf dem Kopf haben (oder manchmal auch nicht), dann schreiben Sie das mit zwei A: *Haare*.

hat gefallen / ist gefallen

Hugh *hat* seine Rolle im Wolkenatlas *gefallen*. Dort ist er nicht, wie sonst üblich, ganz romantisch auf die Knie *gefallen*, um jemandem seine Liebe zu gestehen.

Wenn ein Mensch oder Gegenstand der Schwerkraft gefolgt ist, *ist* er *gefallen*.
Hat gefallen heißt dagegen: Etwas war gut, hat Spaß gemacht: Der Film *hat* mir *gefallen*. Es hat Spaß gemacht, ihn zu sehen. Siehe auch: genießen / gefallen.

hat gesehen / sah

Ein wenig Geschichte aus Deutschland: „Keiner *hat gesehen*, was damals im Dritten Reich wirklich passierte. Ich sah nie ein Bild eines Konzentrationslagers damals." So sagten die Leute, die die Zeit hier erlebten. Viele aus der Generation, die folgte, glaubten das nicht, denn glücklich sahen die Eltern und Verwandten nicht aus, wenn man sie nach dieser Zeit befragte.

Der Streit ist alt und wird wohl recht bald überhaupt nicht mehr mithilfe von Augenzeugen zu klären sein. Wie viel einfacher ist da doch die grammatikalische Erklärung: Keiner *hat gesehen* ist Perfekt und das wird zumeist beim Sprechen benutzt. Schreibt man einen Text, dann benutzt man besser das Präteritum, also *sah*. Das bringt in einer C1-Prüfung mehr Punkte ein und im Gespräch mehr Lob für Ihr gutes Deutsch.

hatte / hätte

These: Wenn Präsidenten mehr Mumm in den Knochen *hätten*, also Mut, würde es weniger Kriege auf der Welt geben. Beweis: Einmal *hatte* ein Präsident Mumm und ließ drei andere Präsidenten nicht aus dem Konferenzraum, bevor sie sich geeinigt hatten. So wurde der Krieg beendet. Wissen Sie, welcher Präsident das war?

Wichtige Kleinigkeiten: zwei Pünktchen über dem A. Ein Präsident *hatte* Mumm und beendete damit einen Krieg. Und *hätte* die UNO damals mehr Mut gehabt, hätte sie Srebreniza verhindert. (Wenn Sie davon mehr wissen wollen, googeln Sie doch einfach einmal.)

Haus / Wohnung

Wohnen Sie in Ihrem *Haus* oder Ihrer *Wohnung* oder in einer gemieteten *Wohnung*? Hier leben die meisten Menschen in einer gemieteten *Wohnung*. Die hat ein, zwei, drei oder vier Zimmer, selten fünf. Und sie träumen von einer eigenen Wohnung oder einem eigenen Haus. Da das jedoch sehr teuer ist, bleibt es für viele ein Traum. Warum? Na, es ist sehr teuer. Jaja, so ist das hier in unserem reichen Deutschland.

Wenn man in einem *Haus* wohnt, hat man seine eigene Tür ins Freie. Wer in einer *Wohnung* wohnt, benutzt die Eingangstür zum *Haus* immer mit anderen, weil die auch *Wohnungen* in diesem Haus haben.

Heil / Gesundheit

„… und gutes *Heil*", sagte der chinesische Student bei der Verabschiedung zu seinen Gastgebern. Die sahen Wai ganz komisch an. Erst als Wai sein *Heil* in der Verbesserung seines Ausdrucks suchte und stotterte, „*Gesundheit* und Glück für Ihr Haus und Ihre Familie", blickten sie freundlicher drein.

Das Gegenteil von Krankheit ist *Gesundheit*. Wünschen Sie lieber niemandem *Heil*. Denn dies ist bei uns ein "Unwort". Es erinnert an Arme, die in die Höhe gereckt werden, an lautes Gebrüll und an einen Schnauzbart. Damit aber wollen wir nichts mehr zu tun haben. Sagen Sie bitte auch nicht SS, wenn sie ein Wort buchstabieren.^^

herauf / herunter

Julia steht am Fenster, Romeo unten auf der Straße. Julia seufzt leise: „Ach käme er doch nur zu mir *herauf*". Und Romeo denkt, wie schön es doch wäre, käme sie jetzt *herunter* zu ihm.

Wer steht wo und will, dass jemand oder etwas zu ihm kommt? Die Richtung zum Sprechenden oder Denkenden hin, die entscheidet über *herauf* und *herunter*.

Herrn / Herren

Wem würden Sie gern einmal einen Brief schreiben und ihm alles, was Ihnen am Herz liegt, sagen? *Herrn* X, oder *Herrn* Y? Oder würden Sie lieber beide einladen und Ihnen Ihre Meinung sagen? In diesem Fall würden Sie Ihre Rede so beginnen: „Sehr geehrte *Herren*, ich freue mich, dass Sie hier beide sitzen und ich Ihnen endlich sagen kann, was ich Ihnen schon immer einmal sagen wollte."

Herrn ist Dativ Singular, *Herren* ist der Plural von *Herr*. Deshalb heißt es, wenn Sie eine Rede vor vielen Gästen halten: Sehr verehrte Damen und *Herren*. Siehe auch Frau / Dame.

herum / heran

Der Geschichtsprofessor zog viele Beispiele aus der Geschichte *heran*, um zu erklären, warum es zu Kriegen kommt. Dann sagte er: „Man kommt aber auch nicht um die Tatsache *herum*, dass alle Nachbarn nicht genügend für den Frieden taten."

Man kommt nicht um eine Sache *herum* und geht dann im Zimmer *herum*. Hin und her, geht man, weil man so viel nachdenkt.

Heran zeigt dagegen wieder die Richtung, die Bewegung zum Sprechenden an. Oder zum Thema. Beide Wörter werden gerne in Verbverbindungen benutzt: etwas als Beispiel zu diesem Thema *heranziehen*. Und Romeo zog schon irgendwann Julia an sich *heran*.

hier / her

„Wo kommst du denn so spät *her*?" – „Aus dem Büro natürlich, wo*her* sonst!" – „Und wo bist du?" – „*Hier* bin ich!" – „Wo *hier*?" – „Na, vorm Fernseher natürlich, gleich spielt Bayern gegen Barca. Also komm schnell her."

Hier = der Platz, wo man gerade *ist*;
her = der Platz, *von wo* jemand zum Sprechenden gekommen ist (man kann dann auch *woher* ...? fragen)

hier / hierher

Sie sind mal wieder zu spät ins Kino gekommen. Es ist schon dunkel, der Hauptfilm läuft bereits. Der Platzanweiser hat Ihre Karte kurz betrachtet, geht ein paar Schritte vor Ihnen her, hält dann an und ruft leise: „*Hierher! Hier* ist Ihre Reihe."

Auf die Bewegung kommt es – wie immer - an. *Hier* ist die gesuchte Reihe, darum sollen Sie schnell dorthin (!) zum Platzanweiser kommen. Siehe auch: dort / dorthin.

hin / her

Frau Müller ruft ihren Hund: „Bilbo, komm sofort *her*!" Doch Bilbo hört nicht auf sein Frauchen, er rennt in die andere Richtung davon. Ob er wohl den Drachen Gollum mit seiner feinen Schnauze riecht? Verärgert ruft Frau Müller: „Bilbo, wo rennst du denn jetzt wieder *hin*?"

Her heißt: von einem anderen Ort zu mir;
hin bedeutet: weg von mir.

hinauf / herauf

Gehen Sie jetzt gleich zum Stichwort *herauf* / herunter. Dort finden Sie die Geschichte von Lisa und Frank. Das wird Ihnen mehr zu *hinauf* / *herauf* erklären.

hinaus / heraus

McNeal kommt wütend zur Tür *heraus*, weil dort draußen ein Engländer laut dumme Schottenwitze erzählt. „Es ist ein Märchen, dass Schotten geizig sind", ruft er dem Engländer zu. „Mein Großvater warf zum Beispiel Pennys für die Kinder zum Fenster *hinaus*. Und er hätte das auch weiterhin getan, wenn nicht die Angelschnur gerissen wäre."

Seien Sie nicht geizig beim Gebrauch dieser kleinen Wörter! Immer die Bewegung und die Richtung beachten, dann klappt es schon. Siehe auch: hinein / herein.

hinein / herein

Frau Steiner steht mit klopfendem Herzen vor der Tür von Dr. Reger. Sie denkt: Da muss ich jetzt *hinein*. Sie klopft an die Tür. – „*Herein*!", ruft Dr. Reger, und seine Stimme klingt sehr freundlich. Nach dem Gespräch geht Frau Steiner erleichtert aus dem Gebäude *hinaus*. Vor dem Haus wartet ihre Freundin und denkt: Endlich kommt sie *heraus*.

Immer daran denken, von wem gerade die Rede ist. Dann die Richtung beachten, also, *von wo* nach *wo* wird sich bewegt. Siehe auch: herauf/ herunter.

Hinsicht / Hinweis

In *Hinsicht* auf die Beipackzettel von Medikamenten heißt es: Die *Hinweise* sind *in jeder Hinsicht* zu beachten.

In Hinsicht auf steht dafür: alles, was dieses Thema (Beipackzettel) betrifft. *In jeder Hinsicht* heißt so viel wie: 100%.
Ein *Hinweis* ist ein Rat, ein Tipp.

hinterher / nachdem

Nachdem der Zauberer Dorothy mit seinem Zauberstab berührt hatte, fühlte sie sich viel besser. „*Hinterher*", sagte sie zur Vogelscheuche, „ist man immer klüger. Heute frage ich mich, ob ich denn früher nur Stroh im Kopf hatte." Da lachte der ängstliche Löwe ohne jede Angst und sang davon, dass irgendwo hinter dem Regenbogen ein Land ist, wo Träume wahr werden.

Nachdem ist eine Konjunktion (besser: nebengeordnete Konjunktion), die einen Nebensatz einleitet; *hinterher* wird im Hauptsatz benutzt: *Hinterher* wurden die Träume wahr.

hoch / groß

Ein Raubüberfall im Studentenwohnheim. Der *große* Einbrecher brüllt brutal: „Hände *hoch*, ich suche Geld." – „Moment", brüllen die Studenten zurück, „wir suchen mit!"

Hoch ist ein merkwürdiges Adjektiv. Sehen Sie selbst: Das Haus ist *hoch*, ein Baum ist *hoch*. Sobald wir es mit einem Nomen zusammen benutzen, heißt es aber: ein *hohes* Haus, ein *hoher* Baum. Und ganz wichtig – Angelina ist nicht 1, 73 m ~~hoch~~.
Angelina ist nämlich *groß*. Genau gesagt, sie ist 1,73 m *groß*. Unsere Angela ist 1, 64 m *groß*. Also kleiner als Angelina. Aber trotzdem sagen Angelas Bewunderer: Sie ist eine *große* Frau. Womit sie nicht ihre Körpergröße meinen, sondern sie finden, dass sie eine sehr gute Politikerin ist. Nun ja, nicht alle denken allerdings so.

hohe / Höhe

Wer den *hohen* Mount Everest besteigt, spürt in der *Höhe* dort oben, dass das Leben etwas Besonderes ist, das man jeden Tag genießen sollte.

Höhe ist ein Nomen;
hohe (hoch) ist das Adjektiv zu *Höhe*.

holen / hohl

„*Hol* schnell einen Arzt", bittet Herr Mann seine Frau, weil er große Schmerzen hat. – „Siehst du", erwidert die Gattin, „hättest du deinen *hohlen* Zahn rechtzeitig behandeln lassen, wäre das nicht passiert."

Hol kommt von *holen* und *hohl* ist ein Adjektiv. Beide Wörter klingen gleich. Grrr, die Logik der Rechtschreibung lässt uns manchmal denken: Aus meinem *hohlen* Kopf ist nichts zu *holen*.

hören sprechen / sprechen hören

Manche Menschen *hören* sich gerne *sprechen*. Andere Menschen, die sie *sprechen hören*, *hören* sie aber nach drei Minuten nicht mehr gerne *sprechen* und hören gar nicht mehr zu.

Es geht so herum und so herum. Mit einer Prise Grammatik ist das leicht zu verstehen: *Sich sprechen hören* ist der Infinitiv. Im Hauptsatz kommt das konjugierte Verb zuerst an die Reihe und an die zweite Position, im Nebensatz hingegen steht es am Ende.

hören / hören

Es ist Sonntagmorgen. Lutz macht einen Spaziergang durch die noch menschenleere Stadt. Nur vereinzelt *hört* er aus offenstehenden Fenstern Radiomusik, plappernde Kinderstimmen, bellende Hunde. Am Abend *hört* Lutz vor dem Einschlafen leise Musik. Da denkt er traurig an Sarah, die heute ohne ihn in ein Konzert gegangen ist. Sie *hört* dort Beethovens Neunte. *„Hörst* du mich nicht?"*, *hört* er plötzlich jemanden rufen.

Hören heißt einmal: etwas zufällig *hören*. So wie Lutz am Morgen. Aber am Abend *hört* er absichtlich *zu*: Er *hört* Musik, Sarah *hört* ein Konzert. Beide sind ganz aufmerksam beim *Hören*, um das für ihre Ohren zu bekommen, was sie wollen. Siehe auch: hören / zuhören.

hören / zuhören

„Hören Sie mich?" ruft der Reiseleiter den Touristen zu. „Dann *hören* Sie jetzt bitte gut *zu*. Nach dem Mittagessen werden wir uns um 15 Uhr hier treffen und dann das Museum besuchen."

Man *hört* etwas. Ein Geräusch, ein Flugzeug, das die Nachtruhe stört, einen Menschen, der spricht. Will man Informationen bekommen, dann muss man jemandem *zuhören*.

.

1. Wer nicht richtig ...., braucht ganz bestimmt ein Hörgerät.

   a) zuhört   b) sprechen hört   c) hört sprechen d) hört

2. "Guten Abend, Frau Klumm. Kommen Sie doch ....!"

   a) hinein   b) herein   c) heraus   d) hinaus

3. Lionel und Cristiano sind entsetzt. Da rollt ihr Ball den Abhang
....

   a) hinauf   b) hinunter   c) herauf   d) herunter

4. Jeden Tag rief Eisaburo seinen Hund: "Hachiko, komm .... !"

   a) hier   b) zu hier   c) herzu   d) hierher

5. Ob wir mit Windows 12 noch ein .... Problem haben
werden?

   a) schweres   b) großes   c) dickes   d) fettes

6. Thomas ist .... als Basti.

   a) mehr groß b) so groß   c) gleich groß   d) größer

7. So beginnt ein offizieller Vortrag: Sehr geehrte Damen und
..........,

   a) Herrn   b) Männer   c) Herren   d) Frauen

Wer suchet, der findet.

her - herauf - hinauf - hinein - hier heraus

Von unten nach oben: ....

Von draußen nach drinnen: ....

Ich stehe oben, jemand kommt: ....

Ich stehe draußen, jemand kommt: ....

Wo ich gerade stehe: ....

Ich bin an einem Ort, jemand kommt zu mir: ....

Das rechte Wort an den rechten Ort

hinaus - herbei- - her - herbei - gefallen - hier - hinunter- - hinauf - hier - gefallen – hinein

Eine bittere Rittergeschichte

Das Ritterfräulein Kunigunde lebte unglücklich in einem Turm auf Burg Pechstein. Es gab nicht einmal Internet dort. „Ist es ...... langweilig!", stöhnte sie jeden Tag. So öffnete sie Tag für Tag ihr kleines Fenster und schaute .... auf das weite Land. Eines Tages kam ein junger schöner Ritter auf seiner Yahama ....geritten, der hieß Siegbert. „Komm .....", rief Kunigunde durch das Fenster. Siegbert rollte in den Burghof .... und stapfte in seiner schweren Motorradkleidung die Treppe zu Kunigunde .... Doch seine Stiefel waren so schwer, dass die Treppe einstürzte und Siegbert ....fiel. Da kamen viele andere Ritter .... und sangen den Rap, der gerade überall im Radio zu hören war: Siegbert *ist* ...., *hat* der Kuni nicht ...., so steht sie ...... an diesem Ort und wünscht den Siggi ganz weit fort.

Ein paar Hinweise in jeder Hinsicht. Was passt?

Franz las nie die................ auf den Beipackzetteln seiner Medikamente. In dieser .... war er sehr unvorsichtig. Lance dagegen las die .... immer sehr sorgfältig. In dieser .... war er sehr vorsichtig.

Was ist Ihnen im Kopf geblieben?

1) einen Arzt holen oder ein hohler Arzt
2) ein Konzert hören oder ein Konzert zuhören
3) in einer Ein-Zimmer-Wohnung leben oder in einem Ein-Zimmer-Haus
4) jemandem Heil wünschen oder Gesundheit

Lektion gelernt?

Zuerst dachten die Leute auf der kleinen Insel, es wird alles gut. .... die Banken geschlossen worden waren, dachten sie: .... weiß man immer alles besser.

-ich-Endungen / -isch-Endungen

In Hessen und Rheinland-Pfalz hören sie beim Becker am Sonntagmorgen oft: „Isch hätt gerne fünf von dene französische Dingern da, die ehrlisch so herrlisch gut schmecke." Zweifeln Sie dann dort in der Bäckerei nicht an Ihren Deutschkenntnissen. Natürlich muss es heißen: Ich hätte gern fünf von den französischen Dingern da, die ehrlich so herrlich gut schmecken.

Es ist nicht leicht, für das eine oder andere Suffix (also die Endung) bei Adjektiven eine Regel zu nennen. Auf jeden Fall bekommen Wörter aus dem Griechischen wie *demokratisch* oder *dynamisch* ein *-isch*. Und auch die Adjektive, die von Länder- und Städtenamen abgeleitet sind, haben ein *-isch*: hess*isch*, französ*isch*.

Ihnen / dich

Entschuldigung, wenn ich *dich* duze. Ich wollte *Ihnen* nicht wehtun.

Duzen steht mit dem Akkusativ: *dich*. *Wehtun* steht mit dem Dativ: *Ihnen*. Wenn Sie sich nicht sicher sind, ob zu einem Verb eine Dativ- oder Akkusativergänzung passt, schauen Sie in einer modernen Grammatik unter "Verbvalenzen" nach. Ansonsten wäre hier aber zu sagen: Entweder duzen Sie oder Sie siezen. Es heißt folglich: Entschuldigung, wenn ich *dich* duze. Ich wollte *dir* nicht wehtun.

Ihnen / ihnen

Vielen Dank für *Ihre* Mail, sie hat mir und meinen Freunden viel Mut gemacht. Und so möchte ich *Ihnen* von mir und ihnen, also meinen Freunden, alles Gute wünschen.

In Briefen und Mails wird die angeredete Person in der Höflichkeitsform (*Sie*, *Ihr*, *Ihnen*) immer großgeschrieben. Und auch das Possessivpronomen: Und liebe Grüße an *Ihren* Mann.

ihr / Sie

Geburtstagsparty, der Siebzigste wird gefeiert. Das Geburtstags-
kind hält seine Rede. „Freunde, ich freue mich, dass *ihr* alle
gekommen seid. Aber einige Gesichter kenne ich gar nicht. Wer
sind denn *Sie* eigentlich?"-"Ich bin hier Hotelgast und wollte *Sie*
bitten, nicht ganz so laut zu sein. Ich kann nämlich nicht
schlafen."

Kein Kommentar. Siehe auch: Sie / ihr.

ihre Leben / ihr Leben

Oft hängt das *Leben* vieler an einem seidenen Faden. Denken Sie
nur an Fukushima. Das Leben so vieler Menschen war bedroht.
Dann haben beherzte Menschen *ihre Leben* gerettet, indem sie
direkt an den Reaktoren arbeiteten. Diese Menschen, die *ihr
Leben* aufs Spiel setzten, mögen nie vergessen werden.

Das Substantiv *Leben* wird meist im Singular benutzt, auch wenn
man von vielen Leben spricht. *Mein* Leben ist mir kostbar, *das*
Leben ist allen kostbar. Wären Sie aufgefordert worden, in einem
der Reaktoren zu reparieren, hätten Sie an viele Menschenleben
gedacht und hätten gedacht, *ihre* Leben müssen gerettet werden?

Illusionen machen / Illusion hingeben

Linda liebt das gute Essen. Sie möchte aber auch Fotomodell
werden. Sie *macht* sich jedoch keine *Illusionen.* Wenn sie
weiterhin so viel in sich hineinfuttert, wird sie ihren Berufs-
wunsch ändern müssen. Dass sie sich hingegen an eine strenge
Diät halten könnte, dieser *Illusion gibt* sie *sich* niemals *hin.*

Viele *machen sich Illusionen* oder *geben sich einer Illusion hin.*
(Verb mit Dativ = wem?).

im Gegensatz dazu / das Gegenteil dazu

Drew Manning futterte sich für eine Fernsehshow richtig fett.
Das ging mit Hamburgern recht schnell. *Im Gegensatz dazu*
zeigte Ronaldo 1, der Ex-Weltfussballer, der vom guten Leben
richtig dick geworden war, in einer Fernsehshow in seiner
Heimat Brasilien, wie man abnehmen kann. *Das Gegenteil zu*

Ronaldo 1 aus Brasilien ist sicher Cristiano Ronaldo aus Portugal, der heutige Ronaldo. Man kann sich kaum vorstellen, dass der jemals dick wird.

Gegensätze sind Dicke und Dünne, Große und Kleine. *Gegenteile* sind sie auch. Aber wenn wir diese Wörter in Sätzen verwenden, gibt es schon einen wichtigen Unterschied. Schauen Sie sich das einmal genau an: Da steht im zweiten Satz *Im Gegensatz dazu*. Auf was bezieht sich *dazu*? Auf Drew und sein Fettfressen. Man könnte auch sagen: *Das Gegenteil dazu* ist Ronaldo 1. *Das Gegenteil zu* Ronaldo 1 ist Ronaldo 2. Man könnte auch sagen: *Das Gegenteil* ist Ronaldo 2: Der erste wurde und wird immer wieder dick, der zweite wird wohl niemals dick. Und jetzt überlegen Sie mit ihrem Wissen um Grammatik, was den Unterschied ausmacht. Ai, ist das gemein von uns Autoren?

im Herzen / auf dem Herzen

Lance trägt die Liebe zum Radsport noch immer ganz fest *im Herzen*. Wie lange es dauerte, bis er sich entschloss, Oprah zu erzählen, was er lange *auf dem Herzen hatte*, wissen wir jedoch nicht.

Etwas *auf dem Herzen* hat man, wenn man etwas sagen möchte, was man schon lange will. Wen oder was man *im Herzen trägt*, den oder das liebt man und vergisst man nie.

im November 1483 / 1483

„In welchem Jahr wurde Martin Luther geboren?" - „*1483.*" - „Und in welchem Monat?" - „*Im November* 1483. Aber ist Luther so wichtig?"- „Na, er war doch für die Kirche ein Revoluzzer. Und die Hälfte der Deutschen zahlt an seine Kirche Kirchensteuer. Nicht jeder protestantische Christ zahlt gern, mancher tritt darum sogar aus der Kirche aus."

Im Deutschen steht, anders als im Englischen, die Jahreszahl noch alleine, also ohne Präposition, auch wenn Sie das bisweilen heute anders hören. Lesen Sie mal weiter.

in 1998 / im Jahr 1990

Helmut Schmidt, der zweite Bundeskanzler der Sozialdemokraten, war und ist noch immer wegen seines weltmännischen Auftretens sehr geachtet. Deshalb konnte er sich schon *im Jahr 1990* leisten zu sagen: *In 1998* werden die Sozialdemokraten wieder eine echte Chance zu regieren haben. Es kam so, wie er sagte. Und wie sieht es heute hier aus? Tipp: Verfolgen Sie doch einfach die Wahlen. Und was Helmut Schmidt sagt.

In 1998 ist modisch. Merken Sie sich besser: *2013* oder *im Jahr 2013*.

in der Meinung / meiner Meinung nach

In der Meinung, er habe einen echten, aber noch unbekannten van Gogh für wenig Geld gekauft, veranstaltete Henri eine Riesenfete. Auf dieser Party seufzte Sultane, seit drei Monaten in Deutschland: *„Meiner Meinung nach* sollte man in Deutschland etwas gegen dieses fürchterliche Wetter erfinden."

Meiner Meinung nach = jemand hat diese Meinung. Eine Alternative zu *meiner Meinung nach*: ich bin der Meinung, dass... ;
in der Meinung = man glaubt, dass etwas so ist und handelt danach.

in der Stadt / auf dem Land

In Deutschland lebt der größte Teil der Bevölkerung in Städten. Stadtbewohner halten oft die Leute, die *auf dem Land leben*, für etwas altmodisch. Sie vergessen dabei, dass es heute in jedem Dorf eine Schule gibt, die mindestens so gut ist wie eine *in der Stadt*.

Ein Städter lebt *in der Stadt*, ein "Dörfler" *auf dem Land*. *Auf dem Land* ist es ruhiger, *in der Stadt* hektischer. Darum ziehen viele Städter aufs Land, pendeln zwischen Arbeitsplatz und Wohnort hin und her. Ein wichtiger Grund aufs Land zu ziehen: Die Kinder sollen sicher aufwachsen.

In einem Zug / in einem Zug

Regina und Erika sitzen *in einem Zug* der Deutschen Bahn AG. Sie fahren mit der Bahn nach Oberstdorf in ihren Winterurlaub. Im

Speisewagen des Zuges sitzt Herr Roßmann. Als er Regina und Erika sieht, wird er ganz durstig und leert das Glas Mineralwasser hastig *in einem Zug.*

Man kann *in einem Zug* fahren und dabei etwas *in einem Zug*, ohne abzusetzen, leer trinken. Oder vieles zu jemandem sagen, ohne eine Pause zu machen. Wie Herr Roßmann. Wenn er sein Glas geleert hat, wird er aufstehen und das Gespräch mit Regina und Erika *in* vollen *Zügen* genießen.

in Zukunft / in der Zukunft

Helmut hatte vor, *in Zukunft* weniger zu arbeiten und sich mehr Zeit für Hannelore zu nehmen. Als Chef seines Landes wusste er, *in der Zukunft* werden die Menschen seines Landes nicht mehr so gedankenlos leben können, sie müssen schon selbst für ihre Zukunft vorsorgen und sich nicht nur auf den Staat verlassen. Wissen Sie noch, wie Helmut mit Nachnamen heißt? Nein, nicht Helmut Schmidt.

Beide Formen können benutzt werden. *In Zukunft* heißt: von jetzt an;
in der Zukunft lässt den Beginn dieser Zukunft ein wenig offen, weil man an die Zukunft denkt, das Morgen. Und wann das Morgen beginnt, weiß man ja nie so genau.

in / an

In der Nacht sind alle Katzen grau. *An* langen Winterabenden sagen sich Fuchs und Hase "Gute Nacht."

Wo und wann. Werden wir gefragt: Wann sind alle Katzen grau? Dann antworten wir: *in* der Nacht. Wo sind alle Katzen grau? Da denken wir ein wenig länger nach und erklären dann: Vielleicht *in* Kamburtistan. Wie Sie wissen nicht, wo Kamburtistan liegt? Dann googeln Sie doch einfach.
Wann sagen sich Fuchs und Hase "Gute Nacht"? *An* langen Winterabenden, da friert der Fuchs so sehr, dass er keine Lust aufs Jagen hat. Warum "*an*"? Jaja, die Präpositionen sind nicht immer jeder Logik zugänglich. Wir Deutschen schütteln auch oft den Kopf über die Präpositionen im Englischen. Verstehen Sie uns?

in / an / auf

Auf diesem Foto sieht man *auf* der rechten Seite *in* der rechten oberen Ecke zwischen den Büschen die Flaschensammlerin ihre gesammelten Flaschen zählen

Ein Bild von Helmut Newton? Nein, der kannte dieses Phänomen hier noch nicht. Aber zurück zum Problem: Es heißt *auf*, weil man auf etwas zeigt, nämlich das Bild.

~~*Auf*~~ *der Ecke* sagt man allerdings nicht, sondern: *in der Ecke. In* der Ecke standen früher Schüler, die ein Lehrer dahin gestellt hatte. *Ins* Eck. Mhmm, manchmal heißt es auch *an* der Ecke. Da denken wir aber mehr an jemanden, der *an* einer Straßenecke steht oder hin und her geht und *auf* jemanden oder *auf* etwas wartet.

in meinem / im ~~meinem~~

In meinem Leben passieren andere Dinge als *im Leben* meiner Großeltern. *Im* Leben meiner Großeltern spielten z.B. Kartoffeln und Schweinefleisch eine große Rolle.

Im ist zusammengesetzt aus *in + dem*. Nie finden Sie sowohl in der Präposition (*in*) als auch im nachfolgenden Possessivpronomen (*meinem*) oder Artikel (*dem / einem*) jeweils ein M. Nie! Sobald eine Präposition vor dem Possessivpronomen steht, bleibt diese Präposition unverändert.

in / im

Katarina lebt *in* Breslau. Dort arbeitet sie *im* Reisebüro *im* Bahnhof.

Städtenamen und die meisten Ländernamen haben keinen Artikel, sie stehen also nur mit der Präposition. Der Bahnhof hat einen Artikel, es heißt also *in dem Bahnhof*, aber das wird meistens zu *im* (~~in d~~em).

in / nach

Morgen fährt Katia zum Shoppen *in* die Stadt. *Nach* dem Einkaufen in der Stadt trifft sie ihre Freundin Maria in der Sushi Bar Sakura. Dort wollen sie über ihre bevorstehende Kurzreise *nach* Barcelona sprechen.

Achtung, hier geht es um die Richtung. *Nach* gibt nur bei Städten, Ländern (Nomen ohne Artikel) die Richtung an: *nach* Barcelona. Und sind Katia und Maria *in* der Stadt Barcelona wollen sie natürlich die Rambla sehen.

Ansonsten heißt es bei Richtungsangaben: *in* die Schweiz, *in* die Stadt.

Und das noch: *Nach* mit Artikel hat immer eine zeitliche Bedeutung: *nach* dem Einkaufen.

indem / in dem

Indem wir ruhen, lernen wir. So hat irgendein Philosoph einmal gesagt. Deswegen suche ich bis heute einen Deutschkurs, *in dem* ich im Ruhen lernen kann.

Indem als ein Wort geschrieben = während. Oder auch: dadurch dass;
in dem getrennt geschrieben = Beginn eines Relativsatzes oder Präposition + Artikel (in dem Haus).

ins Bett / im Bett

Pauline ist *im Bett* nicht gern allein. Deshalb nimmt sie jeden Abend ihren Sid mit *ins Bett*.

Im steht auf die Frage *wo*? Es folgt ein Dativ;
ins steht auf die Frage *wohin*? Also folgt ein Akkusativ. Und wann *gehen Sie ins Bett*? Wer Sie dies fragt, will wissen, wann Sie schlafen gehen.

interessant / interessiert

Laura lauscht *interessiert* dem Vortrag des japanischen Professors. Seine Ausführungen über chinesische Kunst sind sehr *interessant*. Laura ist an chinesischer Kunst sehr *interessiert*. Laura ist auch sehr *interessant*. Sie ist schön und intelligent. Besonders *interessant* ist sie für Björn. Er hat sie im Zeichenkurs gesehen. Und er ist sehr an ihr *interessiert*.

Interessant ist etwas oder jemand für mich; *interessiert bin* ich an etwas; ich tue etwas *interessiert*, das heißt, ich mache es mit großem Interesse, wie Björn. Der überlegt hin und her, wie Laura Zuneigung zu gewinnen ist.

irgend / irgendeiner

Zu Beginn des Unterrichts fragt der neue Lehrer: „Fehlt *irgendeiner?*"

Das Wort *irgend* kann niemals allein stehen. Es braucht immer einen Anhang wie -einer/ -eine / -ein oder -jemand. Oder auch so: *irgend*wo / *irgend*wohin / *irgend*woher.

ist egal / es ist egal

Es *ist* doch völlig *egal*, ob man in der Stadt ein Auto hat oder nicht. *Es gibt* doch die U-Bahn, Busse und Straßenbahnen.

Ohne das Wörtchen *es* fehlt dem Satz das Subjekt. *Es* ist in der deutschen Sprache nicht *egal*, ob es in jedem Satz ein Subjekt gibt oder nicht. Ein Subjekt muss einfach sein. Ist schlechtes Wetter - so einen Satz gibt *es* nicht. *Es* muss heißen: *Es* ist schlechtes Wetter. Siehe auch: es gibt / gibt.

je ... desto / je ... umso

Je mehr Bildung unsere Politiker haben, *desto größer* sind ihre Chancen auf einen Ministersessel. Deshalb versuchen viele einen Doktortitel zu bekommen. Manche schrieben manchen Satz einfach von einem anderen Text ab und vergaßen dann, dass das gar nicht ihr eigener Satz war. Das nennt sich Betrug. Und wenn die Ministerin für Wissenschaft auf diese Weise ihren Doktortitel erlangt hat, dann muss sie natürlich zurücktreten. So funktioniert das hier in diesem Land und so ist es gut.

Je ... desto / umso steht immer mit Komparativen: *Je älter* Jens wird, *umso zufriedener* wird er. Es gibt keinen Unterschied zwischen *je ... desto* und *je ... umso...* . Sie können beides sagen: *Je mehr* Bildung man hat, *umso* größer sind die Chancen.

TEST 9

1. Peer lauscht sehr .... dem Vortrag.

   a) interessant   b) interessiert
   c) Interesse   d) interessierend

2. Katia darf in der nächsten Woche endlich wieder ..... die Stadt fahren.

   a) nach   b) an   c) in   d) im

3. Entschuldigen Sie bitte, wenn ich .... die ganze Wahrheit sage. Aber Sie wollen es ja nicht anders.

   a) Ihnen   b) sie   c) Sie   d) ihnen

4. Meiner Meinung .... sollte das Wetter verboten werden.

   a) nach   b) In   c) Auf   d) Im

5. ...., ob man in Köln oder in Bonn lebt.

   a) Ist egal   b) Ist es egal   c) Es ist egal   d) Egal ist

6. Marcel Proust blieb auf der Suche nach der verlorenen Zeit 20 Jahre ..... Bett.

   a) auf   b) in   c) ins   d) im

Beantworten Sie diese Fragen

1) Wo lebt Katarina?

....

2) Wann wurde Luther geboren?

....

3) Wohin fährt Katia?

....

4) Wo trifft sie ihre Freundin Maria?

....

5) Wohin wollen Katia und Maria fahren?

....

In Zukunft oder in der Zukunft?

Was werden die Menschen .... machen, wenn sie schon heute nicht mehr wissen, womit sie die Heizkosten bezahlen sollen. Wird dann vor jedem Haus ein hohes Windrad, also eine Windkraftanlage, stehen, weil die Besitzer dieser Häuser sich entschieden haben, ... ihren Energiebedarf selbst zu produzieren?

Streichen Sie die falsche Lösung.

1) *Im / In November 1989* ist die Mauer gefallen.
2) Das war eine einzigartige Erfahrung *in den Leben / im Leben* vieler Deutscher.
3) *An 1990 / 1990* war Deutschland wieder ein ungeteilter Staat.
4) Mancher machte sich dann *Illusionen / Meinung*, dass alles besser würde.
5) Manche wollten sprechen, weil sie etwas *im Herzen / auf dem Herzen* hatten.
6) Viele wollten *ihre Leben / ihr Leben* verändern und gingen in den Westen.

Was ist Ihnen ihm Kopf geblieben?

1) *indem* wir lernen oder *in dem* wir lernen
2) *in die* Stadt fahren oder *nach* Stadt fahren
3) *im meinem* Leben oder *in meinem* Leben
4) *in* diesem Foto oder *auf* diesem Foto
5) Danke für Ihre Mail oder danke für ihre Mail

Finden Sie das richtige Ende.

Für Pierre ist ganz log.......... : Französi........... Käse schmeckt ihm am besten. Das sagt er ganz ehrl.......... jedem, der ihn nach seiner Meinung fragt.

Das Gegenteil zu oder im Gegensatz zu?

1)   .... *zu* Präsident Obama wurde Präsident Assad nicht demokratisch gewählt.
2)   .... *zu* Demokratie ist Diktatur.

jemand, ... er /man ..., man

Wenn *jemand* ein Mittel gegen das verflixte deutsche Wetter kennt, dann kann *er* damit eine Menge Geld verdienen. *Man* kann auch viel Geld damit verdienen, dass *man* zur rechten Zeit am rechten Ort ist. Dann nämlich, wenn es überraschend regnet und *man* einen Stand mit billigen Regenschirmen in der Fußgängerzone hat.

Jemand und *er* sind zwei unzertrennliche Partner. Sie werden benutzt, selbst wenn von Frauen gesprochen wird. Das finden nicht nur viele Frauen falsch. Aber leider gibt es in der deutschen Sprache das Wort ~~jemandin~~ noch nicht Aber gut klingt es schon. Alternativ und oft benutzt: *man*. Dann aber heißt es im Hauptsatz und Nebensatz immer *man*.

~~Kaltmitte~~ / Kaltmiete

„Wie viel *Miete* zahlst du für deine neue Wohnung, Erich?" – „Die *Kaltmiete* beträgt 1000 Euro im Monat, hinzu kommen die Nebenkosten, also Heizung, Wasser, Gas und Strom."

Eine *Kaltmitte* wäre theoretisch ein Raum in der Wohnungs*mitte*, an dem es kalt ist. Vergessen Sie das Wort schnell wieder und sprechen Sie das Wort Kaltmiete so aus: KaltMiiiite Und jetzt das Wort Mitte so: Mitttte. Merken Sie sich sich: Nach einem langen Vokal kommt nie ein Doppelkonsonant, nie! Und damit der Vokal *I* lang ausgesprochen wird, schreibt man entweder *ie* (iii) oder *ieh* (*sieh*t, *zieh*t) und seltener *ih* (*ih*n, *ih*ren).

kämpfen / bekämpfen

In diesem Buch werden die Schwierigkeiten beschrieben, mit denen Sie oft *kämpfen*. Manche Deutsche *bekämpfen* ihre Unsicherheit in der Rechtschreibung, indem sie alle Wörter kleinschreiben.

Kämpfen kann man mit den Fäusten, mit Waffen und noch besser: mit Worten. Man wehrt sich dann gegen jemanden oder etwas.

Bekämpfen heißt, man will sich nicht nur wehren, sondern will etwas verändern, indem man *kämpft*. So wie die Deutschlehrer, die die Rechtschreibschwächen ihrer Schüler mit Erklärungen, Übungen und Diktaten *bekämpfen*.

kannte / konnte

Kennen Sie den Unterschied zwischen einem Papagei und einem Mann? Nein? Nun, dem Papagei *kann* man beibringen, nette Sachen zu sagen.

Kennen und können. Können Sie sich vorstellen, dass viele die beiden Wörter immer wieder falsch benutzen? Ich *kannte* einige, die sie einfach nicht auseinander halten *konnten*. Das heißt, bis sie unser Buch gelesen hatten^^. Siehe auch: kennen / können.

kaufen / einkaufen

Kann man bei Ihnen einen Führerschein *kaufen*? Oder einen Menschen, etwa eine Frau, die man dann zum *Einkaufen* in den Supermarkt mitnimmt? Sie kennt sich ja besser mit den Preisen und der Qualität der angebotenen Waren dort aus. Man sagt, hier soll solch ein Kauf nicht möglich sein, allerdings wird bisweilen so mancher Politiker verdächtigt, *gekauft* worden zu sein. Und Fußballer werden auf jeden Fall *gekauft*.

Etwas kaufen = ein Auto, ein Haus, einen Fußballprofi, *man kauft* (*sich*) auch eine Zeitung, ein Paar Schuhe oder andere Kleinigkeiten.

Einkaufen = Man geht in den Supermarkt, um dort *einzukaufen*. Der Supermarkt kann klein sein oder riesengroß. Auch Fußballer können von Fußballvereinen im Supermarkt Transfermarkt *eingekauft* werden, wenn dem Verein genügend Geld für den Einkauf zur Verfügung steht.

keine Leute / niemand

Herr *Keiner* und Herr *Niemand* gehen auf den Markt. Es gibt fast *keine Leute* dort, denn es regnet. Plötzlich stößt Herr *Keiner* gegen einen Obststand. Der Stand bricht zusammen und das Obst rollt in alle Richtungen. Der Obsthändler ruft die Polizei, die gleich darauf kommt. Einer der Polizisten fragt den Obsthändler: „Wer hat den Stand umgeworfen?" Der Obsthändler deutet mit dem Finger auf Herrn *Niemand*. Der wehrt sich: „Das stimmt nicht. *Keiner* ist es gewesen!" –"Und *Niemand* hat es gesehen!", sagt *Keiner* lächelnd.

Keiner und *niemand* werden im Singular gebraucht: *Niemand* hat etwas gesehen und *keiner*, der sich vom Obst schnell etwas in die Tasche gesteckt hat, hilft der Polizei bei der Aufklärung.

Dagegen ist *keine Leute* ein Plural und das Verb, das folgt, muss in ebenso die Pluralform haben, etwa so: *Keine Leute sind* zu sehen.

kennen / können

Ich *kenne* nur wenig Deutsche, die Deutsch perfekt *können*.

Siehe auch: kannte / konnte, oder kennen / wissen.

kennen / wissen

Ich *kenne* Natalie seit über 20 Jahren und ich *weiß*, dass sie von allen Blumen rote Nelken am liebsten mag.

Ich *weiß*, was sie mag. Ich *kenne* ihren Geschmack. Man sagt nicht: ich ~~kenne~~, was sie mag, und ~~weiß~~ ihren Geschmack. Halt, manchmal hört man es doch, auch wenn es nicht ganz richtig ist. Es ist vertrackt. Merken Sie sich den Unterschied so: Nach *kennen* muss eine Ergänzung im Akkusativ folgen, also ein Nomen oder Pronomen. Ich *kenne* die Stadt.

Nach *wissen* gibt es (meistens) einen Nebensatz. Ich *weiß*, dass Sie das verstehen werden.

Kinder / Kindern

Kinder lieben es, wenn sie im Freien herumtoben können. Mit *Kindern* einen langen Museumsbesuch zu unternehmen, das kann hingegen sehr anstrengend werden.

Nur im Dativ heißt es *Kindern*! Also *mit Kindern, zu Kindern*. Ansonsten: *Kinder. Für Kinder, die Kinder*!

Kirche / Kirsche

Jeden Sonntag gehen Xaver und Aloisia, wie es sich in Südbayern auf dem Land gehört, in die *Kirche* und besuchen den Gottesdienst. Nach einer Stunde Frommsein und Beten geht dann Aloisia nach Hause, um das Mittagessen vorzubereiten. Xaver geht nach alter bayerischer Art ins Wirtshaus neben der *Kirche* zum Frühschoppen. Dort wird dann weniger über Gott und mehr über die Welt philosophiert und geschimpft und je reichlicher das Bier fließt, desto mehr vergisst Xaver, was eben noch in der *Kirche* von Toleranz und Nächstenliebe gepredigt wurde. Jetzt schimpft er schon eine Viertelstunde über die Ausländer, die die *Kirschen* aus fremden Gärten klauen.

Halt, lassen Sie sich bitte nicht von einem Besuch des schönen Bayerns abhalten! Nur sehr wenige bayrische Eltern geben ihren Kindern heutzutage noch die Vornamen Aloisa und Xaver. Was bedeutet, Sie werden höchst selten einem Xaver im Gasthaus und einer Aloisia in der *Kirche* begegnen. Aber schöne rote *Kirschen* können Sie noch finden. *Kirche* = Gotteshaus; *Kirsche* = Obst.

klingen / klingeln

Was *klingt* für Sie schöner: eine Symphonie von Mozart oder ein Rap? Was gar nicht schön *klingt*, wenn der Wecker am Morgen *klingelt* oder wenn die Polizei an der Tür *klingelt*.

Klingen = sich anhören wie ... . Auch das klingt gut oder schlecht: eine Idee; *Klingeln* = das Geräusch der Türglocke oder eines Weckers.

Kollege / Mitschüler

Wenn Sie einen Kurs besuchen, z. B. einen Deutschkurs, sitzen neben ihnen nicht *Kollegen* und *Kolleginnen*, sondern *Mitschüler*. Kollegen haben Sie nur am Arbeitsplatz.

Koma / Komma

Früher lagen viele Schülergenerationen im *Koma* wegen eines falsch gesetzten *Kommas*. Eigentlich waren es viele falsch gesetzte

Kommata. Diesen Eindruck hatten Lehrer oft, deshalb wollte man die *Komma*regeln stark vereinfachen. Ja, das wollte man wirklich.

Sie hören ja den Unterschied in der Länge der Aussprache von *Koma* (Koooma) und *Komma* (Kommma). Denken Sie immer daran: Zwei Konsonanten hintereinander lassen den Vokal davor kurz klingen.

Komma ja / Komma nein

Zurzeit lesen Sie einen Text, der, manchmal, interessant ist, aber bisweilen doch etwas schwer zu verstehen ist.

Wer vor *manchmal* ein Komma setzt und auch danach, der möchte betonen, dass der Text nur selten interessant ist. Normal wird so geschrieben: ... der manchmal interessant, manchmal etwas schwierig ist. Nie schreiben Sie aber so: Seit einer Woche, ~~(Komma)~~ lese ich ein Buch von Paulo Coelho Am Morgen ~~,(Komma)~~ brauche ich einen starken Kaffee. Um Mitternacht~~,(Komma)~~ brauche ich eine Schafherde zum Zählen.

So sieht es korrekt aus: Zurzeit lese ich ein Buch von Paulo Coelho Am Morgen brauche ich einen starken Kaffee. Um Mitternacht brauche ich eine Schafherde zum Zählen.

Komma / Pause

„Es hat keinen Sinn mehr, Gefängnisse für all die Kriminellen zu bauen!", sagte der Innenminister. – „Nein", widersprach der Sozialarbeiter, „es hat keinen Sinn, mehr Gefängnisse zu bauen für all die Kriminellen. Platz ist genügend da."

Verstehen Sie den Unterschied in den beiden Aussagen? Nach dem Komma schauen, das macht den Sinn hier. Es hat keinen Sinn mehr; ... heißt: Allgemein ist es sinnlos. Es hat keinen Sinn, mehr zu bauen; ... heißt: noch mehr Gefängnisse zu bauen, hat keinen Sinn, es gibt doch genug. Sie müssen heute das Komma vor den erweiterten Infinitiven mit zu nicht mehr setzen - außer in Zweifelsfällen. Unser Tipp, bevor Sie zweifeln, ob Sie einen Zweifelsfall vor sich haben: Setzen Sie lieber immer ein Komma.

können / wissen

Aga *kann* perfekt putzen. Sie *weiß*, wie man jeden Fleck schnellstens perfekt entfernen *kann*. Das *weiß* sie, weil sie schon viel geputzt hat, um hier über die Runden zu kommen.

Siehe wieder: kennen / können.

ks / chs

Wie in allen andern Ländern gibt es hier auch Witze über Ostfriesen, Berliner, Bayern uws. Ein uralter Witz über Sa*chs*en: Alle Kinder haben normale Größe, nur nicht die Sa*chs*en, die müssen noch wa*chs*en. Wenn Sie diesen Witz verstehen, sind Sie ein Glückspilz. Oder Sie kennen sich gut in Geschichte aus.

Diese Laute knacksen alle gleich, obwohl sie unterschiedlich geschrieben werden: *Sachsen, wachsen*. Aber seien Sie wa*chs*am, denn nicht alle *chs* werden wie *ks* ausgesprochen, z.B. wachsam. Der Grund: Das Wort ist zusammengesetzt aus wach und der Endsilbe -sam. Bei *Sachsen* und *wachsen* gehört dagegen das *S* zum Stamm des Wortes und deshalb lassen Sie es bitte knacksen.

kurze Zeit / neuere Zeit

Aus *neuerer Zeit* wissen wir alle, die Welt dreht sich immer schneller. Immer schneller verändern neue Technologien unser Sein auf dieser Welt. Die *kurze Zeit*, seitdem wir über das Internet verfügen, hat uns globalisiert, unsere täglichen Handlungsweisen verändert sowie unser Denken. Wir müssen nicht mehr auf Briefe warten, sondern verbinden uns augenblicklich mit fast jedem Ort der Welt und klicken auf den Link zu einer Webcam dort oder chatten mit den Leuten an jenem Ort, wo wir gerade sein wollen. Und dank Google können wir alles wissen, was wir wissen wollen, YouTube zeigt uns (fast) alles und wenn wir die Sprache nicht verstehen, schalten wir die automatischen Übersetzungsmaschinen ein. Und es klappt, wenn auch bescheiden. In *kurzer Zeit* wird das besser sein. Wetten, dass! Aber was machen dann all die Übersetzer und Dolmetscher? Die sind die nächsten Betroffenen. Werden sie wie die Dinos und Mammuts aussterben?

Wir sollten *in kurzer Zeit* eine Lösung finden, also bald, schnell. *Neuerer Zeit* = in der letzten Zeit, in der jetzigen Zeit.

Laib / Leib

Herr Müller kauft drei *Laib* Brot, damit er zu einem wohlgeformten *Leib* kommt.

Der *Laib* mit *A* ist klein und zum Essen. Herrn Müllers *Leib* würde kein normaler Mensch essen, außer er ist ein wenig verhaltensgestört und pflegt das Hobby des Kannibalismus.

Land / Land

Viele Stadtbewohner fahren am Wochenende aufs *Land*. Das tun die Menschen in allen Ländern. Auf den Philippinen sagt man, ich fahre in die Provinz. Und wenn Leute in den Philippinen Geld haben, fahren sie gerne nach Italien. Sie besuchen dieses *Land*, weil sie Rom sehen wollen und den Papst.

Aufs *Land* fahren die Leute gerne, um viel Natur und die Beschaulichkeit des Dorflebens zu genießen. Und fährt man in das *Land* Italien, hat man bestimmt vor, malerische Städte und romantische Dörfer dort zu besuchen.

lange Zeit / eine lange Zeit

Marcel Proust lag eine *lange Zeit* im Bett, wo er nach seiner verlorenen Zeit suchte. *Lange Zeit* sah es so aus, als hätte er keinen Erfolg.

Wie lässt sich das nur erklären? Vielleicht wieder so: Ein allgemeinerer Ausdruck erfordert keinen Artikel, konkreter gesprochen braucht es hingegen einen Artikel. In obigem Fall sind aber beide Formen irgendwie im Satz möglich. Und das gilt oft, aber nicht immer. Sie sollten bei Unsicherheiten aber lieber einen Artikel benutzen, damit liegen Sie meistens richtig.

lästig / lässig

Ein *lässiger* Verehrer wird den Damen schnell *lästig*. Zuerst lenkt er cool seinen Porsche bei 240 km/h nur mit dem Ringfinger links, dann schlurft er ins Lokal, ohne ihr die Tür aufzuhalten.

Und dann grinst er *lässig*, wenn es ans Bezahlen geht, und sagt: „Zahl du doch heute mal." Dann denkt so manche seiner Damen: Der Kerl ist mir *lästig*, den will ich nie wieder sehen.

Lebensmittel / ~~ein~~ Lebensmittel

Lebensmittel sind die *Mittel* zum Leben. Und niemand kauft sich *ein Lebensmittel*, weil er damit allein ja nicht überleben kann.

Lebensmittel ist ein Pluralwort, also immer Plural.

lecken / etwas lecken

Es ist sehr heiß. Gisele möchte am liebsten ein großes Eis *lecken*. Aber die nächste Eisdiele ist weit, also setzt sie sich in die Badewanne und gießt mit dem grünen Putzeimer eiskaltes Wasser über ihren Kopf, um sich abzukühlen. „Kauf doch endlich einen neuen Eimer. Aus dem hier kommt schon wieder das Wasser unten heraus", ruft sie laut, damit ihr Mann Brady sie hört. – „Ich weiß, dass er *leckt*", ruft der aus der Küche zurück, wo er gerade kocht und einen Film sieht, in dem aus dem *leckenden* Tankschiff Öl ins Meer fließt. Und Gisele *leckt* sich die Lippen – sie riecht den herrlichen Braten in der Küche.

Was *lecken* alles heißt! Einmal gibt es in einem Ding ein Loch und etwas fließt heraus, ein anderes Mal berührt man etwas mit der Zunge, z.B. *leckt* man ein leckeres Schokoladeneis.

leere / freie

„Haben Sie eine *freie* Arbeitsstelle für mich?" So fragt Herr Klinkendrücker beim Pförtner der Firma Nokius nach. Der Pförtner nimmt ihn bei der Hand, führt ihn in die Montagehalle, wo er auf die vielen stillstehenden Maschinen deutet. „Schauen Sie, *leere* Arbeitsstellen haben wir genug, aber leider keine *freien*."

Eine *leere* Arbeitsstelle gehört jemandem, der aber gerade oder auch nie mehr anwesend ist.
Eine *freie* Arbeitsstelle ist frei, das heißt, man kann sich darum bewerben. Allerdings muss man schon ein bisschen suchen und Geduld haben, bis man solch eine *freie* Stelle findet.

TEST 10

1. Morgen möchte Samira sich viel bei Victoria´s ....

   a) shoppen   b) einkaufen
   c) einkaufen gehen   d) kaufen

2. Viele Deutsche beschweren sich darüber, dass sie für ihre Wohnung zu viel .... zahlen müssen.

   a) Miete   b) Mitte   c) Mite   d) Miette

3. Seit wann .... Sie, dass Deutsch Spaß macht?

   a) wissen   b) kennen   c) können   d) weiß

4. Henriette .... 10 Sprachen sprechen.

   a) weiß   b) kann   c) kennt   d) weißt

5. Französisch .... wunderschön.

   a) klingt   b) klingelt   c) klinglet   d) klinget

6. Es ist ...., im Kino hinter einem riesengroßen Kopf zu sitzen.

   a) lässig   b) mehr   c) weniger   d) lästig

Er oder man oder du oder Sie?

1) Man kann viel Geld verdienen, wenn ...... die richtige Idee hat.
2) Jemand kann hier viel Geld verlieren, wenn ...... auf die falschen Leute hört.
3) Sie können bei uns viele nette Leute kennenlernen, wenn ...... in einen Sportverein gehen.
4) Du musst immer wissen, wem ...... gestern was erzählt hast.

Wo leben diese Leute?

1) Der Bürgermeister eines Dorfes: ....
2) Eine Krankenschwester in Hamburg: ....
3) Ein Öko-Bauer: ....
4) Ein österreichischer Skilehrer: ....

N	A	C	D	E	F	K	L	I	N	G	E	N	K	P
B	O	K	N	U	B	A	T	O	M	N	O	M	A	U
K	A	L	K	E	M	E	N	O	M	C	H	K	L	H
K	N	I	D	N	I	E	M	A	N	D	R	O	T	T
I	L	N	R	U	G	A	V	E	N	L	I	M	M	T
R	U	G	A	K	L	I	E	R	D	A	T	M	I	O
C	I	E	L	A	K	I	R	S	C	H	E	A	E	L
H	O	L	S	N	E	G	L	E	H	S	B	U	T	G
E	L	N	E	N	T	S	K	A	E	M	P	F	E	N
B	U	T	E	R	R	O	S	N	I	C	S	H	A	U
B	E	K	A	E	M	P	F	T	L	I	A	N	O	L

Waagerecht:

1) Musik kann es tun. 2) keine Leute = 3) Obst mit roter Farbe, kann in Hessen leicht mit einem Gotteshaus verwechselt werden. 4) Was Deutschlernende mit der Rechtschreibung machen. 5) Vor Wahlen verkünden Politiker, die Arbeitslosigkeit müsse .... werden. (Bitte beachten: Ä = AE)

Senkrecht:

1. anderes Wort für Gotteshaus 2. Geräusch des Telefons in alten Filmen 3. Man ...... denken. 4. Man braucht es in Sätzen. 5. Miete ohne Nebenkosten.

Zeigen Sie Ihr Wissen und Können und Ihre Kenntnisse.

kennt - kann - kannte - weiß - konnte
Heidi .... viele Leute im Show-Business. Sie ...... gut mit Leuten umgehen und ......, wie sie die großen Stars behandeln muss. Als noch niemand sie .... , ... sie das auch schon.

lehren / leeren

Lehrer Flopp *lehrt* die Schüler ein neues Kapitel der deutschen Grammatik. Er zeigt ihnen, wie die Nominalisierungen gebildet werden, und er hilft ihnen durch Übungen, dass sie diese verflixten Umformungen im Kopf behalten. Nach dem Unterricht sitzen die Schüler in einem Biergarten im Englischen Garten an einem Tisch. Alle haben einen Bierkrug vor sich stehen. Jana hat den größten Durst: sie *leert* ihren Bierkrug in einem Zug, das heißt, ohne eine Pause zu machen. Da schaut selbst die Kellnerin, die gerade ein paar Tische abgewischt hat, erstaunt zu, bevor sie das Wasser aus dem Putzeimer in den Abfluss *leert*.

Verstanden? Ein Lehrer *lehrt* und am Abend *leert* er auch einmal gern eine Flasche Wein.

lehren / lernen

„Was *lernst* du da?" – „Ich *lerne* die Wörter aus der neuen Lektion." –"*Lernst* du auch die Grammatik?" – „Das muss ich nicht. Unser Lehrer *lehrt* uns die Grammatik so gut, dass ich alles verstanden habe."

lernen / kennenlernen

Wer viel reist, *lernt* viel *kennen*. Neue Länder, andere Sitten. Die Menschen in den anderen Ländern kann man aber erst richtig *kennenlernen*, wenn man ihre Sprache *lernt*.

Lernen = bewusst mit dem Kopf arbeiten, zum Beispiel Vokabeln *lernen*, Regeln *lernen*;
kennenlernen = erfahren, beispielsweise das Leben *kennen lernen*. Achtung: Sie dürfen das als ein Wort oder als zwei Wörter schreiben. Entscheiden Sie sich also. Und jetzt überlegen Sie bitte einmal: Haben Sie heute etwas *gelernt*? Und haben Sie heute jemanden *kennengelernt*?

lernen / studieren

„Was machen denn Sie da?", ruft der Stadtpolizist dem Betrunkenen zu, als der versucht, die Laterne hochzuklettern. „Sie möchten wohl die Auswirkungen der Schwerkraft *studieren*?" – „Ach", ruft der Betrunkene erstaunt, „kann man jetzt auch schon auf Laternen *studieren*?"

Ganz, ganz wichtig hier in Deutschland! An Schulen *lernt* man, wenn man mit dem Kopf arbeitet. Und zu Hause *lernen* die Schüler Vokabeln. An Universitäten und Fachhochschulen *studieren* die Studierenden. "Haben Sie *studiert*?" Werden Sie das gefragt, will man wissen, ob Sie an einer Universität waren und einen akademischen Abschluss haben. Denn Akademiker sind hier noch immer etwas anderes als Menschen, die nicht studiert haben. Und bei Ihnen?

Ausnahme beim "*Studieren*": Wenn jemand oder jemandin (halt, nicht lernen, noch gibt es das weibliche jemand nicht!) etwas ganz genau ansieht oder liest, darf man von *studieren* sprechen. *Studieren* Sie die Speisekarte im Aushang lieber ganz intensiv, bevor Sie das Restaurant betreten.

letzten / vorigen

Letzten Sonntag gab es im Fernsehen einen Tatort, der schon im *vorigen* Jahr zu sehen war.

Letzten Sonntag und *vorigen* bedeuten das Gleiche. *Vorig* allein kann im Schweizer Deutsch aber auch *übrig* heißen. Tipp: Benutzen Sie das Wort vorig nur in Verbindung mit Zeitangaben: *vorigen* Mittwoch.

Leute sind / Leute denken

Leute in anderen Ländern *sind* auch nicht dumm. *Leute* auf der ganzen Welt *denken* an die Arbeit, an Gesundheit, an Glück und Unglück. Und gerne denken sie auch ans Essen oder Trinken oder an die Liebe.

Leute sind immer oder *machen immer* etwas. Im Deutschen immer im Plural, folglich benutzen Sie auch immer die Pluralformen der Verben.

Leute / seine Wohnungen

Es gab einmal einen Spekulanten, der alle Altbauwohnungen in seiner Stadt kaufte. Die *Leute* bekamen sehr schnell zu spüren, dass sie in *seinen Wohnungen* und nicht in ihren *Wohnungen* lebten. Wer nicht rechtzeitig auszog, der bekam Besuch von einer Prügelbande.

Glauben Sie das oder lassen Sie es sein. Unverrückbar jedenfalls gilt: *Leute* wohnen in *ihren* Wohnungen und essen von *ihren* Tellern. Wenn man sagt, sie wohnen in *seinen* Wohnungen, regt das immer zum Nachdenken an.

-lich- / -ig-Endung (-Suffix)

Wenn ein Assistent der Geschäftsleitung unabhäng*ig* werden will, fragt der Chef garantiert: „Aber Herr Witz*ig*, Sie waren doch immer so verständ*ig* und fleiß*ig*. Warum sind Sie heute so hungr*ig* darauf, unabhäng*ig* zu sein? Steckt da etwa Ihre neue Kollegin dahinter? Die schaut Sie immer so anhäng*lich* an."

Aus Witz wird witz*ig*, aus Fleiß wird fleiß*ig*, hmm, Hunger wird zu hungr*ig*. Ist das verständ*lich*? Aus Anhang wird anhäng*ig* oder anhäng*lich*. Regeln zum Basteln von Adjektiven finden Sie in jeder Grammatik. Aber diese Regeln helfen leider nicht immer.

lieben / es lieben

Venus *liebt es*, in einem gepflegten Park unter Bäumen im Schatten zu sitzen und die Zeitung zu lesen. Sie *liebt es* auch, durch Wälder und Felder zu spazieren und die Natur zu genießen. Ganz besonders jedoch *liebt* sie noch immer Adonis, ihren Liebsten. Den sieht sie aber nur als Blümchen, das von April bis Mai blüht.

Jaja, die Liebe. So süß und doch auch voller Dornen. Die Liebe braucht immer ein Objekt, das geliebt werden kann. Natürlich ein Objekt im grammatikalischen Sinn, obwohl manche tatsächlich den Partner nur als Objekt sehen und so behandeln.

Wenn dieses Objekt keinen Namen hat, dann braucht das Verb *Lieben* unbedingt das Wörtchen *es*: Venus *liebt es* (was?), unter Bäumen an einer Rose zu riechen und zu träumen.

liegen / legen

Heidi ist ja wieder alleine, deshalb ist sie umgezogen in eine neue Wohnung. Jetzt räumt sie ihre Bücher in ihr IKEA-Regal ein. Doch zehn Bücher auf einmal, die sie gerade in ihren Armen hält, sind viel zu schwer. Sie *legt* die Bücher auf den Tisch, um zu verschnaufen. „Ich lasse die Bücher auf dem Tisch *liegen*", sagt sie sich. „Jetzt gehe ich erst einmal einen Kaffee trinken."

Legen = die Bewegung, die vor dem *Liegen* kommt;
liegen = das Resultat von *legen*, ohne Bewegung.

liegen / lügen

In jeder Lüge *liegt* auch ein Stückchen Wahrheit. Zum Beispiel, wenn man behauptet, alle Politiker *lügen*. Natürlich gibt es auch Politiker oder Politikerinnen, die ihre Arbeit zum Wohle ihres Volkes gut machen wollen. Aber das geht nicht immer, wird Ihnen garantiert jede Politikerin, jeder Politiker versichern.

Liegen = etwas befindet sich auf einem Platz; *lügen* = nicht die Wahrheit sagen.

liegen / stehen / hängen

Als Edwin am Morgen nach der Superparty aufwachte, erschrak er. Neben seinem Bett *lag* Peaches und schnarchte fröhlich vor sich hin. Auf dem Schrank *stand* eine blaue Vase mit einer Rose und über seinem Bett *hing* ein riesengroßer Spiegel. „Oh je", seufzte er, als er ihn den Spiegel sah.

Lehre von den Gegenständen: Schränke, Tische, Stühle, Tassen, Teller *stehen* im Allgemeinen; Zigarren, Streichhölzer Briefe, Messer Löffel *liegen* irgendwo. Bilder, Uhren und Spiegel *hängen* normalerweise an Wänden.

lösen / auslösen

Peters Mutter hat drei Söhne. Tick, Trick und .... ? Einfach zu *lösen*, nicht wahr?

Schwerer ist schon das Rätsel um Oscar zu *lösen*, den ersten behinderten Athleten, der es auf seinen zwei metallenen Fußschwingen in das Olympische Finale der Spitzensportler schaffte.

Seine Teilnahme dort *löste* eine große Diskussion *aus*. Sind diese künstlichen Füße ein Vorteil gegenüber den "unbehinderten" Füßen? So fragte man sich und musste erkennen, da gibt es neue Fragen zu *lösen*. Und Orthopäden sind natürlich begeistert. Begeistert ist aber niemand darüber, dass Oscar seine Freundin, das Topmodel, erschoss und man vielleicht nie erfährt, ob es ein Unfall war oder ein Verbrechen. Das Rätsel kann nur er *lösen*.

Lösen = Die richtige Antwort in einem Rätsel, für ein Problem finden;

auslösen = Gangnam-Style *löste* einen Hype *aus*. Gutes Deutsch? Na, jeder kannte das Lied und das YouTube-Video musste jeder gesehen haben. Kennen Sie es noch, erinnern Sie sich noch daran? Ach, halt, das noch: Deutschland *löst* seine Bürger, die im Ausland entführt werden, meistens *aus*, zahlt also das geforderte Lösegeld.

man kann / kann man

Frage: *Kann man* in Hamburg gute Hamburger essen? Antwort: *Man kann*. Werden die aber auf der Straße angeboten, sollte man schon vorsichtig sein.

Hamburger hin, Hamburger her, in Hauptsätzen hat das Verb immer die zweite Position. Beginnt man einen Satz mit dem Verb, so formuliert man eine Frage. Oder man hat zuerst einen Nebensatz geschrieben und schreibt dann den Hauptsatz.

man/er

Kann *man* eigentlich – rein theoretisch, denn in diesem Land sind ja alle glücklich darüber, dass sie dort leben dürfen – mit Frauen oder Männern in Nordkorea chatten, damit *man* endlich sein Glück findet? Könnte dann ein Bürger dieses Staates hoffen, dass *er* zu diesem liebgewordenen Menschen reisen darf, wenn *er* eingeladen wird? Oder könnte eine Bürgerin dieses Staates hoffen, dass sie zu diesem geliebten Menschen reisen darf? Wenn das der Fall ist, dann ist die Welt wirklich ein globales Dorf geworden und alle Gegner der Globalisierung würden verstummen – zumindest für einige Tage.

Man bleibt *Man*! Halt, hier ist nicht der Mann gemeint, der verändert sich ja langsam. Aber *man* bleibt *man*, im Hauptsatz und im Nebensatz, basta! Die Regel hierzu: *Subjekte* verändern sich nicht im *Haupt-* und *Nebensatz*. Wer *man* im ersten Satz sagt, muss auch *man* im zweiten sagen. Anders bei: Könnte dann *ein Bürger* dieses Staates hoffen, dass *er* zu diesem liebgewordenen Menschen reisen darf? Die Regel muss nicht erklärt werden, Sie kennen sie, ganz bestimmt.

man / frau

Als Männer noch Männer und Frauen noch Frauen waren, dachte *frau*, es wäre gar nicht so dumm, diese großen und kräftigen und manchmal so schönen und im Bauch kitzelnden, aber ansonsten etwas dummen Geschöpfe doch auch mal etwas Sinnvolles tun zu lassen. *Frau* stellte den Mann daraufhin zum Kirschen pflücken an. Kann *man* diese Theorie wirklich glauben? Glauben Männer und Frauen heute noch, da ist etwas Wahres dran?

Finden Sie *frau* (kleingeschrieben) in einem Text, handelt es sich um ein feministisches Pamphlet aus der Urzeit. Jaja, wie schnell die Zeit geworden ist. So denkt *man* oft heute. Leider, so wagen heute noch manche Frauen oder gar Männer zu denken, hat sich *frau* als *Allgemeinsubjekt* nicht so wie *man* in der Sprache festsetzen können. Aber warum eigentlich?

Mann / man

„Siehst du den *Mann* da drüben? *Man* könnte meinen, das ist Mickey Rourke, der berühmte amerikanische Schauspieler." – „Ist er auch, er will seiner Liebsten näher sein und die Stadt gefällt ihm viel besser als Frankfurt." – „Ja, ja, diese Stadt hat Amerikanern schon immer gefallen. Warum nur?"

Man = alle Menschen sind damit gemeint, ob Männlein oder Weiblein; der *Mann*, Mickey Rourke ist doch vielen bekannt. Siehe auch eins weiter oben: man / frau. Und bitte, bitte, finden Sie einen Weg, *man* endlich nicht mehr falsch zu schreiben^^. Früher hätte jeder Lehrer Sie *man* 100-mal schreiben lassen, nicht wahr. Vielleicht ein Weg, wenn auch soooo altmodisch.

mehr leben / länger leben

Schon immer wollten die Menschen *länger leben* als ihre Vorfahren. Sie dachten nur nicht daran, dass ein längeres Leben nicht immer *mehr leben* heißt. Man wird älter, aber der Kopf versteht die neue Zeit, die neuen Menschen nicht so richtig. Man lässt sich beraten, was man anzieht, aber in die Disco kommt man nicht hinein, denn Rollatoren stellen eine Gefahr im stampfenden Gedränge dar. Heißt also *länger leben* auch *mehr leben*?

Länger leben = 101 statt 99 Jahre leben;
mehr leben = mehr Zeit für sich haben und nicht nur arbeiten. Die Lebensqualität ist einfach besser.

~~mehr selbstständig~~ / selbstständiger

Immer *mehr* machen sich *selbstständig*. Das liegt auch daran, dass sie mit vierzig keine neue Arbeit mehr finden können. Sie sind dazu gezwungen. Je *selbstständiger* sie dann werden, desto *mehr* Selbstvertrauen in ihr eigenes Können finden sie wieder. Die meisten, die sich selbständig machen, haben einen sogenannten Migrationshintergrund. Das heißt, ihre Eltern wurden nicht in Deutschland geboren. Haben sie deshalb mehr Mut?

Denkaufgabe: Warum streichen die Autoren *mehr selbständig* ständig durch? Und trotzdem schreiben sie hier einen Satz, in dem *mehr* und *selbstständig* nicht durchgestrichen sind? Liegt das daran, dass sie den Komparativ, die Steigerungsform so oft falsch geschrieben sehen? Etwa so: schön - ~~mehr schön~~. Klar, Sie kennen die Antwort und wissen, wenn man vergleicht, heißt es immer so: *schön - schöner*. Also nehmen Sie sich bitte vor, immer daran zu denken, wenn Sie schreiben.

Mehr gibt es auch beim Vergleichen. Das haben Sie in der Grundstufe gelernt. Ich will *mehr* Hausaufgaben machen, damit ich *mehr* lerne.

Und zurück zur Denkaufgabe anfangs: Warum schreiben wir, dass sich immer *mehr selbständig* machen? Wir sind sicher, Sie kennen die Antwort. Ein Tipp: Wo steckt das Subjekt in diesem Satz?

mehr / weniger

Ist Emma *weniger* berühmt als Bruce? Auf jeden Fall hat sie aber *mehr* Haare auf dem Kopf als er. *Weniger* ist manchmal *mehr*, denkt Bruce, wenn er sich genüsslich mit seiner linken Hand über seine Glatze streicht. Die rechte Hand hält zärtlich Mabel Ray.

Größer als, länger als, halt, die Probleme hat Bruce nicht. Ob er noch weiß, dass auch lange Adjektive (interessant) werden - anders als in Englisch, Französisch, Spanisch, Italienisch usw. - mit dem Komparativ (interessanter als) gesteigert werden und niemals mit *mehr*? *Mehr* ist schon ein Komparativ. Als Regel vielleicht: Ein Adjektiv bleibt beim Steigern immer allein.

mehrere / andere

„Wie viele Buntstifte brauchst du, Eva?" – „*Mehrere*. So ungefähr 10. Von jeder Farbe einen." – „Nimm doch die hier." – „Haben wir keine *anderen*? Die sind viel zu dick."

Mehrere = einige;
andere = nicht diese, sondern die *anderen*.

mehrere / mehr

Mehrere Leute versammelten sich auf dem Roten Platz, um der Wahlkampfrede des amtierenden Präsidenten zu lauschen. Der sieht aus seinem Fenster auf den Platz und wendet sich enttäuscht ab. „Was denn? *Mehr* Leute sind nicht gekommen?"

Mehrere = eine Anzahl, aber nicht so viel wie viele;
mehr = Komparativ von viel. Der amtierende Präsident hätte wahrscheinlich gern *mehr* Zuhörer als nur *mehrere*. Er kann aber ganz beruhigt sein: *Mehr* Leute sind nicht gekommen, weil alle wissen, der Präsident wird sowieso wieder gewählt, so war es bisher immer. Und so wird es auch bleiben.

TEST 11

1. Viele Leute haben in ihrer Wohnungen Möbel von Ikea ....

   a) stehen   b) hängen   c) liegen   d) lügen

2. Politiker .... auf Parteitagen fast nie.

   a) legen   b) liegen   c) lügen   d) lösen

3. Die Mona Lisa .... im Louvre.

   a) steht   b) hängt   c) liegt   d) liebt

4. Männer und Frauen denken oft: .... weiß zu wenig vom Wesen der Frauen.

   a) Man   b) Mann   c) er   d) frau

5. Ronaldo hat .... Paar Fußballschuhe in seinem Schrank stehen.

   a) mehr   b) wenig   c) mehrere   d) weniger

6. Oscars Teilnahme an den Olympischen Spielen hat eine große Diskussion ....

   a)ausgelöst   b) gelöst   c) gelost   d) gelöscht

Haben Sie das schon gelernt?

leeren - lehren - studieren - kennenlernen

1) Wenn man allein reist, kann man viele Menschen ....

2) Die Erfahrung ...., dass manche Leute ein wenig dümmer, andere ein wenig klüger sind.

3) Auf dem Oktoberfest kann man die Menschen sehr gut ....

4) Aber nicht nur dumme Menschen .... eine Maß Bier in einem Zug.

Etwas ist durcheinander hier.

Angela zu liebt , bei dabei Fußballspielen sein . liebt Natürlich sie es ihren auch Mann.

....

....

....

Verbessern Sie diese entsetzlichen Fehler.

Wer einmal libbt, dem glaubt man nicht ....

Im Bett lügen drei Paar Füße. ....

Professoren leeren gerne Studenten, die alles wissen möchten.

....

Im Schrank henkt ein schwarzer Gürtel. ....

Ein guter Engel hat aufgeräumt.

Wo .... mein Bademantel?

Wo .... der Kühlschrank?

Wo .... die Zeitung?

Wohin haben Sie den Abfallkorb ....

Noch einmal: Lernen und Studieren

1) Nach der Schule *lernt / studiert* man einen Beruf.

2) Alle Eltern wollen, dass ihre Kinder nach dem Schulabschluss *lernen /* studieren.

3) In der Schule *lernt / studiert* man. An der Uni *lernt / studiert* man.

4) Wer etwas genau beobachtet, der *lernt / studiert* etwas. Zum Beispiel das Verhalten der Autofahrer bei Rot an der Ampel.

Schlangensätze schmecken nicht.

1) Werlängerlebterlebtmehr.

....

2) Jeselbstständigermanist,destowenigerärgertmansich.

....

3) DergroßeDichterwolltemehrLichtansBett.

....

meiner / mein

Es war einmal eine bildhübsche junge Frau, Lorraine, die trat in der beliebtesten Fernsehshow der Philippinen (Willing Willie) auf. Sie wurde gefragt, was sie sich denn wünschte, hätte sie bei einer guten Fee drei Wünsche frei. „*Mein* erster Wunsch wäre eine gute Arbeit, von der ich leben kann, damit ich endlich wieder Respekt vor mir habe", sagte sie. „*Mein* zweiter Wunsch wäre, dass es endlich aufhört zu regnen, damit wir wieder weniger husten. Und *mein* dritter Wunsch wäre, dass ich einen guten Mann finde, der *meinem* kleinen Sohn ein guter Vater ist und mich liebt und sich um uns kümmert." Da rief Elaine, Gast in der Show von ihrem Sitzplatz aus: „Der dritte Wunsch ist auch *meiner*!" Da applaudierten alle Zuschauer in der Show begeistert.

Die gute Fee überlegt noch, wie sie den dritten Wunsch erfüllen kann und wo sie so viele gute Männer finden kann. So warten Lorraine und Elaine und Michelle und viele andere auf diesen Mann. Und wenn sie irgendwann Deutsch lernen müssen, werden sie irgendwann lernen: *Dein* Wunsch ist auch *meiner*.

Müssen wir das Problem hier noch erklären oder ist es klar geworden, wann wir *mein* (*Wunsch*) und *meiner* sagen?

Meinung / Bedeutung

„Es gibt viele Wörter, die eine andere *Meinung* haben." – „Entschuldigung, Sie können eine andere *Meinung* als ich haben, aber Wörter haben keine *Meinung*, die haben eine *Bedeutung*."

Siehe auch: Worte / Wörter.

Meiner Meinung nach / ~~Komma~~

Meiner Meinung nach schreiben zu viele von Ihnen Sätze mit diesem oft benutzen Ausdruck falsch. Entweder schreiben Sie, *meiner Meinung nach so viele schreiben das falsch* oder Sie schreiben: *Meiner Meinung nach,* schreiben Sie das falsch.

Bitte, bitte denken Sie daran: Dieser Ausdruck ist ein Satzteil, der am Anfang des Satzes steht, also gibt es da kein Komma! Dieser Ausdruck nimmt die erste Position ein, folglich folgt an zweiter Position das Verb.

meisten / meistens

Rätsel: Die *meisten* beklagen sich hier darüber, dass es *meistens* regnet. Von welchem Land ist wohl die Rede?

Die *meisten* ist der Superlativ von *viele*; die *meisten* Menschen denken manchmal nach.

Meistens ist ein Adverb, das die Häufigkeit (wie oft etwas passiert) angibt. Die *meisten* Menschen denken *meistens* nach, wenn sie Probleme haben.

meistens / am meisten

Stimmt es denn wirklich, dass es hier *meistens* regnet? Googeln Sie doch einmal selbst. Dann finden Sie wahrscheinlich auch, dass es im Westen Deutschlands *am meisten* regnet, am wenigsten im Osten. Tipp für Leute mit Regen-Allergie: Vermeiden Sie Besuche in Wuppertal. Dort regnet es tatsächlich *am meisten.*

Meistens = fast immer;
viel $\Rightarrow$ mehr $\Rightarrow$ *am meisten*.

mieten / vermieten

Wenn Sie hier eine Wohnung *mieten* und nicht kaufen wollen, ist es wichtig zu wissen, ob die Besitzer der Wohnungen in den letzten 10 Jahren oft gewechselt haben. Wenn das der Fall ist, *mieten* Sie besser nicht. Diese Besitzer, die Ihnen eine Wohnung *vermieten* wollen, sind dann nicht unbedingt an guten Wohnungen, in denen man gut wohnt, interessiert, sondern mehr daran, viel Steuern zu sparen. Verstehen Sie das?

mindestens / zumindest

Auf dem Schillerplatz versammelten sich gestern *mindestens* 1000 Demonstranten, um gegen die Artikel und Adjektivendungen in der deutschen Sprache zu demonstrieren. Es können auch ein paar Demonstranten mehr gewesen sein. So schreibt *zumindest* die Allgemeine Pluralische Zeitung in ihrem Bericht.

Mit *mindestens* will man sagen, dass ganz sicher eine bestimmte Menge vorhanden ist, vielleicht sogar mehr. Also mindestens 1000 Demonstrierende waren da.

Zumindest ist eine Einschränkung: Vielleicht denkt niemand so außer der Allgemeinen Pluralischen Zeitung.

mir / mich bei Verben

Darlene steht wegen ihres Schuhticks im Guinness Buch der Rekorde. 2012 besaß sie 16000 Paar Schuhe. Das ist wahr. Es ist aber nicht wahr, dass sie ihren Mann immer fragte: „Liebling, liebst du *mich*? Wenn ja, dann *kauf mir* die Schuhe da im Schaufenster." Sie entwickelte ihre Leidenschaft für Schuhe nämlich erst nach der Scheidung von ihrem Mann.

Das Verb *Lieben* hat nur eine Akkusativergänzung, das Verb *Heiraten* übrigens auch. *Kaufen* hat dagegen sowohl eine Ergänzung im Dativ, als auch eine im Akkusativ: Ich kaufe die Schuhe. Aber wem kaufe ich sie? Mir? Erinnern Sie sich an die Geschichte auf Facebook: Ein New Yorker Polizist kaufte *einem* Obdachlosen Schuhe, weil der sonst erfroren wäre? Also Larry DePrimo kaufte *dem* Obdachlosen - und nicht *sich* - ein Paar Schuhe.

Haben Sie eine feine deutsche Grammatik? Wenn ja, lesen Sie dort bitte unter Verbvalenzen nach. Dort finden Sie bestimmt auch eine Liste der Verben und ihrer Ergänzungen.

mit mir / bei mir

Caroline kommt heute *mit mir* zusammen nach Hause. *Bei mir* zu Hause findet sie es immer so gemütlich. Zuerst trinken wir Tee, dann reden wir über Gott und die Welt. Und dann ... mache ich ihr vielleicht einen Heiratsantrag. Mal sehen.

mitten / mieten

Mitten im Sommer ist es immer besonders teuer, in Cannes ein Ferienappartement zu *mieten*.

Mitten = in der Mitte von.

Dagegen *mietet* man eine Wohnung oder ein Auto. Aber das wissen Sie ja bestimmt selbst. Es geht hier mehr um die Rechtschreibung von lang gesprochenen und kurz gesprochenen Vokalen. Nach einem lang gesprochenen Vokal gibt es keine Doppelkonsonanten! Aber das lasen Sie ja bereits.

morgen / morgens

Wenn vorgestern vor einer Woche Donnerstag war, welcher Tag ist dann *morgen*? Wissen Sie´s? Wenn nicht und es ist 9 Uhr m*orgens* bei Ihnen, dann haben Sie jetzt noch den ganzen Morgen Zeit, um die Lösung zu finden.

Morgen = einen Tag später als heute;
morgens = Gegenteil von abends. Siehe auch den nächsten Eintrag: morgens / am Morgen.

morgens / am Morgen

Morgens um 5 ist die Welt noch in Ordnung. Kein Lärm, keine Hektik, alles ist noch ruhig. *Am Morgen* des 1. April überlegen viele, wie sie Freunde in den April schicken können. Ist das bei Ihnen ebenso? Spielt man da Freunden auch einen Streich?

Morgens = jeden Morgen;
am Morgen = gleichbedeutend mit *morgens,* kann aber auch ein bestimmter Morgen sein.

Müll / Mühle

„Es klappert die *Mühle* am rauschenden Bach", so heißt es in einem alten deutschen Volkslied. Heute jedoch mahlt man das Getreide in Fabriken, die großen Wasserräder der *Mühlen* stehen still und im Bach sammelt sich der *Müll*, den Umweltsünder dort regelmäßig nachts abladen.

Die *Mühle* = Gebäude, in dem früher das Getreide zu Mehl zerkleinert wurde. Typisch für Mühlen sind große Räder, die mit Wasser oder Wind angetrieben werden.

Der *Müll* = der Abfall; alles, was die Leute nicht mehr brauchen und einfach wegwerfen. *Mühle* spricht man mit langem ü (üüüü), *Müll* mit kurzem ü (Müllll).

etwas tun müssen / ~~etwas tun brauchen~~

Den Müll *müssen* wir *trennen*. Wir haben vier verschiedene Tonnen dafür, die haben verschiedene Farben. Organisches, Papier, Plastik und Metall und eine Tonne für den Rest. Und wenn Sie an einer Tonne gefragt werden: „Was machen Sie da, trennen Sie den Müll auch richtig?", dann sagen Sie bitte nicht, Sie tun das, weil Sie es *tun ~~brauchen~~*. Sagen Sie bitte, Sie tun das, weil Sie denken, Sie *müssen* das für die Umwelt *tun*.

Sie *~~brauchen~~* etwas *tun*... das gibt es nicht, basta. Sie *müssen* etwas *tun* oder *sollen* etwas *tun*.

nach dem / nachdem

Atemlos fragte der werdende Vater *nach dem* Weg zum Krankenhaus. *Nachdem* er dann seine Frau eingeliefert hatte und im Kreissaal zusah, wie sie das gemeinsame Kind zur Welt brachte, fiel er ohnmächtig um.

Nachdem bedeutet: *Nachdem* er etwas gemacht hatte, machte er etwas anderes. Das ist ein sogenannter Konnektor.
Nach dem ist kein Konnektor, sondern die Präposition *nach*, nach der ein Substantiv oder Pronomen folgt. Und zwar im Dativ. Das wird so leicht falsch geschrieben, wenn man diese verflixten Nominalisierungen anwendet, wie hier: *Nachdem* er das Auto geparkt hatte = *nach* dem Parken des Autos ... .

nach Hause / nach dem Hause

Odysseus hatte große Sehnsucht nach *zu Hause*. Er sehnte sich *nach dem Hause*, wo er geboren worden war und wo er seine Frau wusste. „Wenn ich *nach Hause* komme, werde ich nie wieder weggehen", so schwor er sich.

Nach Hause ist ein feststehender Ausdruck, bei *nach dem Hause* meint man ein bestimmtes Haus, hier Odysseus' Geburtshaus.

nach Hause / zu Hause

William kommt total betrunken *nach Hause*. Seine Frau ist schon lange *zu Hause*, denkt er, als er durch die Wohnung schleicht. Nach einer Weile ruft er verzweifelt: „Liebling, warum bist du denn so still? Schimpf doch bitte, damit ich das Bett finde."

Es gibt die eine oder andere Bewegung, wenn man *nach Hause* kommt. Wenn ein Mann *zu Hause* ist und seine Frau nicht *zu Hause ist*, geht der Mann oft von *zu Hause* fort, um sie zu finden.

nach / in

Ein Drittel der Deutschen bleibt im Urlaub im eigenen Land. Sie reisen am liebsten *nach* Bayern oder an die Ostseeküste. Beim Urlaub im Ausland stehen nach wie vor Reisen *nach* Spanien und seinen Inseln an erster Stelle, aber auch Reisen *in* die Türkei sind sehr beliebt geworden, wohingegen das Interesse an Reisen *nach* Griechenland oder Portugal deutlich nachgelassen hat. Ob das nur an der Eurokrise liegt?

Auf die Frage "*wohin*?" stehen Ländernamen ohne Artikel wie etwa Deutschland, Bulgarien etc. mit der Präposition *nach*; bei Länder-namen mit Artikel (etwa die Türkei, die Schweiz) benutzt man die Präposition *in* (*in die Schweiz*).

nachgeben / hören auf

Ein Grundsatz guter Erziehung ist: Die Eltern verbieten nicht alles, sondern *geben* manchmal *nach*, wenn ihre Kinder einen Wunsch haben, und die Kinder *hören auf* die Eltern, wenn sie ihnen doch etwas verbieten.

Nachgeben wird hier zu erlauben;
hören auf hat nichts mit dem Verb Aufhören zu tun! Es heißt, sich an das zu halten, also das zu machen, was andere sagen, z.B. ins Bett gehen, wenn die Eltern das sagen.

Nachtisch / Nachttisch

Wenn auf einem *Nachttisch* ein köstlicher *Nachtisch* steht, kann niemand ruhig schlafen.

Was ein *T* auf dem Nach*t*tisch doch alles ausmacht!

~~nahe~~ kennenlernen / näher kennenlernen

Menschen *näher kennenzulernen*, das ist bisweilen gar nicht so einfach. Und total unmöglich ist es, jemanden *nahe kennenzulernen*.

Näher kennenlernen bedeutet, man erfährt mehr als den Namen einer Person. Meist denkt man an eine bestimmte Situation, in der man jemanden oder eine Sache besser (*näher*) *kennenlernt*. So *lernt* man Freunde *näher kennen*, wenn man sie braucht.

Nebensätze / Hauptsätze

Was bedeutet es, wenn ein Zitherspieler in der Kühltruhe sitzt? Richtig, er hält sich fit fürs Zitherspiel.

Hauptsätze können allein stehen, *Nebensätze* können das nicht, sie brauchen immer noch einen Hauptsatz dazu. Man findet meist Wörter wie wenn, als, obwohl, ob, dass und viele andere Nebensatz-Konnektoren mehr. Beim Lesen ist der Nebensatz daran zu erkennen, dass das konjugierte Verb am Ende steht.

Nebensätze / Inversion

Eine kleine Würstchenkunde: Wiener schwören auf ihre Wiener Würstchen. Niemals bestellen Wiener Frankfurter Würstchen. Ob Wiener Krakauer Würstchen gerne essen, ist noch nicht erforscht.

In *Nebensätzen* gibt es *keine Inversion*, da steht das konjugierte Verb immer am Satzende und am Satzanfang steht immer zuerst der Konnektor und dann das Subjekt!

Die *Inversion* benutzen wir in Hauptsätzen immer, wenn der Satz nicht mit dem Subjekt anfängt. Immer! Sie wissen, was die Inversion ist, ich weiß, Sie haben das gelernt. Der Kopf hat das begriffen und trotzdem vergessen Sie sie immer wieder, wenn Sie sprechen. Grrrrr. Es gibt einen einfachen Trick, die Inversion automatisch korrekt zu benutzen. Schreiben Sie sich einen Satz auf, den Sie mit dem Subjekt beginnen. Dann verändern Sie den Satz, indem Sie den Satz mit einer Angabe irgendeiner Art verändern. Dann wiederholen Sie diese Sätze eine Woche lang, ohne nachzudenken. Hundertmal. 1000-mal. Ja, das ist mein Ernst.

Etwa so: Ich esse gern Krakauer. Am Abend esse ich gern Krakauer. Wenn ich richtig Hunger habe, esse ich gern Krakauer.

nein / nicht

Nein, die da oben beschriebene Übung ist *nicht* dumm. Das glauben Sie *nicht*? Dann üben Sie doch einfach einmal so.

Hier steht nach dem *Nein* ein Komma. Klar, Sie wissen warum. Mit *Nein* antwortet man auf eine Frage. Manchmal hören Sie von Kindern oder Erwachsenen: *Nein_* das mache ich nicht. Und das ist ganz richtig bisweilen. Aber schreiben wir diese Weigerung auf, dann steht natürlich ein Komma nach dem *Nein*. Setzen Sie es bitte jetzt an seinen Platz ein. Und beachten Sie: In allen anderen Fällen der Verneinung braucht man: *nicht* (*oder kein-*).

nein / nicht

„Ist das da vorne *nicht* dieser entsetzliche Typ, der mir letzte Woche mit seinem endlosen Anbaggern so fürchterlich auf die Nerven ging?" – „*Nein*, das ist doch mein Mann." – „Mhmm, verstehe ich nicht."

Nein wird nur verwendet in Antworten auf Fragen. Die Antwort *Nein* auf eine verneinte Frage (Ist das nicht ...?) lautet: *Nein*, das ist *nicht*... Finden Sie also die richtige Antwort, wenn Sie jemand anbaggert, das heißt mit Ihnen flirten will und Sie mögen das nicht.

Neunundvierzig / vierundsiebzigstes Jahr

Die Bundesrepublik Deutschland wurde *1949* gegründet. Konrad Adenauer, der erste deutsche Bundeskanzler, war damals 73 Jahre alt. Er war im *vierundsiebzigsten* Lebensjahr.

Bei Angaben von Jahreszahlen heißt es im Deutschen schon lange nicht mehr: im *neunundvierzigsten Jahr*. Nennen Sie einfach nur die Jahreszahl. 49 wurde die BRD gegründet, so sagten wir in Kurzform, bevor das neue Jahrtausend begann. Heute sagen wir aber: 1949.

Und meine Frage an Sie: Im wievielten Lebensjahr waren Sie, als das neue Jahrtausend begann?

1. Der Nachtzug aus Rom kommt .... um 8 Uhr in Mannheim an.

   a) im Morgen   b) morgens   c) Morgen

2. In diese neuartige Flasche passt ... 1 Liter hinein.

   a) mindest   b) zumindest   c) mindestens

3. Eva wohnt diese Woche ..... Hause.

   a) bei   b) mit   c) zu

4. Zum ... gibt es heute Mangocreme mit Vanilleeis.

   a) Nachttisch   b) Nachgericht   c) Nachtisch

5. Viele Südeuropäer behaupten, ... regne es in England.

   a) am meistens   b) am meisten   c) meisten

6. Wann gehen wir endlich ... ?

   a) zu Hause   b) nach Hause   c) nach zu Hause

7. Wenn Sie in der Wüste sind, ... Sie viel trinken.

   a) dürfen   b) können   c) müssen

8) Diese Wörter haben nicht immer die gleiche ....

   a) Meinung   b) Bedeutung   c) Wunsch

Beginnen Sie den Satz mit diesen Wörtern.

Der Nachtisch schmeckt mir.

1) Morgens: ....

2. Am Sonntag: ....

3) Nach dem Hauptgang: ....

4) Nachdem ich alles gegessen habe,: ....

....

Wiederholen Sie alle fünf Sätze eine Woche lang immer wieder!

Rätsel-Kochbuch

*kennenlernen - ihr - mir - mich - mindestens - nachdem - Nachdem –
näher - nicht*

Carola fragt ...... , ob ...... ein deutsches Kochrezept einfällt. Bei ...... gibt
es manchmal Rosenkohl in Lauch-Sahnesoße. Das geht so: .... man
den Rosenkohl geputzt hat, putzt man auch den Lauch. Den Rosenkohl
kocht man dann in .... 15 Minuten weich, den Lauch schneidet man
in kleine Ringe. Butter gibt man in einen kleinen Topf, streut zwei Löffel
Mehl darauf, lässt das Mehl in der heißen Butter schwitzen und ....
das gemacht ist, gießt man so viel Wasser dazu, dass eine ...... zu dicke
Soße entsteht. Darin kocht man den Lauch. Man würzt kräftig mit Sahne,
Salz, Pfeffer und Muskat und gießt die Soße über den Rosenkohl. Dazu
isst man Kartoffeln und trinkt einen trockenen Weißwein. Wer wollte
das nicht ....?

Raus mit den falschen Wörtern

Irgendwo auf der Welt versammeln sich immer wieder viele Leute auf
einem *zumindest* 100 Quadratmeter großen Platz und protestieren.
Dann kommen viele Soldaten zu ihnen und ihr Chef sagt: „Wir schießen
auf keine guten Leute, nur auf die schlechten. Die Guten haben daher 5
Minuten Zeit, *zu Hause* zu gehen." Früher war dann *am meisten* fünf
Minuten später der Platz menschenleer. Heute hören die Leute oft nicht
zu den Chef. - Was für eine *Bedeutung* haben Sie dazu?

1. Statt .... heißt es ....

2. Statt .... heißt es ....

3. Statt .... heißt es ....

4. Statt .... heißt es ....

5. Statt .... heißt es ....

nicht nur, sondern auch / aber auch
- -
   Zum Mittagessen gibt es für Touristen aus dem In- und Ausland
   nicht nur Würstel und Sauerkraut oder Bratwurst, *sondern auch*
   Rippchen, Eisbein und Schnitzel. Doch *nicht nur* Miaomiao aus
   China ist enttäuscht, weil sie ihren geliebten Feuertopf selbst beim
   besten Chinesen der Stadt nicht bekommt, *sondern auch* Jeovana
   überlegt, warum ihre brasilianische Feijoada hier einfach anders
   schmeckt. Woran liegt das? An uns Einheimischen natürlich! Wir
   lieben die internationale Küche mit Sushi-Bars und Trattorien
   und Tapas-Leckereien in Cantinas. *Aber auch* mongolische
   Spezialitäten mögen wir oder die schwedische Küche (bei IKEA).
   Allerdings… bitte nicht ganz original zubereitet.

Leiten wir den Satz mit *nicht nur* ein, bereiten wir darauf vor, dass
wir im nächsten Atemzug von etwas Gleichwertigem sprechen
werden. *Nicht nur* Pizza und Pasta, sondern auch Döner werden
gern gegessen. So drücken wir aus, dass es neben einer Sache auch
eine andere ebenso wichtige Sache oder Person gibt, und
schränken damit die erste Aussage ein. Mit *aber auch* sagen wir
das Gleiche, aber dann ist das kein bekannter und gern benutzter
Doppelkonnektor mehr.

nicht / kein
- - - - - - - - - - -
   Die Konjugation gibt den Philosophen Recht: Ohne Ich gibt es
   kein Du, *kein* Er, *keine* Sie. Nichts ist, wo *nicht* Ichs sind. Wissen
   Sie, wer Hans Scholl war? Er hat *kein* Haus gebaut, *kein* Kind
   gezeugt, *keinen* Baum gepflanzt. War er ein Weichei, *kein* echter
   Mann? Die Antwort finden Sie, wenn Sie im Internet nach ihm
   suchen.

Kein ist hier der verneinte unbestimmte Artikel und *nicht* verneint
etwas, was man tut, beziehungsweise *nicht* tut. Und noch einmal:
Edison sprach *kein* Deutsch, *kein* Russisch, *kein* Türkisch, aber er

war trotzdem *nicht* auf den Kopf gefallen. Mit Tesla wusste er umzugehen. Siehe auch: nicht/ nichts.

nicht / nichts

Wenn sich der Wein über Hosen und Röcke ergießt, sollte man den ungeschickten Kellner in Ruhe lassen und hoffen, dass *nicht* mehr passiert. Dem besoffenen Kellner sollte man auf jeden Fall *nichts* mehr einschenken lassen.

Im Glas des Kellners sollte *nichts* sein: weder Wein noch Schnaps. Dann wird auch *nicht* mehr Wein oder Schnaps über Hosen und Röcke geschüttet.

nichts / keine

„*Nichts* wäre passiert, wenn Sie nicht bei Rot über die Ampel gegangen wären", sagte der Autofahrer zu dem unfreundlichsten aller unfreundlichen Fußgänger. „*Keine* Verunreinigung Ihrer Hose, *keine* Lärmbelästigung, *keine* unnötigen Telefonate – *nichts* dergleichen."

nicht müssen / nicht brauchen

Am Wochenende *müssen* wir hier *nicht* um halb sieben aufstehen. Nein, wir *brauchen nicht* so früh aufstehen, ist das nicht wunderbar? Und Sie? Worüber freuen Sie sich am meisten, wenn Sie daran denken, was Sie normalerweise tun müssen und manchmal eben *nicht tun müssen, nicht tun brauchen*?

Warum ist es so schwer zu verstehen, wie schön es ist, etwas *nicht tun* zu *müssen*, nicht *tun* zu *brauchen*? Zum Beispiel so lange *schlafen* zu *können*, wie man will? Nein, *nicht müssen* und also *nicht brauchen*, verstehen Sie? Etwas *nicht tun müssen* ist das Gleiche wie etwas *nicht tun brauchen*. Aber Vorsicht! Man kann etwas *tun müssen* nicht gleichsetzen mit etwas *tun ~~brauchen~~*. Das funktioniert nicht. Es funktioniert nur in der Verneinung!

niesen / genießen

Hatschi! Muss jemand *niesen*, wünscht man ihm: „Gesundheit." Manche Leute *genießen* ihr Niesen, weil ihnen dann Gesundheit gewünscht wird. So war das früher, heute wünscht man „Gesundheit" nicht mehr, sondern sagt einfach nichts.

Zum Unterschied zwischen ß und s: das *ß* in genießen spricht man so scharf aus wie in heißen. Das *S* in niesen klingt eher wie das Summen einer Biene. Siehe auch: genießen / gefallen. Übrigens, wann man *ß* und wann Doppel-S schreibt, können Sie auch erfahren, wenn Sie fleißig weiterlesen.

nimmt / nimmt ein

Wussten Sie, dass "Männer" von Herbert Grönemeyer nach wie vor einen der ersten Plätze bei den meistgespielten Liedern im Radio *einnimmt?* Wer den Song live erleben will, sollte unbedingt ein Konzert von Grönemeyer besuchen und ein Ticket für die erste Reihe *nehmen*.

Man *nimmt* ein Stück Kuchen oder den dritten Platz von links. Spricht man von einer Reihenfolge, einer Platzierung in einer Tabelle, so benutzt man hingegen das Verb *Einnehmen*.

nix / nichts

„Von *nichts* kommt *nix*", pflegte Onkel Wanja stets zu sagen.

Nix wird in der Umgangssprache für *nichts* benutzt, weil es so schön einfach auszusprechen ist. Aber bitte - schreiben Sie es nie in einem Text! Außer beim Wiedergeben von Umgangssprache.

Nummer / Zahl

„Der Hunger der Menschen in verschiedenen Teilen der Welt rührt daher, dass viele von uns viel mehr nehmen, als sie brauchen." Dies erklärte Gandhi, als er auf die große *Zahl* von Bettlern in den Straßen Kalkuttas angesprochen wurde. „Hätten sie etwas zu essen, wären sie nicht einfach nur eine *Nummer*, sondern auch Menschen", so sagte Gandhi.

Sieben ist eine *Zahl*. Die *Nummer* 7 hat in der Tombola einen schicken Kleinwagen gewonnen. - Als Gandhi lebte, gab es weniger als drei Milliarden Menschen, heute sind es bereits mehr als sieben. Gibt es eigentlich mehr Hunger oder weniger Hunger auf der Welt als zu Gandhis Zeit?

oben gehen / nach oben gehen

Mia und Ben besichtigen den Reichstag in Berlin. Unter der gläsernen Kuppel kann man viele Leute sehen. Mia sagt zu Ben: „Sieh mal, die Leute *gehen* da oben *herum*, bestimmt hat man von dort eine tolle Aussicht. Ich möchte auch von da oben auf die Stadt sehen." – „Gut", antwortet Ben, „lass uns *nach oben gehen*."

Oben ist eine Ortsbestimmung auf die Frage 'wo?'. *Nach oben* steht auf die Frage 'wohin?' und man denkt dabei immer an eine Bewegung (*nach oben*).

oberhalb / unterhalb

Auf dem Foto seht ihr unser neues Haus. *Oberhalb* unseres Hauses, etwa 500 Meter entfernt und 50 Meter höher gelegen, befindet sich eine kleine Kirche. *Unterhalb* unseres Hauses, wo der kleine Fluss im Tal rauscht, ist der Bahnhof.

offen / Ofen

Wenn ein *Ofen offen* ist, kann man sich schnell verbrennen. Aber so dumm sind ja zum Glück die wenigsten, dass sie bei *offenen* Türen heizen, nicht wahr.

Immer daran denken: Die Vokale vor Doppelkonsonanten werden im Deutschen immer ganz, ganz kurz gesprochen.

oft / öfter

Oft wird es uns nicht gedankt, wenn wir freundlich sind. Darum laufen wir immer *öfter* mit gesenkten Köpfen an Menschen vorbei, die uns um Hilfe bitten.

Oft/ öfter/ am öftesten: Hier geht es um die Steigerung von *oft*, Synonym für vielmals.

öfter / öfters

Immer *öfter* hörte Jack diese unheimlichen Stimmen um Mitternacht. *Öfters* war dann auch ein gruseliges Stöhnen zu hören. Das ließ ihn dann nicht mehr schlafen.

Der Duden definiert *öfters* als landschaftlich bedingte Variante von *öfter*. Ein anderes großes deutsches Wörterbuch nimmt es da genauer. Dort ist *öfter* der Komparativ von oft, bedeutet mehrmals, ziemlich oft. Dagegen bedeutet *öfters* mehrmals im Sinn von manchmal, ab und zu. Fragen Sie ruhig *öfters* mal Ihre deutschen Bekannten, ob sie den Unterschied kennen. Sie werden über das Ergebnis staunen.

oi / äu / eu

Das sind Laute, die Sie manchmal oder öfter in der deutschen Sprache hören. Geschrieben allerdings sehen diese Laute unterschiedlich aus, nämlich so: Bäume, Träume, Räume; oder so: Leute, Meute, heute. Und wie sollen Sie dann also richtig schreiben? Vielleicht so: Denken Sie an die Singular-Form: Baum/ Bäume; Traum / Träume; Raum / Räume. Und der Singular von Leute? Meute? Einfach zu verstehen – oder etwa nicht?

online / am Computer sein

Ja, Sie dürfen sagen: Ich bin gerade *online*. Wenn Sie es auf Deutsch sagen wollen – anders als die meisten Deutschen – dann sagen Sie einfach: Ich *bin* jetzt *am* Computer.

Ordnung schaffen / in Ordnung bringen

Frau Krause *bringt* ihr Zimmer in der Seniorenresidenz *in Ordnung*, weil sie Besuch von Herrn Müller erwartet. Herr Müller beschwert sich über die Bettler in der Fußgängerzone: "Da soll doch die Polizei kommen und *Ordnung schaffen*! Bei Adolf wäre..." Aber er redet lieber nicht weiter. Er weiß, dass er beinahe großen Unsinn gesagt hätte. Womöglich hätte Frau Krause in auf der Stelle aus dem Zimmer geworfen.

Etwas in Ordnung bringen = einen Fehler korrigieren, aber auch die Wohnung aufräumen.
Ordnung schaffen = ebenfalls aufräumen, aber es gibt einen kleinen Unterschied: Die Ordnung soll dann möglichst für lange Zeit bestehen bleiben.

Orientierung / Orientation

Lisa reist ungern in fremde Städte. Sie verläuft sich dort immer und verliert jedes Mal die *Orientierung*. Sie hat einfach einen schlechten *Orientierung*ssinn.

Viele Verben auf *-ieren* bilden ein Nomen mit der Endung *-tion*, zum Beispiel: organisieren / die Organisa*tion*, fabrizieren / die Fabrika*tion*.

Diese für slawische Muttersprachler bequeme Regel stimmt leider nicht immer: orientieren / die *Orientierung*, platzieren / die Platz-ier*ung*, regulieren / die Regulier*ung*. Ein Wort wie Orientation gibt es im Deutschen nicht.

Passanten / Passagiere

Durch die Fußgängerzone laufen während der Geschäftszeit viele *Passanten*. Teils sehen sie sich die Schaufenster an, teils möchten sie kaufen oder einkaufen, zum Beispiel eine Kreuzfahrt auf einem Kreuzfahrtschiff. Das war für viele schon immer ein Traum: einmal *Passagier* auf so einem Luxusliner zu sein.

Passanten sind zu Fuß auf den Straßen unterwegs;
Passagiere findet man auf Luxuslinern auf allen Meeren der Welt, na, auf fast allen.

passt mir / passt zu mir

Leon ist zu einer Hochzeit eingeladen, also geht er zu Peek & Cloppenburg und probiert ein Sakko von Boss an, das ihm gut gefällt. Allerdings hat er das Gefühl, es *passt ihm* nicht richtig. Zum Glück hat er seine Schwester Lara zum Einkaufen mit-genommen. Er bittet sie: „Schau mal, ob es hinten richtig sitzt." Lara lacht laut, als sie ihn ansieht. „Es *passt* gut *zu dir*, ja."

Warum wohl Lara so gelacht hat? Wie dem auch sei, etwas *passt zu mir*, wenn es eine typische Charaktereigenschaft von mir zeigt und betont. Ein kahl geschorener Kopf *passt zu* Bruce, oder?
Ein Kleidungsstück *passt*, wenn es richtig sitzt, also die Größe stimmt. Und auch das passt: Das *passt mir*, wenn ich einem Termin zustimme.

passieren / geschehen

Interessant ist, dass Nicht-Muttersprachler, also Sie, diese Wörter so selten in Texten benutzen. Dabei fragen wir doch immer sofort, wenn wir jemanden treffen, der unglücklich aussieht: Was ist *passiert*? Oder: *Was ist geschehen*?

Passieren und *geschehen* haben die gleiche Bedeutung, ich kann sagen: Etwas Schönes ist *passiert* und etwas Schönes ist *geschehen*. Geschehen klingt aber ein bisschen feiner.

passieren / sich ereignen

Jeden Tag *ereignen sich* auf Deutschlands Straßen viel zu viele Unfälle. So etwas *passiert* nur, weil viele Autofahrer hierzulande viel zu schnell fahren und nur an sich denken.

Auch *passieren* und *sich ereignen* haben die gleiche Bedeutung, allerdings findet man Sätze mit dem reflexiven Verb *sich ereignen* mehr in offiziellen, amtlichen Texten, etwa in Polizeiberichten. In den Nachrichten hört man meistens: *sich ereignen*. Jeden Tag *passieren* auf Deutschlands Straßen viel zu viele Unfälle. Diese *ereignen* sich nur, weil viele Autofahrer hierzulande viel zu schnell fahren und nur an sich denken.

Pause machen / die Pause machen

„Alice, arbeite doch nicht so viel. *Mach* mal *Pause!*" Und wirklich, *die Pause*, die Alice jetzt *macht*, tut ihr sehr gut.

Wir *machen Pause* oder *machen eine Pause*. *Die Pause* gestern war uns zu kurz. Klar, diese Pause gestern.

planen / planieren

Eva und Adam *planten*, ihren Urlaub in der Türkei zu verbringen. Es war ihr Plan, „all inclusive" in einer feinen Hotelanlage direkt am Strand zu wohnen, am Strand zu liegen und mit kühlen Drinks (Getränken) neben der Liege dem Rauschen des Meeres zu lauschen. Aus dem Plan wurde aber nichts. Die Uferpromenade wurde nämlich *planiert* und danach gepflastert. Das Rauschen des Meeres hörten sie nicht, einzig die Motoren der Planier-raupen. Ach, wären sie doch lieber wieder nach Spanien gefahren, da werden in diesen Jahren viel weniger Planierraupen zu hören sein.

Planen = einen Plan haben;
planieren = etwas platt und eben machen.

Präteritum / Perfekt

Elvira, die ein paar Tage für sich alleine brauchte, schrieb ihrem Lebenspartner so nach Deutschland: „Gestern *habe* ich ein interessantes Paar am Strand *gesehen*. Sie *haben* sich gar nicht am wunderbaren Sonnenuntergang *gefreut*, sondern sie *haben* nur *gestritten*. Dieses Paar *hatte* sein Zimmer neben mir und ich *konnte* keine Nacht schlafen, weil die beiden jede Nacht laut *stritten*. Obendrein *wurde* ständig die Uferpromenade *planiert*." Auch an ihren Reiseveranstalter, bei dem sie die Reise gebucht hatte, schrieb Elvira einen bitterbösen Brief. „Sehr geehrte Damen und Herren", so schrieb sie, „ich fordere einen Preisnachlass für meinen Urlaub. Auch nachts *wurden* Planierarbeiten direkt vor dem Hotel *durchgeführt*, sodass ich keine Nacht schlafen *konnte*. Auch *stritten* meine Zimmernachbarn jede Nacht, da auch sie den Lärm nicht *ertrugen*."

Erzählt man von Erlebnissen, dann benutzt man meistens das *Perfekt*. Schreibt man aber einen (offiziellen) Brief, dann benutzt man das *Präteritum*. Und machen Sie eine B2- oder C1-Deutschprüfung, dann benutzen Sie bitte ebenso die *Präteritum*-Formen der Verben.

Professor / Lehrer

Ein *Lehrer* arbeitet in Deutschland an einer Schule. Das kann eine Grundschule, eine Haupt-, oder Realschule oder auch eine Gesamt- oder Berufsschule oder ein Gymnasium sein. Dagegen arbeitet der *Professor* in Deutschland immer an einer Universität, seine Arbeit besteht nicht nur aus Unterrichten, sondern auch aus Forschen. Allerdings sprechen die Schüler in Süddeutschland den *Lehrer* noch manchmal mit Herr *Professor* an. Und in Österreich sollen sie das sogar noch öfter machen.

1. Die Deutschen trinken ...... viel Bier, ... viel Kaffee.

a) zwar... aber   b) nicht nur... sondern auch
c) weder... oder

2. Wenn Frau Krause ihre Wohnung in Ordnung ...., hören das alle Nachbarn.

a) plant   b) bringt   c) planiert

3. Immer gibt es Leute, die sagen, dieser Mann .... nicht .... ihr.

a) passt   b) passiert   c) passt ... zu

4. Als Susan zum ersten Mal Rothenburg besuchte, hatte sie nach drei Stunden die .... verloren.

a) Lehrer   b) Orientierung   c) Professoren

5. Viele Jugendliche verbringen viel Zeit ...... Computer.

a) oft   b) am   c) online .

6. Als Susan zum ersten Mal Rothenburg besuchte, ... sich Folgendes:

a) passierte   b) geschah   c) ereignete

Schreiben Sie das im Präteritum.

Gestern hat sich in der Politik nichts ereignet. Es ist nichts in der Welt geschehen, worüber die Zeitungen hätten berichten können. Die Journalisten haben ungläubig den Kopf geschüttelt. Ja, gestern ist tatsächlich nichts in der Welt passiert.

....

....

....

....

....

Nichts davon ist in der Zukunft wahr.

kein - nein - nicht - nichts – keine

Es ist .... wahr, dass die Krankenkassenbeiträge wieder erhöht werden. Es ist nicht wahr, dass viele .... zum Essen haben werden. Es ist nicht wahr, dass die Leute .... Arbeit haben werden. Jeder, der .... sagen will, muss den Mund halten. ...... Mensch wird mehr viel darüber nachdenken.

Was gehört da hinein?

1) H ..... ser   2) L ..... te   3) B ......me
4) M ..... te   5) M .... se   6) Ger ...... sche

Kennen Sie das?

niesen - einnimmt - nehmen - öfters - oft - genießen - öfter

1) Sie denken an etwas Schönes und Sie .... die Vorstellung. Da Sie aber Schnupfen haben, müssen Sie ....
2) Sie erfahren, dass Ihr Lieblingskäse bei wichtigen Käsekritikern nur den achten Platz .... Sie .... daher lieber einen anderen Käse.
3) Sie hören im Radio immer ...., dass Mangel an Licht ...... krank macht. Sie nehmen sich vor, ... in die Sonne zu fahren.

Haben Sie alles über *oben* und *unten* verstanden?

Wenn man .... geht, muss man sich manchmal verbeugen. Wer .... geht, muss sich nicht verbeugen.

Raten Sie den richtigen Begriff.

1) Trifft man massenhaft in den Fußgängerzonen:

   ....

2) Den umarmen Sie gern im Winter:

   ....

3) Bekommt man bei Versicherungen und Ämtern:

   ....

4) Der arbeitet an der Universität:

   ....

5) Das sollte man für den nächsten Tag machen:

   ....

Rasisten / Rassisten

Es waren einmal ein paar engagierte Menschen, die wollten ein Zeichen gegen zu viel Beton in den Städten setzen. Sie gingen also daran, auf jeder noch freien Fläche auf Bürgersteigen und Plätzen Gras zu säen, damit daraus ein großer schöner Rasen werde. Deshalb wurden sie schon bald die 'Rasisten' genannt. Die Hundebesitzer liebten sie und auch die Hunde liebten die Rasisten. Was einige der Rasisten leider zu Rassisten werden ließ, die alle Hundebesitzer beschimpften und am liebsten aus dem Land gewiesen hätten. Sie bauten Zäune um die Rasenflächen und so konnten die armen Hündchen die wunderschönen Rasenflächen nicht mehr für ihre Notdurft benutzen.

Leider sind Rassisten nicht so harmlos wie die Mehrzahl der 'Rasisten' (die wir nur für dieses Buch erfunden haben): Rassisten hassen alle Menschen, die anders sind als sie, etwa weil sie eine andere Nase haben.

rasten / rosten

Wer rastet, der rostet! So heißt ein altes deutsches Sprichwort. So sehen es Menschen natürlich nicht, wenn sie während einer längeren Autofahrt auf einen Rastplatz fahren, um zu rasten (eine Pause machen, etwas essen und trinken). Ihre Autos rosten auch nicht vom Rasten, sondern weil Sauerstoff und Wasser das Metall der Autokarosserie angreifen und zerstören. Man sagt dann, das Metall rostet.

Rat / Raten

Wenn Hausbesitzer die Raten für das gekaufte oder gebaute Haus nicht mehr bezahlen können, ist guter Rat teuer. Die meisten Banken geben den Rat: "Verkaufen Sie schnell. Lassen Sie uns das mal machen." Dann sind Hausbesitzer sehr traurig, denn der

Verkaufspreis, den die Bank ihnen nennt, ist so entsetzlich niedrig.

Ein *Rat* ist ein Tipp, ein Hinweis. Den gibt es nur im Singular. Im Plural heißt es dann *Ratschläge*.

Die monatliche *Rate* für etwas, was auf *Raten* gekauft wurde, uns also noch nicht gehört, wird im Plural zu den monatlichen *Raten*.

raten / jemandem etwas verraten

„Herr Doktor, ich habe immer solche Kopfschmerzen, was *raten* Sie mir?" –„Ich verrate Ihnen einen tollen Trick gegen Ihre Kopfschmerzen: viel spazieren gehen, dann ab und zu bei einem Gläschen Rotwein entspannen."

Raten = einen Rat geben, etwas empfehlen; der Arzt rät zu einem Gläschen Rotwein.

Jemandem etwas verraten = jemandem etwas sagen, was man nicht jedem sagt. Der Arzt verrät den Trick mit dem Rotwein bestimmt nicht einem Patienten, der bei den Anonymen Alkoholikern ist.

raten / etwas oder jemanden verraten

Jetzt *raten* Sie bitte. Wenn ein Mann drei Äpfel 15 Sekunden lang in die Luft wirft und daraufhin 300 Meter auf einem Bein rückwärts hüpft, wie heißt dann seine Frau? Sie finden das ein blödes Rätsel? Ehrlich gesagt, ich finde das auch. Deshalb dieses Rätsel: Wer hat, nach Meinung vieler, die ägyptische Revolution *verraten*?

Raten = zuerst viel nachdenken, um die Antwort auf eine Frage zu finden. Und wenn es mit logischem Denken oder Wissen nicht klappt, dann einfach eine Antwort geben. Aus dem Bauch heraus.

Verraten = eine Idee aufgeben, die viele für gut hielten. Oder man denkt nur an seinen eigenen Vorteil und die anderen sind einem egal. Man kann Ideen und Ideale *verraten*, aber auch Freunde. Dann tut so ein Verrat besonders weh. Mahatma Gandhi hat nie seine Ideale *verraten*. Kennen Sie andere Menschen, die nie jemanden oder ihre Ideale *verraten* haben?

rauchen / Rauchen

Jana hat vor einem Jahr zu *rauchen* aufgehört. Heute sagt sie: „Man sollte das *Rauchen* verbieten!" Konsequenterweise dürfen Gäste in ihrer Wohnung auch nicht *rauchen*.

Rauchen = Nomen;
rauchen = Verb. Verben darf man großschreiben, wenn sie keine Verben mehr sind. Wie das funktioniert? Sie wissen es. Vor das Verb setzen Sie den Artikel *das* und schon haben Sie ein Nomen gebastelt. Wenn Sie ein Raucher sind und in Deutschland eine Schachtel Zigaretten kaufen, lesen Sie dort immer: *Rauchen* schadet der Gesundheit. Der Artikel ist hier weggefallen, da man vom *Rauchen* generell spricht. *Rauchen* schadet, *Lieben* lässt länger leben, *Küssen* stärkt das Immunsystem.

räumen / aufräumen

Der arme Kevin muss die Wohnung *räumen*, da er die Miete seit sechs Monaten nicht mehr bezahlt hat. Warum hat er die Miete nicht bezahlt? Er fand nach der Schule keinen Ausbildungsplatz, ist also arbeitslos. Aber er war immer zu stolz, zum Sozialamt zu gehen, obwohl die Eltern ihm ständig sagten: „Sei doch nicht so dumm!" Doch Kevin wollte keine Hilfe vom Staat. Jetzt *räumt* er die kleine möblierte Wohnung *auf*, denn morgen muss er dem Vermieter die Schlüssel übergeben. Er überlegt beim *Aufräumen*: „Was brauche ich noch, was brauche ich nicht mehr?"

Räumen = verlassen. Die Polizei ruft gerne, wenn sie Demonstranten auffordert, einen Sitzstreik zu beenden: „Bitte *räumen* Sie den Platz!"
Aufräumen = sauber machen. Aber nicht mit Putzlappen, sondern man nimmt Gegenstände in die Hand, schaut sie an und legt sie an einen bestimmten Ort oder entsorgt sie, das heißt, man schmeißt sie weg.

Reklame machen / reklamieren

Im Fernsehen wird täglich viel *Reklame gemacht*, zum Beispiel für Waschmittel, Shampoos oder leckere Lasagne als Fertiggericht. Das bringt aber auch Probleme. Was war in meiner

Lasagne? Pferdefleisch, so berichtet das Fernsehen. Ai, ich mag Pferde, sie sind wie Menschen für mich. Ich war Kannibale, igitigitt, was mache ich mit meinem Ekel nun? Und die Lasagne gibt es nicht mehr, ich habe sie ja aufgegessen. Wo und wie *reklamiere* ich und verlange Schadenersatz?

Reklamieren = sich über ein fehlerhaftes Produkt im Geschäft oder beim Hersteller beschweren.
Reklame machen = Werbung machen, ein Produkt anpreisen.

richtig / professionell

Mercedes hat den *richtigen* Beruf gefunden: Sie ist Mode-designerin geworden. Und bei der Vermarktung ihrer Ideen geht sie wirklich *professionell* vor. Ihr Mann ist froh, denn das ist doch ein richtiger Beruf, mit einer soliden Ausbildung.

Professionell = wie ein Profi, wie jemand mit langer Berufs-erfahrung; Fußballprofis sollten auch *professionell* spielen.
Ein *richtiger* Beruf = dafür muss man eine Ausbildung machen, aber nicht zwei Monate, sondern zwei oder drei Jahre mit einer Prüfung am Ende der Ausbildungszeit.
Der *richtige* Beruf = es gibt keinen besseren, idealeren für mich.

Rückkehr / Rückschritt

Die *Rückkehr* zum Alten, zu traditionellen Dingen etwa, muss nicht immer ein *Rückschritt* sein. Zum Beispiel die Rückkehr zu Baumwollwindeln statt Pampers. Die kann man waschen und wieder benutzen. Und viele Babys genießen ihre frischen Baumwollwindeln – zumindest bis sie nass geworden sind. Und sie bekommen viel weniger Allergien, so sind sich viele Mütter sicher. Deshalb waschen sie wieder gerne Baumwindeln. Allerdings nicht mit den Händen, dafür haben sie eine Wasch-maschine.

Bei einer *Rückkehr* können sowohl positive als auch negative Erfahrungen gemacht werden. Erinnern Sie sich an Odysseus? Ein *Rückschritt* ist aber immer etwas Negatives. Handys können nerven, aber kaum jemand wird wohl darauf verzichten wollen.

S im Genitiv / kein S im Genitiv

Wissen Sie, wer Brad Pitts Cousin neunten Grades ist? Und wer Angelinas Freunde neunten Grades auf Facebook sind? Muss man das wissen? Liegt des *Menschen* Glück im Wissen um diese Dinge?

Bevor Sie unglücklich werden, weil Sie das noch nicht wissen: Brad Pitts Cousin neunten Grades ist Barack Obama. Wer Angelinas Freunde neunten Grades auf Facebook sind, wissen wir nicht. Vielleicht können Sie uns helfen und posten das auf unserer Seite *Versprechen Sie Deutsch –2013 auf Facebook.*

Logisch, hier geht es um den Genitiv, der braucht ein *-S* oder *-Es*. Allerdings - haben Sie schon einmal etwas von der N-Deklination gehört? Das sind immer männliche Nomen wie der Mensch, der Löwe, der Beamte. Generell haben die kein *S* im Genitiv. Und doch - gibt es manche Nomen dieser Deklination, die haben ein *S* im Genitiv. Zum Beispiel: Was ist die Sprache *des Herzens*? Ob es dafür eine Regel gibt? Nein, leider nicht. Auch ein Problem für uns Muttersprachler. Wir benutzen dann einfach die Präposition *von* und dann ist das Problem mit diesem *S* gelöst. Wer allerdings gutes Deutsch schreiben möchte, der benutzt *von mit Dativ* nicht, sondern schaut einfach im Duden nach. Und das gilt auch für Sie, wenn Sie gutes Deutsch lieben oder brauchen - zum Beispiel in der C1-Prüfung. Unser Tipp: Schauen Sie sich online immer wieder alles über die *N-Deklination* an.

sagen / aussagen

„*Sag* mal, was ist denn mit Herrn Schneider passiert?" - „Herr Schneider sitzt im Gefängnis. Jemand hat *ausgesagt*, er habe mit Fleisch und Eiern gehandelt und dabei nicht *gesagt*, was für Fleisch und Eier er da international verkauft hat. Statt Rindfleisch hat er Pferdefleisch verkauft und statt Eier von frei laufenden Hühnern hat er die aus Legebatterien verkauft. Ja, er hat beim Verhör *ausgesagt*, dass es so war."

Aussagen = etwas bei der Polizei zu Protokoll geben;
sagen = erzählen, berichten.

sammeln / pflücken

Als Rotkäppchen genügend Pilze *gesammelt* hatte, schaute sie zufrieden in ihren vollen Korb. „Jetzt wird es aber Zeit, dass ich für Großmutter auch ein paar leckere Walderdbeeren *pflücke*", dachte sie. In diesem Moment hörte sie eine Stimme hinter sich.

Wie die Geschichte weitergeht, ist bekannt, nicht aber, was man alles *sammeln* und *pflücken* kann. Hier ein paar Beispiele.

Es werden *gesammelt*: Briefmarken, Telefonkarten, Locken des oder der Liebsten (Erinnern Sie sich, das ist die N-Deklination.) und natürlich auch Pilze.

Gepflückt werden: Beeren, Pfläumchen, Bananen, Blumen, kurzum alles, was man von Bäumen oder Sträuchern abnimmt.

schaffen / erschaffen

Die Bibel sagt, Gott habe die Welt in sieben Tagen *erschaffen*. Und wenn Sie sieben Tage lang jeden Tag eine Stunde Deutsch lernen, dann *schaffen* auch Sie die Prüfung ganz bestimmt.

Wer aus nichts etwas macht, der *erschafft*. Das kann nicht jeder. Man sagt, Gott habe die Welt *erschaffen*, mancher Maler möchte eine neue Sicht auf die Welt *erschaffen*. Hat Picasso das *geschafft* und eine neue Sichtweise auf die Welt *erschaffen*?

Wer fleißig übt, der *schafft* viel, wird es *schaffen*, das heißt, es wird ihm gelingen. Siehe auch: geschafft / geschaffen.

Schlagzeile / Titel

Die zwei Ex-Minister hatten einen Doktortitel. Welche Titel ihre Doktorarbeiten hatten, können Sie googeln. Die beiden haben jetzt keinen Doktortitel mehr, denn (böse und neidische, oh ja,) Menschen hatten einer Zeitung all die Textpassagen geschickt, die die beiden Ex-Minister von anderen abgeschrieben hatten. So landete ihr Betrugsversuch in den *Schlagzeilen* der Presse.

Schlagzeilen finden sich also in Zeitungen. *Titel* finden sich auf Büchern (Buchtitel) oder vor Personennamen (Dr.).

schlechte Gespräche / gute Gespräche

Wenn ein Gast *schlechte Gespräche* führt, sollte man schleunigst das Thema wechseln. Dann kann vielleicht doch noch ein *gutes Gespräch* zustande kommen.

Hier heißt *schlecht*: Man fühlt sich einfach nicht gut bei solch einem Gespräch. Es ist zu problematisch. Ein *gutes Gespräch* heißt dagegen, es ist ein sehr interessantes Gespräch. Da diskutiert man gern stundenlang, denn etwas davon wird in Erinnerung bleiben.

schlecht sein / mir ist schlecht

Oi, wenn Sie jemandem sagen, *„Ich bin schlecht"*, wird er Sie betroffen anschauen und fragen: „Warum?" Besonders dann, wenn das Ihr deutscher Partner ist. Dabei wollten Sie doch einfach nur sagen: *„Mir ist schlecht."*

Ich bin schlecht heißt, Sie haben etwas Schlimmes getan, so wie Rihanna das in ihrem Lied *Unfaithful* besingt. Dabei *ist Ihnen* doch *schlecht*, weil Sie zu viel Schokolade gegessen haben. Und das wollten Sie sagen. Siehe auch warm sein / mir ist warm.

schließlich / endlich

Schließlich ist zu sagen: Der Worte sind genug gewechselt, lasst mich nun *endlich* Taten sehen. Da wird unser Goethe zitiert. Wer da zitiert? Und aus welchem Drama von Meister Goethe stammt das Zitat? Natürlich aus Faust. Das Stück müssen Sie sich unbedingt einmal ansehen, wenn Sie Theater und Kultur mögen.

Schließlich benutzt man, um den Zuhörenden zu sagen, dass man nun zum Ende der Rede oder eines Gedankens kommt. Wenn man auf etwas wartet, dann wünscht man sich, dass es *endlich* passiert.

Schlüssel / Schüssel

Anleitung zum Glücklich sein: Lassen Sie nie einen *Schlüssel* in eine neue *Schüssel* fallen. Der *Schlüssel* könnte die *Schüssel* zerkratzen.

Hier führt der ähnliche Klang der Wörter zu manchen Missverständnissen. Aber der Bedeutungsunterschied ist doch recht groß. Das Wort *Schlüssel* kennen sie und in einer *Schüssel* machen Sie einen Salat an, fügen also Gewürze und Essig und Öl hinzu. Sie können aber auch eine *Schüssel* auf das Dach montieren, wenn Sie Satelliten-Fernsehen genießen wollen.

schmecken / gefallen

„Nein, die Suppe *schmeckt* mir nicht." So schrie der Suppenkasper. Wahrscheinlich *gefiel* ihm das Grün der Suppe nicht, das sah so giftig aus. Die Moral von der Geschichte: Der Suppenkasper war am fünften Tage tot.

Kennen Sie die Geschichte vom Suppenkasper? Nein? Dann sollten Sie sie unbedingt einmal lesen, die kennt nämlich jedes Kind hier. Und Kindern *schmeckt*, was sie in den Mund stecken können und mit der Zunge fühlen. Und was *schmeckt* Ihnen?
Und *gefallen* Ihnen schöne romantische Sonnenuntergänge mit all den Farben, die Sie dann am Himmel sehen?

schon nicht / nicht mehr

Es wird *schon nicht* schiefgehen, dachte Wiran, als sie den Prüfungsraum betrat. Ich habe so viel gelernt, also werde ich es schaffen und bestehen. Und ich werde auch *nicht mehr* so schlecht schlafen, weil ich keine Angst mehr vor der Prüfung haben muss.

Das Wort *schon* betont die verneinte Aussage einfach nur stärker, es könnte ersetzt werden durch: *bestimmt, garantiert*. Erinnern Sie sich daran, was Modalpartikeln sind?
Nicht mehr bedeutet: *nicht länger*.

schwach / schwächer

Alles dreht sich um das *A*, das zu *Ä* wird, wenn man vergleicht. Auch wenn *ä*ltere Brüder *schwach* sind, sind Sie nicht immer *schwächer*. Vorsicht folglich, wenn Sie ihnen widersprechen!

Wenn das A in *schwach schwächer* wird und zum Ä mutiert, nennt man das: Ableitung. Wer unsicher ist, ob dann ein *A* oder *Ä* zu benutzen ist, der überlegt: Wie heißt das Adjektiv oder das Substantiv im Singular. So kommt er zum richtigen Ton: *ä*lter aus *a*lt, schwächer aus schwach, Häuser aus Haus. Aber natürlich gibt es auch hier Ausnahmen: der *A*rm wird zu die *A*rme!

1. Als Fritz die ... für sein Auto nicht mehr zahlen konnte, fuhr er es wütend gegen einen Baum.

   a) Rat   b) Passagiere   c) Raten

2. Ich habe sehr lange auf dich gewartet! .... bist du da.

   a) Schließlich   b) Endlich   c) Letztlich

3. Katia .... Pilze im Wald für ein Wildgericht.

   a) pflückt   b) hebt auf   c) sammelt

4. Das ganze Haus ist grün gestrichen. Das .... mir gar nicht.

   a) schmeckt   b) interessiert   c) gefällt

5. Als Kurt eine Pause machte, sah er, dass sein Auto ....

   a) rostete   b) passte   c) rastete

6. Fred ist............. Bruder.

   a) Heras   b) von Hera   c) von der Hera

7. Für Autos und Deodorants wird im deutschen Fernsehen sehr viel ....

   a) reklamiert   b) gereklamiert   c) Reklame gemacht.

8. Schon bald haben Sie alle Übungen des Buchs ....

   a) geschafft   b) geschaffen   c) erschafft

Warum nicht mal den Genitiv?

1) die Frau von David ....

2) das Auto von Lionel..

3) das Kleid von Lady Gaga ....

4) das Glück von den Menschen ....

5) der Rückschritt von der Zivilisation ....

Das rechte Wort an den rechten Ort

*aufräumen - Schlagzeile - schmeckten - sagen -Schüssel - endlich -
Professionelle - schließlich - rät – Reklame - geschaffen -reklamieren*

"Rassisten .... endlich im Suppenschüssel-Prozess *aus*", lautet die
.... der heutigen Abendzeitung. Die Angeklagten sollen
eine Schüssel .... haben, die nur japanische Hühnersuppe
mag. Laut ihrer Aussage .... ihnen alle anderen Suppen nicht,
deshalb kamen sie auf die Idee, eine .... zu erfinden, die nur
Hühnersuppe in sich gießen lässt und alle anderen Suppen mit großem
Druck einfach wieder ausspuckt. So mussten Köche und Köchinnen ihre
Küchen ständig .... Suppenschüsselhersteller
versuchten ...., dem Geheimnis der Schüssel auf die Spur zu
kommen - bisher allerding vergeblich. Heute .... sagten die
Suppen-rassisten aus. Die Polizei .... allen Betroffenen, die eine solche
Schüssel gekauft haben, die Schüssel bei Herrn Wundersam, der ja
.... für sein Wunderwerk macht, zu ....

Wer suchet, der findet.

sist - nell - tig - men - rich - fes - pro - räu - sio – Rat – Ras

1) Wer in seinem Beruf ein Experte ist, arbeitet ....

2) Wer nichts falsch macht, macht alles ....

3) Wer eine neue Wohnung hat, muss seine alte ....

4) Wer Probleme hat, braucht einen ....

5) Wer alles Fremde bekämpft, ist ein ....

Raten Sie doch mit Ministern mit!

1) Minister bitten oft ihre Berater, ihnen *einen Rat/ Raten* zu geben.

2) „Wurden Sie mir zum Rücktritt *raten / mich verraten*?" So fragen sie.

3) Minister *raten / verraten* selten, wer an ihrem Stuhl sägt.

4) Wenn sie das wüssten, würden sie den Verräter schnell an die Presse
raten / verraten.

schwer sein / schwerfallen

Beim Zahnarzt sagt die Mutter zu ihrem Kind: „Sag schön Aah, das *ist* überhaupt nicht *schwer*! Und dann kann der Doktor endlich seinen Finger aus deinem Mund nehmen." – „Ja, mach das", sagt der Doktor und lächelt gequält. Denn das *fällt* ihm gerade ein wenig *schwer*.

Etwas *fällt schwer*, wenn man etwas machen muss, zum Beispiel die Hausaufgaben oder Aufstehen am frühen Morgen. Ein Kilo Gold *ist* recht *schwer*. Aber wer es besitzt, dem *ist* das Herz meist nicht sehr *schwer*.

schwer / schwierig

Es ist nicht *schwer*, 30 Eier zu tragen. Aber es ist *schwierig*, diese unbeschädigt nach Hause zu bringen. Und für Eltern ist dies wichtig zu wissen: Ein *schweres* Kind muss nicht immer ein *schwieriges* Kind sein. Es mag zwar dick sein, aber es kann auch so wunderbar lachen und immer tun, was die Eltern wünschen. Ist das jetzt *schwer* zu verstehen?

Schwer = das Gewicht, 100 kg; aber auch: Es ist schwer, etwas zu verstehen, z.B. Plattdeutsch.
Schwierig = *schwer* zu bewältigen. *Schwierig* wird also mehr benutzt, um zu sagen, wie man etwas macht oder wie jemand oder etwas ist. Eine *schwierige* Hausaufgabe kann auf ganz leichtes Papier gedruckt sein. Ein *schwieriger* Mensch ist jemand, mit dem man schnell Probleme bekommen kann.

schwer / stark

Im Gefängnis sitzen *schwere* Jungs. Ihre *schweren* Autos, also ihre *starken* Autos, sorgen zurzeit nicht für *starken* Verkehr in Frankfurt. Sie sind ja in der Tiefgarage des Gefängnisses geparkt.

Ein *schweres* Auto ist immer auch *stark*, denn es hat einen *starken* Motor und ist folglich auch sehr schnell.

Dagegen ist der Verkehr niemals ~~schwer~~, sondern immer *stark*, wenn viele Autofahrer auf den Straßen unterwegs sind.

schwierig machen / schwer machen

Es gibt viele Menschen, die sich das Leben selbst *schwer machen*. *Machen* Sie es sich also nicht so *schwer* und merken Sie sich dazu einfach nur das, was Sie unter *schwer/schwierig* finden.

sehen / ansehen

Franziska betritt das Café Alex und *sieht* sofort ihre Bekanntschaft aus dem Chat. Mhmm, denkt sie irritiert, wenn ich ihn mir so *ansehe*, sieht er ja schon ein wenig älter als auf den Bildern aus.

Sehen = etwas bzw. jemanden wahrnehmen, mit den eigenen Augen sehen;

ansehen = etwas genau betrachten, um mehr zu sehen.

sehen / aussehen

Franziska macht einen Schaufensterbummel, sie will schön *aussehen*, wenn sie ihre nächste Chat-Bekanntschaft zum ersten Mal trifft. Vor einer Boutique bleibt sie stehen. Sie *sieht* ein tolles Kleid dort, das will sie sich genauer ansehen.

Aussehen = optisch auf andere wirken. Mechi *sieht* in einer bayerischen Trachtenjacke gut *aus*, Susanna dagegen *sieht* darin entsetzlich *aus*. Das kann jeder *sehen*, der die beiden einmal in einer Trachtenjacke *sieht*.

sehen / betrachten

JinA besucht den Louvre in Paris. Sie möchte die alten Gemälde *sehen*, die dort hängen. Vor der Mona Lisa bleibt sie stehen. Als sie deren Gesichtsausdruck länger *betrachtet*, hat sie das Gefühl, La Gioconda blinzele ihr zu.

Sehen = etwas mit dem Auge wahrnehmen;

betrachten = einen Teil von etwas genauer ansehen, vielleicht um etwas herauszufinden. Siehe auch: betrachten / beobachten.

sehnlich / sehnsüchtig

Eine Anekdote. Der Komponist Richard Wagner lebte in Bayreuth. Er verehrte den Reichskanzler Bismarck leidenschaftlich. Der lebte in Berlin und hielt nicht viel von Wagners Kunst. Als die beiden sich einmal in Berlin trafen, sagte Wagner, der *sehnsüchtig* auf eine Stelle in Berlin wartete: „Mein *sehnlichster* Wunsch wäre, ein paar Jahre in der Nähe Eurer Durchlaucht wirken zu können." – „Schade", meinte Bismarck daraufhin, „ich habe leider wenig Aussicht, nach Bayreuth versetzt zu werden."

Sehnlich bedeutet das Gleiche wie *sehnsüchtig*, wird aber nicht mehr so oft benutzt. Heute sagt man: mein größter Wunsch.
Und man wartet *sehnsüchtig* auf einen großen Lottogewinn. Oder auf einen Menschen, mit dem man sein Leben teilen möchte.

sehr / viel

Ein *sehr* gern gesehener Gast in deutschen Wohnzimmern ist Günther Jauch. Eine seiner *viel* gesehenen Sendungen heißt: Wer wird Millionär.

Man kann statt *viel* gesehen auch sagen: oft gesehen. Es geht hier um die *Quantität*, die Menge.
Bei *sehr* hingegen spricht man über die *Qualität* von Personen, Dingen oder Vorgängen. So ist ein *sehr* verletzter Mensch jemand, der ganz tief verletzt wurde.

seit / lang

Wie *lang*(e) lernen Sie schon Deutsch? *Seit* sechs Monaten? Seit zwei Jahren?

Seit beschreibt eine Zeitdauer, die bis jetzt reicht und früher zu einem bestimmten Zeitpunkt angefangen hat.
Lang nennt einfach eine Zeitdauer. Vier Wochen *lang* bitte täglich wiederholen!

seit / als

Zwei Eskimos unterhalten sich. Sagt der eine: „*Seit* drei Jahren schlafen wir mit offenen Augen, weil sie sonst zufrieren." – „Das ist doch gar nichts!", sagt der andere. „*Als* es bei uns das letzte

Mal kalt war, kamen die Worte als Eisstücke aus dem Mund und wir mussten sie erst auftauen, um zu hören, was der andere gesagt hat."

Seit ist eine Präposition und wird von einem Nominalausdruck im Dativ gefolgt. Das klingt doch fein, nicht wahr.

Als ist eine Konjunktion, die einen Nebensatz einleitet. Oder: Als ich ein Kind war, redete ich nicht so. Siehe auch: seit / seitdem.

seit / seitdem

Seit einer Stunde versuche ich, Herrn Fleißig anzurufen, aber nie ist er da. Ich kenne Herrn Fleißig *seit* meiner Kindheit. *Seitdem* ich in der Hauptstraße wohne, ist Herr Fleißig mein Hausnachbar.

Und wieder dies: *Seit* ist eine Präposition, und ihr folgt ein Nominalausdruck im Dativ (*seit* einem Jahr).

Seitdem ist eine Konjunktion, die einen Nebensatz einleitet.

Seite 46 / sechsundvierzigste Seite

Auf *Seite 46* findet sich folgender Hinweis: Erfolg steigt nur zu Kopf, wenn dort genügend Hohlraum vorhanden ist (nach Manfred Hinrich). Warum musste man bis zur *sechsundvierzigsten Seite* lesen, um diese doch allen bekannte Wahrheit zu erfahren?

Auf *Seite X* - so wird eine Seitenangabe exakt gemacht. Doch auch das ist möglich: Erst auf der *sechsundvierzigsten Seite* spricht der Autor zum ersten Mal über den Sinn seines Buches. Hier betont der Schreiber dann, dass es lange gedauert hat, bis man diese Weisheit erfuhr. Allerdings macht man das sehr selten - so lange wartet heute keiner mehr und zählt die Seiten beim Lesen mit. Da legt er doch lieber das Buch gelangweilt aus der Hand.

selten geschätzt / wenig geschätzt

Laut einer Umfrage wird in Deutschland Unpünktlichkeit sehr *wenig geschätzt*, an zweiter Stelle folgt Unzuverlässigkeit. Sehr *selten geschätzt* wird hingegen das Alter einer Frau. Das gilt hierzulande noch immer als unfein. Bei Ihnen auch?

Selten schätzen bedeutet: selten (z.B. das Alter) raten. *Wenig schätzen* heißt: etwas nicht gut finden.

sich setzen / sitzen

Sitzen zwei Elektronen auf einer Bank, kommt ein drittes daher geschlendert, und fragt: „Darf ich mich zu euch *setzen*?" Darauf die beiden anderen total entrüstet: „Du hältst uns wohl für Bosonen!"

Kennen Sie den Unterschied zwischen Bosonen und Elektronen? Viel einfacher ist auf jeden Fall der Unterschied zwischen *Setzen* und *Sitzen* zu verstehen. *Setzen* ist der Vorgang, der vor dem *Sitzen* kommt.

sich vorstellen / sich vorstellen

Sandra *stellt* sich im Personalbüro *vor.* „Ich heiße Sandra, komme aus Kolumbien und ich *stelle mir vor,* dass ich irgendwann in der Zukunft einmal nicht mehr arbeiten muss und viel reisen kann." Können Sie *sich vorstellen,* dass Sandras Vorstellungsgespräch erfolgreich war?

Vorstellen + mir: sich in Gedanken ein Bild von etwas machen.
Vorstellen + mich: anderen Personen sagen, wer man ist.

Sie / ihr

„Meine Damen und Herren, willkommen in Goethes Geburtshaus, willkommen in unserem Goethe-Museum hier in Frankfurt. Ich hoffe, *Sie* werden einen interessanten Aufenthalt haben." So begrüßt der Museumsleiter die angemeldete Besuchergruppe aus Japan. Dann ruft er: „Meiko, Shoko, eure Gruppe ist da. Seid *ihr* bereit?"

Das wissen Sie natürlich und doch schreiben Sie es immer wieder falsch. Also wieder: Fremde Personen werden mit *Sie* angeredet (Singular wie Plural). Und das schreibt man immer groß!

Zwei oder mehr persönlich bekannte Personen werden hingegen meist mit *ihr* angesprochen (im Singular: du). Manchmal hört man Leute, die "ihrzen". Die wollen nicht die Distanz des *Sie,* getrauen sich aber nicht Du zu sagen. So klingt das dann: Habt *ihr* denn etwas zu trinken? Dabei ist es egal, ob diese Leute das eine oder zwei Personen fragen.

sie / Männer

Die *Männer* sind alle Verbrecher, aber lieb sind *sie* doch. So sang einst Hildegard Knef, heute hören Sie aber öfter einen Hit der Ärzte im Radio. Die singen: *Männer* sind Schweine. Traue *ihnen* nicht, mein Kind. *Sie* wollen alle das Eine, weil *Männer* nun mal so sind.

Männer können schon sehr lieb sein, nicht wahr? Aber nicht, weil *sie* etwa weiblich geworden sind! Das sollen *sie* doch wirklich nicht sein. Spricht man von ihnen und will nicht das Wort Männer wiederholen, muss man das Personalpronomen s*ie* - wie für alle Personen und Sachen - benutzen.

Sie / sie

Welches ist für *Sie* die beste Filmszene aller Zeiten? Etwa die Szene mit Rose und Jack in Titanic, als *sie* am Bug des Luxusliners an der Reling stehen und Jack *sie* festhält und *sie* die Arme ausbreitet?

Sie mit großem S = Anrede;
s*ie* mit kleinem S = Personalpronomen der 3. Person Singular weibliches Geschlecht (Femininum) und 3. Person Plural. Ja, *Sie* kommen damit immer wieder ein bisschen durcheinander.

sind / es gibt

In China *gibt es* viele große Städte. Sie *sind* zumeist auch sehr schön. Fahren Sie selbst doch einmal dorthin! Zum Beispiel nach Harbin. 4,5 Millionen Einwohner und im Winter *gibt es* dort Paläste und Figuren, gebaut aus Eis. Googeln Sie einmal!

Es gibt = was dort zu finden ist. In diesem Buch *gibt es* Erklärungen, Geschichten und Tests.
Sie sind = wie etwas ist. Die Paläste *sind* aus Eis.

sitzen / liegen / stehen

Bildbeschreibung: Im Hintergrund *steht* ein Fenster, im Vordergrund *sitzt* ein Koffer, rechts *liegt* ein Schrank. Zeichnen Sie das jetzt bitte selbst.

Welch Chaos! Also bitte aufräumen. Nach dem Aufräumen sollte vor dem großen Fenster ein Tisch *stehen*. im Hintergrund *steht* ein Sofa, auf dem zwei Kissen *liege*. Und darauf kann man *sitzen*. Wo *steht* der Koffer? Schauen Sie mal bei den Bildern von Matisse nach!

solches / ein solches

Hausordnung, die gerne in Treppenhäusern hängt. Lautes Sprechen im Hausflur, das Abstellen von Rädern, Musizieren von 13 Uhr bis 15 Uhr, *solches* ist zu unterlassen. Wer *ein solches* Schild im Hausflur findet, sollte sich überlegen, ob er dort wirklich einziehen will.

Solches = fasst all das zuvor Gesagte zusammen, verweist auf die gegebenen Informationen zurück.
Solcher/ solche / solches mit unbestimmtem Artikel und einem Namen wird konkreter: *ein solches* Schild. Oder *eine solche* Hausordnung oder *ein solcher* Text. Auch: solch ein Text.

sorgen für / sich sorgen um

Catherine von Pro7 *sorgt sich* immer *um* ihre Gäste. Haben sie genügend zu essen und zu trinken. Fühlen sie sich wohl auf ihrer Party? Deshalb *sorgt* sie *für* ihre Gäste wie keine andere. Auf ihren Partys gibt es immer Lachs und Hummer, Kaviar und Champagner.

Sich sorgen um = sich Gedanken um eine Person machen. Geht es ihr gut? Fühlt sie sich wohl? Oder gibt es Probleme in ihrem Leben oder auf der Party?
sorgen für = Catherine *sorgt für* Essen und Getränke für ihre Gäste.

sorgen für/ sich Sorgen machen um

Noch einmal zurück zu Catherine. Wir wissen nicht, ob sie *für* Kinder in der Dritten Welt *sorgt*. Aber auf jeden Fall *macht* sie *sich* auf der Party *Sorgen um* Carlos, der nicht gekommen ist. Der ist nämlich sehr zuverlässig und sagt normalerweise immer

Bescheid, ob er kommt oder nicht.

Sorgen für = man unterstützt jemanden mit Geld und allem, was er braucht. Zum Beispiel schicken manche regelmäßig Geld an eine Institution, die damit Kindern hilft, die Schule zu besuchen, um so einen besseren Start in die Welt zu haben.

Sich Sorgen machen um = man bekommt Angst um einen Menschen, um etwas, weil irgendwie etwas komisch ist. Carlos hat sich nicht gemeldet, obwohl er sich normalerweise dreimal am Tag mit einer SMS meldet.

Sowohl ... als auch / nicht nur ..., sondern auch

Sowohl Alexandra *als auch* Igor kommen aus Russland. Beide kommen aus Russland. Ja, *nicht nur* Alexandra, *sondern auch* Igor kommt aus Russland.

Mit nicht nur ..., *sondern auch* wollen wir besonders betonen, dass auch Igor aus Russland kommt. Und das Gleiche sagen Sie mit: *Sowohl... als auch...* . Feine Doppelkonnektoren, die zeigen, Sie beherrschen ein gutes Deutsch. Und wenn Sie Grammatikregeln ohne die berühmte Ausnahme von der Regel lieben, dann gefällt Ihnen diese garantiert: Vor *sondern* steht immer ein Komma.

Spaß an der Arbeit haben/ Spaß bei der Arbeit haben

Fidel ist Gärtner. Obwohl er schon sehr alt ist, liebt er es noch immer, auf seiner Insel Gärten und Parks mit vielen bunten Blumen zu bepflanzen und er erfreut sich an den Farben und am Duft der Blumen. Er *hat* großen *Spaß an seiner Arbeit*. Manchmal machen seine Kollegen und er ein paar Witze, besonders über vorbeilaufende Passanten. Dann *haben* sie viel *Spaß bei der Arbeit*.

Man *hat Spaß an einer Sache*, wenn man sie gern macht. *Spaß bei einer Sache* kann man auch haben, z.B. *bei der Arbeit*, weil da jemand ständig Witze macht. Dann lacht man darüber. Oder man lacht über Leute. Das heißt aber nicht, dass man dann nicht arbeitet. Das kann man trotzdem.

1. Im Hintergrund des Bildes .... ein Koffer.

   a) sitzt   b) liegt   c) steht   d) stellt

2. .... 1990 ist Deutschland wiedervereinigt.

   a) Seit dem   b) Als   c) Seit   d) Seitdem

3. Jeder .... seiner Arbeit, wenn er seinen Traumjob hat.

   a) hat Spaß an   b) macht Spaß
   c) macht Spaß mit   d) hat Spaß bei

4. Lena hat Boris .... gern.

   a) viel   b) mehr   c) sehr   d) sehnlich

5. Deutsch soll eine .... Sprache sein.

   a) schwer   b) schwere   c) schwierig   d) schwierige

6. Niemand ...... sich gern zwischen zwei Stühle.

   a) sitzt   b) setzt   c) steht   d) steht ich

7. Bob ist ein .... Raucher.

   a) schwerer   b) großer   c) heftiger   d) starker

Welche Städte sind das?

1) *ansehen - schwer - vorstellen-:* Es fällt ...., diese Stadt nicht zu mögen, denn sie hat einen großen Hafen und viele Sehenswürdigkeiten, die man sich .... kann - nicht nur die Reeperbahn, wie viele sich ....

Das ist: ....

2) *Als - Es gibt - sitzen*: Dort .... die Abgeordneten unter einem Dach aus Glas. .... auch einen großen Fluss. .... Deutschland 1990 wiedervereinigt wurde, gab es dort viel Unruhe.

Das ist: ....

3) *- sowohl - spazieren - als auch*: In dieser Stadt .... viele Filmschauspieler auf den Straßen. Viele zieht es darum in diese Stadt im Freistaat. Es gibt dort .... Bayern-Fans .... Löwen-Fans zu sehen. Das ist: ....

Etwas Weltgeschichte mit seit oder seitdem

1) .... dem Aufkommen des Internets finden Menschen schneller zusammen.
2).................. Menschen schneller zusammenfinden, gibt es mehr Lust auf Demokratie.
3) .... dem Aufkommen einer größeren Lust auf Demokratie fällt es Diktatoren schwerer, an der Macht zu bleiben.
4) .... es Diktatoren schwerer fällt, an der Macht zu bleiben, bleiben sie lieber in ihren Palästen und sehen sich alte Familienbilder an.
5) .... dem Betrachten alter Familienbilder überlegen sich Diktatoren, ob sie nicht ihr Land verlassen sollten.
6) .... sich Diktatoren überlegen, ihr Land zu verlassen, hat sich schon einiges auf der Welt verändert.

Entscheiden Sie richtig.

1) *Als / wenn* die Bilder laufen lernten, gab es noch keinen Ton dazu.
2) Liebe Eltern, es geht mir gut. Ich hoffe, *ihr/ Sie* kommt mich bald besuchen.
3) Das Buch *steht/ liegt* neben dem Bett.
4) Es gibt viele Männer auf dem Fußballfeld; *sie / Sie* kommen aus verschiedenen Ländern.

Wenig - selten - viel

.... geschätzt werden von Vielessern die Kalorien. .... geschätzt werden von Vielessern Menschen, die sagen, wer .... isst, sollte unbedingt auch joggen.

So viele Sorgen - Schreiben Sie die Sätze neu.

Sorgen für oder sich sorgen um / sich Sorgen machen um

1)Manche Politiker kümmern sich sehr viel um ihre Verwandten.

....

2) Diese Verwandten haben dann keine Angst mehr vor morgen.

....

3) Sie können ihren Kindern alles geben, was sie brauchen.

....

Spaß machen / Spaß machen mit

In einer beliebten Fernsehshow haben die Zuschauer am Bildschirm viel Spaß daran, wie *mit* ahnungslosen Kandidaten ein *Spaß gemacht* wird. Einmal fuhren solche unfreiwilligen Kandidaten im Aufzug, der plötzlich stehenblieb. Und dann tauchte – wie aus dem Nichts – ein Mädchen auf, das wie ein Geist aussah. Ai, das *machte* den Zuschauern *Spaß* zu sehen, wie diese Menschen im Aufzug zu Tode erschraken.

Spaß machen = etwas gefällt. Wie zum Beispiel an manchen Tagen die Arbeit. Oder ein Spiel. Oder man sieht etwas, das zum Lachen bringt.

Wenn man *Spaß mit jemandem macht,* bedeutet das, man führt ihn aufs Glatteis. Verstehen Sie das? Oder in der Umgangssprache unfein ausgedrückt: Man vera***** jemanden. Noch immer nicht verstanden? Na, ich mache gerade *einen Spaß mit* Ihnen. Wie fühlen Sie sich dabei?

spazieren / spazieren gehen

An einem schönen Mittwochsommerabend spaziert Elitsa mit ihrer Freundin Rebeca über die Wilhelmstraße. Vor dem Parkcafé bleiben sie stehen und überlegen, ob es nicht mal wieder Zeit wäre, Salsa zu tanzen. Da werden sie von zwei coolen Jungs angesprochen: „Hättet ihr nicht Lust, ein bisschen mit uns *spazieren zu gehen?*" Entrüstet drehen sich Elitsa und Rebeka um.

Spazieren = langsam gehen und das Gehen (und Gesehen werden) genießen. Manche spazieren allerdings auf einer Straße auf und ab, weil sie da arbeiten, z.B. Polizisten.

Spazieren gehen = eine halbe Stunde oder auch zwei in einem Park zu Fuß unterwegs sein und die gute Luft genießen. Verliebte gehen gern spazieren - im Park, im Wald usw.

spülen / spielen

Macht es Ihnen Spaß, beim *Spülen* mit Geschirr zu *spielen*? Wenn ja, dann sind Sie eine bzw. einer der wenigen, denen *Spülen* ein *Spiel* ist. *Spielen* Sie dann nur weiter und kommen Sie danach bei mir vorbei. Ich *spiele* nämlich lieber Karten, statt Geschirr zu *spülen*.

Wieder einmal ist zu sehen, wie wichtig die korrekte Aussprache von *Ü* ist, um Nachteile zu vermeiden. Deswegen ein Tipp: Vergessen Sie den Begriff U-Umlaut und üben Sie lieber korrekt so zu sagen: *üüüü*. Siehe auch: Tür/ Tier.

Stadt / Pronomen "es"

Ich wohne in Wiesbaden. *Es* ist *eine schöne* Stadt.

Die Stadt ist zwar feminin, wenn wir aber den Städtenamen benutzt haben und weiter von ihr reden, denken wir an *es*. Komisch, nicht wahr? Denken Sie beim Lernen von grammatischen Regeln immer daran: Zuerst war da die Sprache, dann hat man (versucht), Regeln zu erschaffen.

Stadt / Staat

Jackie Chan besucht heute das berühmte Heidelberg. Kein Tourist sollte die *Stadt* auf seiner Deutschlandreise auslassen. Jackie lebt in Los Angeles, Sie wissen das sicher. Und sie wissen selbstverständlich auch, L A liegt im *Staat* Kalifornien, der in den USA liegt.

Die USA, China, Brasilien, Deutschland sind Länder, politisch gesehen: Staaten. Frankfurt, Bangkok, Moskau sind Städte. Sie wissen das auch, aber warum verstehen die Leute Sie nicht so richtig, wenn Sie von Stadt und Staat sprechen? Etwa weil Sie die beiden *A* in St*aa*t nicht lang genug sprechen. Tipp: Denken Sie einfach, man würde das Wort Staat mit vier A schreiben.

Stadt / statt

Viele Menschen in den sogenannten reichen Staaten dieser Welt mögen das Leben in der *Stadt* nicht mehr. Sie ziehen in ein neues

Haus auf dem Land. *Statt* in der *Stadt* zu leben, ziehen sie lieber aufs Land.

Statt benutzt man, wenn man sagen möchte, dass man eine Sache einer anderen Sache vorzieht. Also: Ich esse lieber Pasta *statt* Kartoffeln. Wenn ich wählen kann, esse ich lieber Spaghetti *statt* Kartoffeln.

Und die *Stadt*? Haben Sie davon nicht gerade etwas gelesen? Übrigens: Die Aussprache von *Stadt* und *statt* ist identisch.

stammen aus / stammen von

Was wissen Sie von Rihanna? *Woher stammt* sie? *Von wem stammt* die Narbe an ihrem Kinn? Im Internet wird gemunkelt, also vermutet, dass die Narbe von einem Ex-Lover *stammt*, der ein wenig zu viel Testosteron hat. Im Internet kann man auch erfahren, sie *stammt aus* Bridgetown auf Barbados.

Stammen von = jemand hat das als Zeichen von sich hinterlassen, zum Beispiel diese Narbe;

stammen aus = man *stammt aus* einem Land, einer Stadt und manchmal *stammt* das, was man über sich oder andere Dinge erfährt, *aus* einer Zeitung oder *aus* dem Internet.

stellen / stehen

„Wohin soll ich die Lampe *stellen*?", fragt Robert Eva beim Umzug. - „*Stell* sie doch neben das Sofa." Ein wenig später betrachten sich die beiden das Resultat. „Neben dem Sofa *steht* die Lampe wirklich gut, meinst du nicht auch?"

Stellen = die Bewegung, die vor dem *Stehen* kommt;
stehen = das Resultat von *stellen*. Bevor etwas an einem Platz *steht*, muss man es erst dorthin *stellen*.

Stellung / Arbeit

Norbert denkt viel an *Arbeit*, seit er keine mehr hat. Früher war das anders. Da hatte er eine gute *Stellung* in seiner Bank und er beherrschte seine *Arbeit* aus dem Effeff. So konnte er früher oft eine schöne Urlaubsreise machen oder in ein exzellentes Restaurant gehen.

Stellung bedeutet: die Position in der Firma, die man hat. Norbert hätte gern wieder seine frühere *Stellung* in der Bank. Die bekommt er aber nie wieder; denn seine Bank ging bankrott. Können Sie vielleicht Norbert bei der Suche nach einer *Arbeit* in einer guten *Stellung* helfen? Norbert hat wirklich viel Erfahrung.

streichen / streicheln

„Fast geschafft!", stöhnt Lara erleichtert. „Mit dem Renovieren sind wir fast fertig, wir müssen nur noch die Wände *streichen*." Am Abend *streicht* Lara ihrem Freund zärtlich übers Haar. Sie ist stolz auf ihn. Zwar hat er auch den Fußboden weiß *gestrichen*, aber das macht nichts, denn er war doch so fleißig. Lara *streichelt* ihm nun sogar den Rücken, als sie ihn fragt: „Bist du morgen fertig?"

Streichen bedeutet: etwas anmalen, aber auch mit den Fingern oder mit einem Messer über eine Fläche fahren, wie z.B. über eine Scheibe Brot, um Butter darauf zu *streichen*.
Streicheln heißt: zärtlich mit den Fingern Haut massieren.

studieren / lernen

Auf dem Gymnasium hat Ali für Mathematik, Physik und Chemie *gelernt*. Er hat auch für PoWi, Geschichte sowie Englisch und Latein *gelernt*. Danach *studierte* er an der Universität Münster Medizin. In den Semesterferien reiste er nach Tours in Frankreich, um dort an einer Sprachschule sechs Wochen lang Französisch zu *lernen*. Nach dem Studium hat er dann vier Jahre lang die Stellenanzeigen in der FAZ und ZEIT *studiert*, bis er endlich einen Arbeitsplatz mit einem unbefristeten Arbeitsvertrag fand.

Studieren ist eine Art Berufstätigkeit, bevor man dann in dem Beruf arbeitet, für den man sich durch das Studium qualifiziert hat. Wer Medizin *studiert*, wird Arzt; wer Wirtschaftswissenschaften *studiert*, wird in einem Beruf arbeiten, in dem er mit der Vermehrung des Geldes (des Geldes der Firma, aber auch des eigenen) zu tun hat.

Lernen heißt: viele Informationen im Kopf speichern wollen, zum Beispiel für eine Prüfung oder um gute Schulnoten zu bekommen. Das kann in der Schule oder auch zu Hause stattfinden oder in einem Sprachkurs, wo man die deutsche Sprache lernt. Auch wer studiert, muss für Prüfungen *lernen*, werte Studierende!

tapfer / brav

In vielen Staaten unserer Welt gilt dieses Erziehungsideal für Jungen (Jungs): Wenn sie klein sind, sollen sie *brav* sein, niemanden ärgern, keinem einen Streich spielen und zu allen Leuten nett sein. Wenn sie dann älter sind, sollen sie *tapfer* sein und als *brave* Soldaten, die jedem Befehl gehorchen, sollen sie kämpfen. Und den Menschen des feindlichen Landes gegenüber sollen sie überhaupt nicht *brav* sein. Arme Jungs, nicht wahr.

Besonders für Englischmuttersprachler ist es merkwürdig, dass auf Deutsch *brav* = lieb, gut erzogen, aber auch gehorsam ist. Ein sehr mutiger Mensch hingegen ist *tapfer*.

tauschen / umtauschen

Zwillingsschwestern haben es gut. Sie können ihre Shirts, Jeans, Röcke und Blusen *tauschen*, wann immer sie das wollen. Zwillingsschwestern gehen auch gerne gemeinsam shoppen, also einkaufen. Gestern waren sie bei VICTORIA´S SECRET. Sonderangebote gab es und sie schlugen zu. 10 Push-up-BH, 20 unwiderstehliche Höschen. Zu Hause stellten die Zwillingsschwestern fest, ein Höschen hatte eine fehlerhafte Naht. Natürlich brachten sie es ins Geschäft zurück, um es *umzutauschen*. Die Verkäuferin sagte dort allerdings: „Tut mir leid, Sonderangebote und im Preis herabgesetzte Ware sind vom Umtausch ausgeschlossen."

Tauschen: Ich gebe dir einen Apfel, du gibst mir eine Orange dafür. *Umtauschen* = etwas, was man gekauft hat, ins Geschäft zurückbringen und dafür etwas anderes kaufen.

teilen / einteilen

Kleine Geschichte: Die Mutter sagt zu ihren sechs Söhnen: „Hier habe ich euch Kartoffeln, Bohnen, Tomaten und Äpfel aus dem Garten mitgebracht. Das alles müssen wir uns gut *einteilen*, wer weiß, wann wir wieder etwas ernten können. *Teilt* jetzt die vierundzwanzig Äpfel gerecht, damit jeder gleich viele hat." Dann *teilt* die Mutter ihre Söhne zur Arbeit *ein*: Ben und Luka waschen und schneiden die Tomaten, Paul und Finn schälen die Kartoffeln, Jonas und Louis schneiden die Bohnen und machen sie ein.

Teilen = jede bekommt einen Teil;
einteilen = so planen, dass immer etwas da ist; aber auch dies:
einteilen zu = jemandem eine Arbeit oder Aufgabe geben.

teuer / mehr

Herr Billig trifft Frau Spar: „Bei REWE kaufe ich nicht mehr ein. Das kann ich mir nicht mehr leisten, zu *teuer*. Alles kostet viel *mehr* als bei ALDI."

Teuer = ein hoher Preis. Wenn zehn Eier 4 Euro kosten, ist das *teuer*, auch wenn es Bio-Eier sind.
Mehr = 4 Euro ist *mehr* als 3 Euro.

teuer / teurer

Bio-Eier sind *teuer*, weil die Hühner, die sie legten, im Freien ihr Futter suchen und finden. Sie bewegen sich also mehr und brauchen viel mehr Platz. So begründet die Bio-Eier-Industrie die hohen Preise für ihre Eier. Verstehen Sie jetzt, warum Bio-Eier *teurer* sind als andere Eier?

teuer = siehe oben;
teurer = ist der Komparativ, die zweiter Steigerungsform von *teuer*. Wichtig: die Schreibweise. t-e-u-r-e-r.

Tier / Tür

Es klingelt an der *Tür*. Wären Sie nicht etwas erstaunt, wenn Sie öffneten und vor der Tür stände kein Mensch, sondern ein *Tier*, etwa Remy, die süße Ratte aus dem wunderbaren Film Ratatouille, und sammelte für die Unterstützung arbeitsloser Köche?

Wieder die korrekte Aussprache von *i* und *ü*. Darauf kann nicht oft genug hingewiesen werden, damit es nicht zu Missverständnissen kommt, etwa wenn Sie in der Bäckerei nach einer *Tüte* für das gekaufte Vollkornbrot fragen. Das gilt besonders für Sie aus Polen.

Tor / Tor

Das *Tor* zum Stadtpark stand weit offen und Sugar-Daddy Faust spazierte mit einem Strauß blutroter Rosen im Arm hindurch. Um 17 Uhr sollte er hier im Park endlich seine Verabredung mit der süßen Elaine haben, in die er total verknallt war. Es wurde 17 Uhr, 17.30 Uhr, 17.43 Uhr, doch Elaine kam nicht. Faust fluchte, griff dann zu seinem iPhone, um die Süße anzurufen. Doch es meldete sich nur Elaines Mama, die ihm kichernd mitteilte, ihre Tochter gehe gerade mit ihrem Verlobten spazieren. Da stand nun der arme Sugar-Daddy mit seinen blutroten Rosen im Arm wie ein begossener Pudel da. „Hier steh ich nun, ich armer *Tor*! Und bin so klug als wie zuvor."

Das *Tor* = eine große Tür, durch die man ein Grundstück oder ein Gelände betritt, das von einem Zaun oder einer Mauer umgeben ist.
Der *Tor* = ein Dummkopf. Wie etwas Faust, der einfach nicht aufgeben kann, nach der Schönheit der Wahrheit zu suchen. Vielleicht sollte er an einem anderen Ort danach suchen.

Tor / Tür

Im Mittelalter waren die meisten Städte von einer hohen Mauer umgeben. Nur durch eines der großen *Tore* konnte man hineinkommen. Um dort das öffentliche Badehaus zu besuchen, musste man wieder durch ein großes *Tor* gehen. Dann kam man in den Hof. Dort waren wiederum drei *Türen*, eine führte in die Badestube, eine zu Frau Schultheiß, der Bäderin. Wohin die dritte *Tür* führte, darüber streiten Soziologen und Historiker heute noch.

Ein *Tor* = siehe oben;
eine *Tür* führt direkt in ein Haus, in eine Wohnung, in ein Zimmer oder in einen Keller.

trennbare Verben / untrennbare Verben

Der Bankräuber sitzt in der Falle. Die Polizei hat die Bank *umstellt*. Er kann nicht mehr fliehen. Schnell *stellt* er alles in der Bank *um*. Schwitzend verbarrikadiert er mit der schicken Leder-sitzgruppe und zwei Tischen die Tür. So glaubt er gegen einen Zugriff des Sonderkommandos der Polizei geschützt zu sein.

Im ersten Beispiel "*Die Polizei umstellt das Haus*" ist die zweite Silbe des Verbs betont. Die Betonung, also der Akzent, ist auf dem Stammverb (*stellen*). Im zweiten Beispiel "Er *stellt* alles *um*" betont man die Vorsilbe, das Präfix (*um*). Womit wir bei der Regel sind.

Regel: Ist bei zusammengesetzten Verben das Präfix, die Vorsilbe, betont, wird getrennt, das Präfix kommt in diesem Satz an das Satzende. Ist das eigentliche Verb, der Stamm, betont, wird nichts getrennt. Wer unsicher ist und schon länger als sechs Monate in Deutschland ist, sollte schnell, ohne nachzudenken, das Verb laut sagen. Meist hört er dann die richtige Betonung. Wie, Sie glauben das nicht? Versuchen Sie es einmal!

trennbare Verben /untrennbare Verben

Letzte Nachrichten: Polizei *nahm* festgenommenem Bankräuber 500.000 Euro wieder *ab*. Die Bundeskanzlerin *tritt zurück*. Das Traumschiff *geht* im Südostpazifik *unter*. Spanien erobert schon wieder den Weltmeistertitel.

Trennbare Verben = siehe oben. Plus diesem: Folgende betonte Präfixe gibt es für trennbare Verben: *ab-, an-, auf-, aus-, bei-, mit-, nach-, vor-, zu-, da(r)-, ein-, empor-, fort-, her-, hin-, los-, nieder-, weg-, weiter-*.

Untrennbare Verben = siehe oben. Plus: Folgende Vorsilben gehören immer zu untrennbaren Verben: *be-, ent-, er-, ver-*. Diese Vorsilben finden Sie bei mehr als 90% aller zusammengesetzten Verben. Prägen Sie sie sich also gut ein. Und mehr Vorsilben finden Sie ganz sicher online.

TEST 16

1. Der Pullover ist mir zu klein. Ich möchte ihn ....

   a) eintauschen   b) tauschen
   c) umtauschen   d) vertauschen

2. Elvis Presley musste sich als GI in Deutschland kein Zimmer mit anderen ....

   a) teilen   b) einteilen   c) verteilen   d) zuteilen

3. Alles kostet heute .... als vor 20 Jahren.

   a) viel   b) teurer   c) weiter   d) mehr

4. Auch heute noch kann man mit .... viel Geld gewinnen oder verlieren.

   a) Spülen   b) Spielen
   c) Streicheln   d) Streichen

5. Als Norbert seine .... verlor, zog er sich einen Trainingsanzug an.

   a) Stadt   b) Stellung   c) Arbeit   d) Staat.

6. Rihanna stammt .... Bridgetown auf Barbados.

   a) nach   b) von   c) aus   d) in

Das rechte Wort an den rechten Ort

brav – tapfere - tapferes - Umzugs - über - überzusetzen - übersetzt - gelernt – umsegelte

Vor .... einer Woche lief im Fernsehen die Reortage ...... ein .... Mädchen, das als 14jährige gar nicht .... auf die Erwachsenen hören wollte und schließlich als erste 16jährige mit ihrem Boot "Guppy" die Welt .... Mitten auf dem Ozean soll sie fleißig für die Schule .... und holländische Texte ins Englische .... haben. Auch soll sie täglich ihren Eltern, die ihr erlaubt hatten, so lange von einem Kontinent, von einer Insel auf die andere .... , drei SMS geschickt haben. In Philipsburg auf der Karibikinsel Sint Maarten wurde sie schon von ihren Eltern erwartet, und das Städtchen veranstaltete eine ....parade für das .... Mädchen.

Spaß haben oder Spaß machen?

1) Es .... Spaß, jemanden in den April zu schicken.

2) An diesem Buch werden Sie noch lange Ihren Spaß ....

3) Wenn alle viel Spaß bei der Arbeit ...., braucht die Firma keinen Betriebspsychologen.

4) Wenn allerdings alle viel Spaß bei der Arbeit ...., könnte es sein, dass die Firma bald Konkurs anmeldet.

Wählen Sie die richtige Vorsilbe aus und setzen Sie sie ein.

ab ..... ab …

an ..... an ..... an …

auf ….. aus ..... aus ..... aus

…

ein … nach … um

1) Der Film fängt um 20 Uhr ..... .

2) Im Mordfall X sagt Herr Bieder bei der Polizei ..... .

3) Die Lautsprecherstimme am Bahnhof sagt den nächsten Zug ..... .

4) Sabine muss in der Schule ein Gedicht ....sagen.

5) Professor Meier ist krank. Sein Seminar muss daher .....gesagt werden.

6) Es ist ..... sagt, in der Toreinfahrt Fußball zu spielen.

7) Man sagt Herrn Wampe ....., er esse täglich bis zu 3 Kilo Nudeln.

8) Frau Lenz sieht ....., als habe sie 3 Nächte nicht geschlafen.

9) Erik sieht nicht ....., warum er seine Wohnung räumen soll.

10) Jaques sieht sich fast täglich die Mona Lisa ..... .

11) Batman sieht sich im Hafensilo.....

12) In der Prüfung sollen Sie nicht..... schreiben.

13) Können Sie "z. B." .....schreiben?

trotzdem / aber

Ein Bayer und ein Ostfriese wetteten darum, wer von beiden schneller laufen kann. Sie legten erst eine Strecke von 300 Metern fest, *aber* es kamen ihnen Zweifel, ob die Strecke nicht zu lang wäre. So legten sie eine Distanz von 150 Metern fest. Es stellte sich *aber* nach kurzer Diskussion heraus, dass auch diese Strecke für beide zu lang wäre. So entschieden sie sich für 75 Meter. Das ist keine weite Strecke. *Trotzdem* erreichte keiner das Ziel. Der Bayer war vor dem Ziel zu müde, um weiterzulaufen, der Ostfriese verlief sich auf dem Weg.

Aber leitet einen Gegensatz ein. Die Ostfriesen leben im Nordwesten Deutschlands, *aber* die Bayern leben im Süden.
Trotzdem entspricht dem Wort '*obwohl*'. Es drückt aus, dass etwas anders passiert, als man denkt. Die Bayern machen gerne Witze über die Ostfriesen, *trotzdem* fahren die Ostfriesen gern nach Bayern in Urlaub. Sie könnten auch sagen: *Obwohl* die Bayern gerne Witze über die Ostfriesen machen, fahren sie nach Bayern in Urlaub.
Beide Konjunktionen leiten Hauptsätze ein. Nach *trotzdem* folgt das Verb, nach *aber* folgt - meistens - direkt das Subjekt, also ein Nominativ.

über / üblich

In Deutschland ist es nicht *üblich*, *über* sein Einkommen, also sein Gehalt oder seinen Lohn, zu sprechen. Das macht es Arbeitgebern natürlich leicht, ihre Mitarbeiter und Mitarbeiterinnen ungleich zu bezahlen. So langsam *haben* die das aber *über*.

Üblich = Adjektiv: es ist *üblich*, normal, man macht es so;
über = Präposition: Ich spreche *über* ein Thema, die Lampe hängt *über* dem Tisch. Und das: etwas *überhaben*: etwas so oft oder viel getan haben, dass man es nicht mehr mag. Das ist umgangs-

sprachlich. Viele Leute *haben* Politik *über*. Das ist verständlich, aber es ist auch sehr schade, finden wir.

über / vor über

Vor *über* einer Woche traf ich im Kino Lucyna. Sie hatte gerade Witold Gombrowiczs "Die Besessenen" gesehen und der Schauer *über* das geheimnisvolle düstere Schloss steckte ihr noch in den Knochen. Die ganze Woche *über* konnte sie von nichts anderem erzählen.

vor über = vor mehr als; also, mehr als sieben Tagen;
die Woche *über* = die ganze Woche lang.

übersetzen / übersetzen

Früher *setzte* man mit der Fähre von Calais nach Dover *über* und ein Ratschlag war damals: *Übersetzen* Sie dabei bitte keinen Roman von Aldous Huxley ins Französische, sonst werden Sie sehr wahrscheinlich seekrank. Aber das gibt es ja heute nicht mehr. Wir fahren von Paris nach London mit der Bahn oder mit dem Auto durch den Tunnel. Allerdings sollte man sich auch heute noch überlegen, ob man während der Fahrt seinen Kindle oder sein Tablet zum Lesen benutzt.

Übersetzen mit Betonung der Vorsilbe ist nicht trennbar und man benutzt das Wort, um trennende Ufer zu verbinden.
Übersetzen mit Betonung auf dem Verbstamm bezeichnet den Vorgang, wenn man Wörter und Sätze von einer Sprache in eine andere überträgt. Ja, das taten früher Menschen und heute tun sie das auch noch, aber es werden immer weniger. Denn wir haben die Übersetzermaschinen von Google und Babylon usw. Die produzieren allerdings manchmal recht merkwürdige Sätze. Zumindest heute noch. Siehe auch trennbare Verben / untrennbare Verben.

Uhr / Stunde

Herr Sorglos ist nach Berlin gefahren. Und da er sich das leisten kann, hat er im Adlon gebucht. An der Rezeption fragt er: „Um wie viel *Uhr* wird denn gegessen?" – „Frühstück von sieben bis zehn *Uhr*, Mittagessen von elf bis fünfzehn *Uhr*, Kaffee von fünfzehn bis siebzehn *Uhr*, Abendessen von achtzehn bis dreiundzwanzig *Uhr*." – „Schade", seufzt Herr Sorglos, „ich hätte mir gern auch zwei, drei *Stunden* lang die Stadt angesehen."

Wird Zeit gezählt so sagt man: *Stunden*.
Wer nach der Uhrzeit fragt, hört: achtzehn Uhr. Und eine Frage an Sie: Warum sagen manche 5 Uhr, obwohl es doch 17 Uhr ist?

umschreiben / umschreiben

Nachdem Sie nun einen großen Teil dieses Buches gelesen haben, denken Sie hoffentlich nicht: Mensch, ihr Autoren, *schreibt* das Buch doch bitte noch einmal *um*. Sollten Sie aber doch der Meinung sein, dann schreiben Sie uns eine Mail, aber bitte, *umschreiben* Sie Ihre Kritik taktvoll. Sie wissen doch, Autoren sind sehr sensibel.

Wenn Sie nun an das trennbare Verb *umschreiben* mit Betonung auf dem Präfix *um* meinen, dann sollten wir Autoren das Buch noch einmal neu schreiben. Wenn Sie Ihre Meinung taktvoll *umschreiben* und dabei das Stammverb *schreiben* betonen, dann haben Sie höflich und nicht brutal direkt Ihre Meinung gesagt.

umtauschen / sich umziehen

Kate hat keine Lust, ihren William *umzutauschen*. Sie ist mit ihm meistens sehr zufrieden, deshalb will sie keinen anderen Prinzen. Aber ihre Röcke, Hosen und Kostüme waren ihr viel zu eng. Deshalb stand sie oft vor dem Spiegel und *zog sich* wieder und wieder *um*, bis sie etwas Bequemes zum Tragen fand.

Man *tauscht* Dinge wie Schuhe, Cremes, Bücher *um*, Menschen *tauscht* man normalerweise nicht *um*, auch wenn sich das manche und mancher manchmal gerne vorstellt.
Steht man vor dem Spiegel und *zieht sich um*, schaut man manchmal lieber schnell weg.

Umzug / Einzug / Auszug

„Mensch, Müller, wie oft wollen Sie denn noch Urlaub für Ihren *Umzug* haben?", fragt der Chef. Und Müller antwortet: „Aber ich kann doch nichts dafür, dass beim *Einzug* in die neue Wohnung dem Vermieter das Klavier auf die Füße fiel, worauf er mir gleich das Datum für den *Auszug* mitteilte."

Hier dreht sich alles um das Wohnen. Es gibt *Ein-* und *Aus-* und *Umzüge* von einer Wohnung in die andere. Siehe auch die Mehrfachbedeutungen von Einzug / Auszug.

unbewusst / bewusstlos

Die Menschen sagen manchmal, ohne es zu wissen, mit ihrem Körper mehr als mit Worten. Das geschieht *unbewusst.* Wer das weiß, muss aber nicht gleich umfallen und *bewusstlos* werden, weil er sich schämt. Die Kunst, die Körpersprache richtig zu lesen, beherrschen nämlich nur wenige.

Unbewusst bedeutet: etwas tun, ohne zu wissen, was man da tut. Wer *bewusstlos* ist, ist für kurze oder lange Zeit wie tot.

unter / unten

Jose lebt in einem großen Haus auf einem hohen Berg. Hier ist alles anders als *unten* im Dorf. Jose wohnt dort oben in einem Haus *unter* der Familie Sanchez. In Joses Wohnzimmer hängt ein wunderschönes Bild. Links *unten* auf dem Gemälde von einem Stuhl steht: van Gogh. Stolz zeigt Jose seinen Gästen auch einen großen Olivenbaum, der im Garten steht. Und wenn Jose sehr müde ist, schläft er *unter* seinem Olivenbaum ein.

Unter ist eine Präposition; man fragt: Wo schläft Jose? Klar, *unter dem* Olivenbaum. Und wohin legt er sich schlafen? Unter *den* Olivenbaum. Klar, das ist Ihnen bekannt.

Unten ist ein Ortsadverb. Das zeigt an, wo etwas ist. *Unten* ist alles anders. Oben übrigens auch. Was aber ist gemeint mit "unten"? Das sollte schon genauer gesagt werden. Wer war gestern *unten* im Hades? Haben Sie von dieser Liebesgeschichte schon einmal etwas gehört? Von dem grausamen Schicksal der Liebsten, die ihr Liebster von dort *unten* befreien wollte?

untrennbare Verben

Wer eine Polizistin mit Tiernamen *be*schimpft, muss mit – je nach Tier – unterschiedlichen Strafen rechnen. Wer sie mit einem "Schwein" *ver*gleicht, muss 400 Euro bezahlen. Wer sie mit einer "blöden Kuh" *ver*gleicht, wird zu 600 Euro Strafe verurteilt. Denken Sie daran, wenn Sie für Ihre Deutschland-Tour ein Auto gemietet haben.

Niemals trennbar sind zusammengesetzte Verben mit folgenden Präfixen: *be-, ent-, er-, ver-, zer-, ge-* (Achtung: nicht mit dem Partizip Perfekt der Verben verwechseln!). Diese Vorsilben sind niemals betont. Betont hingegen sind bei "ausländischen" Verben die Vorsilben: *miss-, de-, dis-, in-, re-*. Dennoch werden diese Verben nicht getrennt. Siehe auch: trennbare Verben.

Verben mit Akkusativ / Verben mit Dativ

Oje! Eine vollständige Liste der deutschen Verben mit ihren Ergänzungen finden Sie in jeder Grammatik und im Internet. Aber vielleicht dieser Tipp: Es gibt weitaus weniger Verben mit einer Dativergänzung. Also lernen Sie die doch einfach gut und benutzen Sie „unsicheren" Verben eben den Akkusativ.

Hier wieder wichtige Verben mit Dativergänzung: übel nehmen, übergeben, veranschaulichen, verbergen, verbieten, verdanken, vergeben, verheimlichen, verheißen, verschaffen, verschreiben, versprechen, verweigern, verzeihen, vorlegen, vorlesen, vormachen, vortragen, wegnehmen, zeigen, zubereiten, zufügen, zumuten, zurufen, zusenden, zutrauen, zurückerstatten, zurückzahlen.

verbreiten / verbreitern

Sagt Ihnen der Name Kim Basinger noch etwas? Sie soll die klügste Frau der Welt sein. Sie liest viele Bücher über Geschichte, Philosophie und Kunst, denn sie möchte so viel wissen. So wird in vielen Foren *verbreitet*. Ob da ein Gerücht *verbreitet* wird? Kein Gerücht ist aber, dass die Sitze in den Bussen unbedingt *verbreitert* werden müssen, da die Zahl der Menschen, die einen breiteren Sitz brauchen, immer größer wird.

Verbreiten = etwas wird anderen mitgeteilt. Die anderen können aber gar nicht wissen, ob das, was da von Personen oder in den Medien gesagt wird, auch stimmt.

Verbreitern = etwas breiter machen, zum Beispiel die Sitzfläche der Sitze in Bussen, weil immer seltener auf zwei Sitzplätzen tatsächlich zwei Personen sitzen können.

vergleichen / verglichen

Verglichen mit *Vergleichen* klingt *Verglichen* sehr kurz.

Deshalb gibt es kein -ie-, wenn Sie das Verb *Vergleichen* zum Partizip Perfekt umformen.

Verhältnis / Verhältnis haben

Zwischen Eltern und Kindern herrscht normalerweise ein gutes *Verhältnis*. Wenn aber der Sohn ein *Verhältnis* mit der Mutter *hat*, dann herrschen keine geordneten *Verhältnisse* in der Familie mehr, es herrscht ein ausgesprochen schlechtes *Verhältnis* zwischen den einzelnen Familienmitgliedern, wie wir anhand der Geschichte von Ödipus, Sohn der Iokaste und des Königs Laios, wissen.

Ein gutes *Verhältnis* besteht zwischen Menschen, die sich mögen; Man lebt in geordneten *Verhältnissen*, wenn man eine Arbeit, eine Wohnung hat und die Steuern brav bezahlt, kurzum, wenn man ein braver Bürger seines Landes ist und nicht gegen die Sitten und den Anstand verstößt. Wenn man allerdings *ein Verhältnis* mit seinem Chef oder der netten Verkäuferin in der Bäckerei *hat* und lieber mit ihr spazieren geht, statt zur Arbeit zu gehen, und alles andere egal ist, lebt man nicht mehr in geordneten *Verhältnissen*, auch wenn man einmal im Monat seine 15-jährige Tochter in der Entzugsklinik besucht.

vermieten an / mieten für

Mancher Mietwucherer *vermietet* Zimmer an Ausländer, vorzugsweise illegale, zu einem horrenden Preis, z. B. ein $17m^2$-Zimmer, belegt mit 12 Personen, für 180 Euro pro Kopf. Ein Zimmer für 180 Euro Miete klingt zuerst preiswert. Folglich *mieten* solche Wohnungssuchende gern ein solches Zimmer.

Immer daran denken: Wer *vermietet*, der bekommt Geld, wer *mietet*, der zahlt^^.

verneinte Frage / doch

Gespräch in einer Szene-Kneipe im Big-Apple New York gegen 2 Uhr morgens: „Bist du Hans?" – „Nein, ich bin Michael." – „Bist du Hans?" – „Ja natürlich, erkennst du mich denn *nicht?*" – „Entschuldige, ich war ein bisschen durcheinander, natürlich erkenne ich dich. Schau mal, ist das dort drüben *nicht* Nelly?" – „Nein, das ist *doch* Shakira. Und der bei ihr sitzt... ist das *nicht* Dustin?" – „Wow, du hast Recht. Das ist *doch* tatsächlich Dustin."

Auf verneinte Fragen (*Ist* das *nicht*...?) antwortet man im Deutschen oft anders herum als in vielen anderen Sprachen, nämlich mit *doch*: Doch, das ist er. Verstehen Sie das?

Verneinung / doppelte Verneinung

Zweites Gespräch in der Kneipe, 3 Uhr morgens: „Wer bin ich? Ich habe *kein* Geld, ich habe *kein* Haus, *keinen* Garten, *keinen* großen Wagen. Ich kann *nicht* um die Welt reisen, trotzdem bin ich glücklich. Ich brauche das Geld *nicht*, ich brauche auch das Haus *nicht* und den Wagen *nicht*, um glücklich zu sein. Ja, ich bin trotzdem glücklich. Und du, wer bist du?" – „Ich habe *nicht kein* Geld." – „Aha, ich verstehe, du hast Geld." – „Und ich mache *nicht keine* Weltreise." – „Aha, ich verstehe, du Neunmalkluger, du machst also eine Weltreise. Ich hoffe, du kehrst nicht zu schnell zurück!"

In deutschen Sätzen wird nur einmal *verneint*. Zweimal *nein* ist gleich ein Ja. Wie Mathematik. *Nicht + kein* ist *ja*. Aber da zweimal *nein* zu sagen ein schlechter Stil ist, benutzen Sie das am besten überhaupt nicht. Tipp für diejenigen, die eine romanische Sprache als Muttersprache sprechen. Siehe auch: verneinte Frage / doch.

Vertrag / Vortrag

Biggi hat sich für eine neue Waschmaschine von Miele entschieden. Das lag daran, dass sie sich einen langen und überzeugenden *Vortrag* des Verkäufers über die Vorteile der Miele-Maschine anhörte, bevor sie den *Vertrag* zum Kauf der Waschmaschine unterschrieb.

Vertrag = offizielles Papier, das man unbedingt genau lesen sollte, also "total" lesen sollte, bevor man es unterschreibt.

Vortrag = langes Sprechen zu Menschen, die zuhören – zumindest zu Beginn - über ein bestimmtes Thema.

verwohnt sein / verwöhnt sein

Nachdem der Sänger Herr Alt, der schon seit 50 Jahren in der gleichen Villa in der Toskana gewohnt hatte, in eine Seniorenresidenz gezogen war, präsentierte sich seine Villa in einem ziemlich *verwohnten* Zustand. 50 Jahre lang hatte der Sänger die Wohnung nicht renovieren lassen. Den neuen Besitzer störte das aber nicht, er beauftragte kurzerhand eine Firma und überredete seine Mutter, die seit 25 Jahren alles für ihren Sohn tut, die Rechnungen zu bezahlen. Natürlich bezahlt sie ihrem Sohn gern auch weiterhin einen neuen Ferrari und seine Urlaubsreisen. Mutter Tatjana ist froh, dass sie *verwöhnte* Kinder hat, denn sie lieben sie. Und auch Tatjana lässt sich gern von ihrem dritten Ehemann *verwöhnen*. Dadurch zeigt er ihr seine Liebe und das ist doch wunderschön.

Verwohnt = Man sieht einer Wohnung, einem Haus an, dass die Bewohner lange Zeit nicht renoviert haben.

Verwöhnt - mit den zwei Pünktchen auf dem O (Ö)- ist ein Mensch, dem von anderen (meistens seinen Eltern oder dem Partner im Leben) vieles oder gar alles leicht gemacht wurde und wird.

viel / oft

Ich habe im Kino schon *viel* gesehen: Krimis, Dokumentarfilme, Komödien, Horrorfilme, Actionfilme, Musikfilme. Aber keinen Film habe ich mir so oft angesehen wie diesen: Green Card. Den habe ich schon fünf- oder sechsmal gesehen.

Viel = eine Menge, etwa: *viel* Zucker, *viel* Zeit;
oft = wenn man etwas fünfmal oder auch hundertmal getan hat.
Welchen Film haben Sie schon *oft* gesehen?

TEST 17

1. Wohnen Sie auch ...... einer Familie, die nachts viel Party macht?

   a) unter   b) unten   c) vor   d) aus

2. Um wie viel .... gibt es Skyfall im Fernsehen?

   a) Zeit   b) Stunde   c) Uhr   d) Uhrzeit

3. Mickey Rourke hatte seinen .... in unsere Stadt lange geplant.

   a) Einzug   b) Auszug   c) Herzug   d) Umzug

4. Saddam hat genügend Geld, ... ist er nicht immer glücklich.

   a) Deshalb   b) aber   c) trotzdem   d) zwar

5. ...... Autos werden heutzutage von den Herstellern für etwas Geld zurückgekauft.

   a) Die vielen   b) Viel   c) Oft   d) Viele

6. Kate wird sich hoffentlich nie wieder an Deck ihrer Yacht
   ....

   a) umtauschen   b) umziehen
   c) einziehen   d) wegziehen

7. Nach .... über das Hochzeitsverhalten der Regenwürmer waren viele Zuhörer eingeschlafen.

   a) dem Verhältnis   b) dem Vortrag
   c) dem Vertrag   d) der Vorstellung

Welche Partner fehlen den Verben? Aber Achtung!

be - ent - er - ver - zer - ge - miss - de - dis - in - re

1) ?zahlen: ....   2) ?urteilen: ....

3) ?gleichen: ....   4) ? stehen ....

5) ?organisieren: .... 6) ?platzieren: ....

7) ?halieren: ....   8) ?reißen: ....

Sagen Sie die Wahrheit.

1) Haben Sie nie Hunger? ....
2) Wollen Sie nicht geliebt werden? ....
3) Verstehen Sie nichts vom Leben? ....

Zaubern Sie mit dem Dativ.

1) Niemand darf .... , die Sie lieben, Leid zufügen.
2) Ärzte verschreiben .... Patienten nicht gern Massagen.
3) Der Präsident übergab .... Trainer die Kündigung.
4) Wir verdanken .... Eltern sehr viel.
5) .... wird die Einreise verweigert. (Alle dürfen dorthin!)

Entscheiden Sie sich für das Richtige.

1) Die Wohnbaugesellschaft *vermietet/ mietet* auch an sozial Schwächere.

2) Der *Vertrag / Vortrag* wird von der Gesellschaft zugeschickt.

3) Wer in geordneten *Verhältnis / Verhältnissen* lebt, braucht keine Angst vor einer Kündigung zu haben.

4) Wenn man eine *verwöhnte / verwohnte* Wohnung zugewiesen bekommt, muss man schnell selbst renovieren.

5) Zusammenfassend ist zu sagen: *Vergleichen mit/ Verglichen* mit anderen Ländern ist die Zahl der Wohnungssuchenden sehr klein.

Das ist ganz einfach.

1) Er hat das Auto noch nicht............... . (bezahlen)
2) Zahnstein sollte regelmäßig .... werden. (entfernen)
3) Schon immer haben Politiker gern Märchen .... (erzählen)
4) Wem haben Sie zuletzt etwas .... ? (verzeihen)
5) Zutiefst enttäuscht hat er den Lottoschein .... (zerreißen)
6) Tom hat viele Millionen in der Euro-Lotterie ....(gewinnen)
7) Haben Sie schon einmal jemanden .... ? (missverstehen
8) Sie kam sich in ihrem Outfit etwas .... vor. (deplatzieren)
9) Wann werden wohl die Rechte aller .... werden? (respektieren)

viel / sehr

Kim Jong Un hat es sehr schwer, denn er hat jeden Tag *viel* Arbeit. Oft wünscht er sich *sehr, viel* Freizeit zu haben, damit er endlich wieder einmal die Schweizer Berge sehen kann.

Sehr = erstens ein Adverb wie: Er ärgert sich *sehr*; zweitens macht es ein Adjektiv noch intensiver: Kims Arbeit ist nicht nur schwer, sondern sogar *sehr* schwer. Jaja.

Viel kann als Adjektiv (*viel* Arbeit) und Adverb (*viel* arbeiten) gebraucht werden. Es drückt die Quantität aus: Wie *viel* Arbeit haben Sie?

viel / groß

Wer *viel* Geld hat, muss nicht immer *groß* sein. Es gibt Reiche, die nur 1,64 m groß sind. Wer *viel* Geld hat, hat fast immer *viele* Freunde. Aber nur selten wird er alle seine Freunde zum Einkaufen in die *große* Stadt Singapur einladen. Ob Silvio so etwas manchmal macht? Und ist er – 164 cm *groß* – für Sie ein *großer* Mann der Geschichte?

Viel bezieht sich auf eine Menge; *groß:* großer Stein, *große* Hose, *großer* Mann. Manchmal wird man auch als ein *großer* Mann bezeichnet, wenn man etwas Wichtiges getan hat.

viel bezahlen/ teuer bezahlen

Der clevere Anton hat jahrelang schwarz gearbeitet und nie Steuern bezahlt. Das muss er jetzt *teuer* bezahlen, denn das Finanzamt ist ihm auf die Schliche gekommen. Vielleicht muss er sogar ins Gefängnis, auf jeden Fall muss er aber bald *viel* bezahlen.

Teuer bezahlen = eine Strafe bekommen und die schmerzt; *viel* bezahlen = für etwas *viel* Geld ausgeben, denn es kostet sehr *viel*. Zum Beispiel für einen Porsche. Der ist richtig *teuer*.

viele / die vielen

Herr und Frau Müller haben *viele* Kinder, nämlich fünf. Deshalb haben sie es schwer, eine Wohnung zu finden, die groß genug für *die vielen* Kinder und gleichzeitig für sie bezahlbar ist. Mit *den vielen* Kindern sind sie bei Vermietern außerdem nicht besonders beliebt.

Solange Sie nicht - gedanklich - mit dem Finger auf die Kinder zeigen, haben diese keinen Artikel, man sagt also: *viele* Kinder. Aber wenn Sie *die vielen* sagen, klingt das fast, als fänden Sie die Familie asozial! Und auch das gibt es: *Die vielen Autos* von Schumi stehen meist in der Garage (alle seine Autos, und er hat *viele*). Aber: *Viele* Autos von Schumi stehen meist in der Garage (nicht alle, ein paar fährt er doch mal sonntags).

von / aus

Anna und Katarina kommen *aus* Breslau. Jedes Wochenende treffen sie sich mit deutschen Bekannten in Deutschland, denn *von* Breslau bis zur deutschen Grenze ist es nicht sehr weit.

Aus B kommen; *von* A bis B fahren.

von / bei

Von Ihrem Internet-Provider bekommen Sie Ihre Zugangsdaten zugeschickt, *bei* einem Metzger Ihres Vertrauens bekommen Sie das Fleisch, das Sie wollen.

Informationen bekommt man *von* der Telekom. Manchmal landet man jedoch in der Warteschleife des Call-Centers. Dann geht man schlechter Laune direkt zu einer Geschäftsstelle der Telekom. *Bei* der bekommt man dann - meist - die gewünschte Auskunft. Verstehen Sie das?

von / vor

Manch einer fürchtet sich *vor* dem Internet, denn er hasst, dass da so viele Daten über ihn gespeichert werden. Natürlich findet man ihn nicht bei Facebook, denn er möchte da*von* und *von* all den sozialen Netzwerken nichts wissen und hören. Und Sie?

Sich fürchten *vor* = Angst vor einer Person, einer Sache haben; nichts *wissen von* = keine Ahnung von etwas haben. Wenn man sagt, da*von* möchte ich *nichts wissen*, bedeutet das, ich ignoriere das, das gibt es für mich nicht. Ich möchte nichts davon hören.

vor kurzem / seit einiger Zeit

Irgendwann zog Gérard nach Belgien, um dort zu leben. Er hatte genug von den hohen Steuern in seinem Heimatland. *Seit* einiger Zeit macht er manchmal komische Sachen, nicht nur in Flugzeugen. Er ist sogar *vor* kurzem russischer Staatsbürger geworden. Muss man sich Sorgen um den Mann machen?

Vor kurzem = in den letzten Wochen, bzw. Monaten;
seit einiger Zeit = von vor ein paar Monaten oder Jahren bis heute. Achtung, besonders englische Muttersprachler sollten hier gut aufpassen! Und diese Zeitangaben sind natürlich auch wieder subjektiv zu sehen: Was für einen *lang* ist, ist für den anderen *kurz*.

vor kurzer Zeit/ aus neuerer Zeit

Vor kurzer Zeit wurde in den Medien (Radio, Fernsehen, Internet) berichtet, das Wasser solle hier bei uns privatisiert werden. Das bedeutet, wir erhalten unser Leitungswasser dann von einer Firma wie Coca-Cola oder Shell. Das macht vielen Menschen Angst, da viele Beispiele *aus* neuerer Zeit bekannt sind, die uns spüren lassen, dass Privatisierung immer bedeutet: Es wird teurer, viel teurer.

Vor kurzer Zeit = in den letzten Tagen, Wochen;
aus neuerer Zeit = das ist noch gar nicht so lange her. "Lange" bedeutet natürlich für einen Fünfzigjährigen etwas anderes als für einen Zwanzigjährigen. Entscheiden Sie selbst: Ist für Sie das iPhone ein Ding *aus neuerer Zeit*?

vorangestelltes Subjekt / nachgestelltes Subjekt

Zuerst hat sich das unverschämte Ding *vorgestellt*. „Gestatten, ich bin das *Subjekt*." – „Na und", gab da das Verb ungerührt zurück, „heute werden Sie *nachgestellt*, stellen Sie sich also bitte hinten an. Hier vorne ist alles besetzt!"

Alle wissen es, aber so wenige halten sich daran. Ja, es geht hier wieder um die Inversion! *Ich* esse heute thailändisch. Morgen esse *ich* Sushi, also japanisch. Fängt man einen Satz nicht mit dem Subjekt (wer oder was) an, muss immer das konjugierte Verb vor dem Subjekt stehen. Basta! Merken Sie sich also bitte: Das konjugierte, also veränderte Verb steht immer an zweiter, jawohl, an zweiter Position. Das heißt aber nicht, das Verb ist immer das zweite Wort! Schauen Sie sich einmal an, was alles eine erste Position ist: heute, heute Mittag, heute Mittag um eins, wenn es heute Mittag wird, ...Nachdem Sie das nun gelesen haben, denken Sie hoffentlich immer daran^^.

Vorstellung / Vorstellung

Man sollte wissen, dass man Goethes Theaterstück *Faust* auch heute noch immer gern an deutschen Theatern spielt. Und man sollte unbedingt einmal eine *Vorstellung* besucht haben. Was Jan gestern tat. Heute ist er sehr nervös. Denn er hat am Nachmittag ein *Vorstellungs*gespräch bei der Lufthansa. Er hat sich dort als Flugbegleiter beworben. Er hat die *Vorstellung*, er kann dann überall hinfliegen. Und wenn er angekommen ist, hat er immer Zeit, den neuen Ort zu besichtigen. Armer Jan!

Hatten Sie eine *Vorstellung* davon, wie viele Bedeutungen das Wort *Vorstellung* hat? Einmal ist es eine Theateraufführung, dann ein Gespräch, bei dem es um eine Arbeitsstelle geht; dann wieder eine Idee oder Bilder und Geschichten, die man im Kopf hat.

wann / wenn

„Hugo, *wann* bist du endlich fertig?" – „*Wenn* die Nachrichten vorbei sind." – „Hugo, *wann* können wir endlich gehen?" – „*Wenn* ich mein Bier ausgetrunken habe." – „Hugo, *wann* kommst du endlich?" – „*Wenn* ich den Zeitungsartikel zu Ende gelesen habe." – „Na schön, Hugo, *wenn* du nicht willst, dann gehe ich eben allein." – „*Wann* kommst du zurück?" – „Nie mehr. Such dir eine andere Frau, der es egal ist, *wann* es dir passt und *wann* nicht!"

Wann? = Fragewort, leitet Fragen nach der Zeit ein. Steht auch in der indirekten Rede: Hugos Frau fragte ihn, *wann* er endlich fertig sei.

Wenn = steht in Bedingungssätzen, nie in Fragesätzen!

warm sein (ihm) / warm sein (er)

Sven, unser Oberbürgermeister, trainiert seit 2 Stunden im Fitnessstudio. Ihm *ist* nicht *warm*, sondern ihm ist heiß. José, der an der Kraftmaschine neben ihm arbeitet, versucht es bei jedem Kerl im Studio. Alle wissen, *er ist warm*, denn er erzählt gerne, dass er schwul ist. Er flirtet wild mit Sven, denn der ist so heiß. Aber Sven reagiert überhaupt nicht. Der ist wirklich kalt, denkt José und ihm ist plötzlich kalt, weil er ahnt, dass er wieder allein durch die winterliche Kälte nach Hause gehen wird.

Es ist doch ganz einfach, also nicht durcheinanderkommen! Sven *wird* es *warm*, ihm *ist warm*. Er schwitzt aber nicht, weil man denkt, er *wäre warm* (schwul), sondern weil er trainiert. José dagegen *ist warm*, er sagt das offen.

wechseln / verwechseln

Manche Menschen *verwechseln* Liebe mit Sex. Sie *wechseln* ihre Partner wie ihre Hemden, weil sie denken, Liebe wäre etwas, was man kaufen kann.

Inhalte, Menschen können *verwechselt* werden, z. B. Zwillinge. Dagegen bedeutet *wechseln* so viel wie: ersetzen, austauschen.

weder noch / entweder oder

Weder Natascha *noch* Igor haben gewusst, dass Ernst Fromm das Buch 'Haben und Sein' geschrieben hat. Sie denken: *Entweder* haben wir damals beide in der Schule gefehlt *oder* das Buch war bei uns nicht erhältlich.

Natascha und Igor kommen aus Russland. Beide kannten den Autor Ernst Fromm nicht. Sie sehen zwei Möglichkeiten, warum sie ihn nicht kennen: *entweder... oder...* Und Sie, haben Sie schon einmal von Erich Fromm gehört?

wegziehen / umziehen

Als Paul K., ein unbekannter deutscher Dichter, von Berlin *wegzog*, fragten ihn viele seiner Freunde, warum er denn nach Wien *umziehe*. Er antwortete darauf, ohne lange zu überlegen: „Die Leute in Berlin sind mir zu hektisch."

Wer *wegzieht*, verlässt einen Ort, ohne gleich zu sagen, wohin. Wer *umzieht*, sagt in der Regel, wohin er *zieht*.

weil / dass

Bei der Geschwindigkeit der Globalisierung spielt das Internet eine wichtige Rolle. Als Grund für die Wichtigkeit des Internets werden unterschiedliche Argumente genannt. Die einen sagen: *Weil* Skype uns sofort mit jedem Ort der Welt mit Bild und Ton verbindet, können wir sofort an allem Geschehen auf dieser Welt teilnehmen. Die anderen sagen: *Dass* Skype uns sofort in Bild und Ton mit jedem Ort der Welt verbindet und uns am Geschehen teilnehmen lässt, macht die Welt zu einem globalen Dorf. Das Dumme ist nur, dass noch nicht immer alle auf der Welt am Dorfgeschehen teilnehmen dürfen. Ob sich das bald ändert?

Im Grunde bleibt sich doch alles gleich. *Weil* und *dass* geben einen Grund an, warum etwas so ist und nicht anders. Allerdings kann man nicht sagen: ~~Dass~~ Skype uns sofort mit jedem Ort der Welt mit Bild und Ton verbindet, können wir sofort an allem Geschehen auf dieser Welt teilnehmen. Zwar ist der Nebensatz mit *dass* korrekt gebildet und gibt einen Grund an, aber der Hauptsatz hat ein Subjekt: wir. Dies ist der Grund dafür, dass dieses Satzgefüge falsch ist. Unbedingt merken: Frage: Warum? Antwort: Weil /da.

Anders ist es hier: *Dass* Skype uns sofort in Bild und Ton mit jedem Ort der Welt verbindet und uns am Geschehen teilnehmen lässt, *macht die Welt zu einem globalen Dorf*. Schauen Sie sich diesen Satz nach dem Komma an: ... , *macht die Welt zu einem globalen Dorf*. Finden Sie hier ein Subjekt? Fehlanzeige! Weil ... hier der ganze vorangestellte Nebensatz das Subjekt ist. Man fragt: Wer oder was macht die Welt zu einem globalen Dorf? Antwort: Dass Skype uns sofort in Bild und Ton mit jedem Ort der Welt verbindet und uns am Geschehen teilnehmen lässt.

Weil / Inversion?

Weil vor langer Zeit drei Affen nichts sehen, nichts hören, nichts sagen *wollten*, trug einer keine Brille, der zweite kein Hörgerät, hatte der dritte sich alle Zähne ziehen lassen. Aber leider nutzte das nichts. Sie bekamen alles mit, was um sie herum geschah. Seitdem sitzen Affen in Zoos auf Stangen und Steinen und sagen nichts Verständliches, weil *es* ihnen die Sprache verschlug.

Weil leitet den Nebensatz ein. Deshalb steht das konjugierte Verb am Schluss und nicht vor dem Subjekt. Nun ja, das Leid mit den Grammatikregeln! Beim Sprechen sagen wir schon manchmal so: Weil gestern *hatte ich* Hunger. Oder: Weil *ich hatte* gestern Hunger. Da hört man aber nach dem *Weil* ein kleines Zögern. Tipp: Halten Sie sich einfach an die Regel.

weit gekommen / weit weg

„Ich *bin weit gekommen*", sagte der Ministerpräsident zufrieden zu seiner Frau. „Niemand hätte früher gedacht, dass ich einmal Ministerpräsident unseres wunderbaren Landes werden würde." Da nickte die Frau des Ministerpräsidenten zustimmend. „Ach, mein guter Mann", sagte sie zärtlich, „wenn du nur nicht so oft so *weit weg* wärst! Ich vermisse dich so sehr." „Hab Geduld, meine Röslein", antwortete der Ministerpräsident, „es sind doch nur zehn Jahre. Danach machen wir uns ein wunderbares Leben."

Weit kommen bedeutet hier: Karriere machen. Und man sagt *weit weg*, wenn keine Ortsangabe folgt. Er ist *weit weg*. Allerdings manchmal auch: Er ist in China, *weit weg* von zu Hause.

weit zu / weit zum

„Wie *weit* ist es noch bis zum nächsten Brunnen?", fragte der Tourist, der in der Wüste Stille finden wollte, den Karawanenführer. – „Och", sagte der mit einem stillen Lächeln, „da brauchen Sie nicht mehr so *weit zu* gehen. Immer geradeaus und nach drei Tagen links. Aber wenn Sie Glück haben, finden Sie die Rebellen, die nehmen Sie dann sicher mit."

Bei *weit zu* handelt es sich um eine Präposition und so gelten dann auch die Regeln für den Gebrauch des Artikels: *weit zu*m Bahnhof, *weit zur* Stadt. In *weit zu* gehen gehört das *Zu* zu *brauchen*. Da *brauchen* Sie nicht mehr weit zu *gehen*.

weiter machen / weitermachen

„*Weitermachen*", brüllte der Unteroffizier. Also setzte Soldat Mayer gehorsam zum hundertfünfundsiebzigsten Mal in dieser Stunde sein Gewehr zusammen. Aber er dachte sich: Wenn der so *weitermacht*, werde ich ihm eines Tages seinen Horizont *weiter machen*. Dann wird er vor lauter Sternen nichts mehr sehen.

Verben, die aus zwei Wörtern gebildet werden - schreibt man sie zusammen oder getrennt? Das ist selbst für viele Deutschlehrer manchmal ein Problem. Und wie sollen dann ihre Schüler oder Sie als Nichtmuttersprachler wissen, warum diese Deutschprofis sich so viele Gedanken darum und darüber machen? Das hat natürlich einen wichtigen Grund. *Weitermachen* bedeutet nämlich etwas anderes als w*eiter machen*. Die Erklärung: Sie haben diese wunderschönen Schuhe gekauft, obwohl sie so entsetzlich teuer waren. Aber sie drücken und Sie haben schon eine Blase an der Ferse. Dann gehen Sie zum Schuster und beim Betreten seines kleinen Ladens brüllen Sie nicht wie ein Kommandant "*Weitermachen*", sondern Sie bitten ihn: „Bitte *weiter machen*, damit sie nicht mehr so drücken." Wenn Sie nämlich wie ein Chef "*Weitermachen*" kommandieren würden, würde der Schuster Sie gar nicht beachten und einfach damit *weitermachen*, Schuhe zu reparieren und sie *weiter zu machen*.

weiterhin / andauernd

Auf Zigarettenschachteln steht, dass Rauchen zu einem langsamen und schmerzhaften Tod führen kann. Manche bekommen es mit der Angst zu tun, wenn sie das lesen. Dann müssen sie vor Angst *andauernd* rauchen. *Weiterhin* findet man auf der Schachtel - meistens - eine Steuerbanderole.

Wer nicht aufhört zu rauchen, sondern weitermacht mit seinem feinen Hobby, der sagt: „Ich rauche *weiterhin*". Wer dann *weiterhin* ohne Pause raucht, der raucht *andauernd*.

TEST 18

1. .... du fertig bist, können wir gehen.

   a) Wann   b) Weil   c) Wenn   d) Wie

2. Sabrina zieht von Frankfurt ....

   a) aus   b) weg   c) um   d) weiter

3. ... es regnen soll, bleiben wir zu Hause.

   a) Da   b) Wenn   c) Wie   d) Wann

4. Wer .... kommen will, darf nicht zu Hause bleiben.

   a) weg   b) weit   c) weit zu   d) viel

5. .... kurzer Zeit hörte man, dass Wasser privatisiert werden soll.

   a) Seit   b) Aus   c) Vor   d)In

6. Einer unserer Präsidenten musste seinen Hauskauf ...... bezahlen.

   a) viel   b) teuer   c) sehr   d) groß

7. Ist .....Vladimir *warm*, wenn er an das Angeln denkt?

   a) -   b) ihm   c) viel   d) es

Verwechseln Sie noch oft / viel / sehr / groß / teuer?

In der Fußgängerzone gibt es ...... zu sehen. ...... musizieren Könner und Dilettanten nur zehn Meter voneinander entfernt. Das geht den Geschäftsleuten ...... auf die Nerven. Wenn sie allerdings die Musikanten verjagen, kommt sie das ...... zu stehen. Deshalb fordern sie, dass endlich eine Umfrage gemacht wird. Die muss aber ...... genug sein, damit die Ergebnisse repräsentativ sind.

Rätselchen

Zur Grammatik: Es hat sieben Buchstaben und kommt stets nach Wörtern wie weil, wenn, als, ob, dass, nachdem, obwohl?

Das ist das: ....

Sagen Sie es richtig.

Ich bin

warm heiß kalt
schlecht

Mir ist

warm heiß kalt
schlecht

1) Ich habe große Lust auf die warme Haut eines anderen Menschen:

....

2) Ich sitze schon einige Zeit in der Sauna bei 95 Grad Celsius:

....

3) Ich bin in Sibirien im Winter:

....

4) Ich bin ein Mann und mag Männer:

....

5) Ich bin wie James Bond. Andere denken, ich habe keine Gefühle:

....

6) Jetzt muss ich meinen Pullover ausziehen, denn:

....

7) Ich habe einfach zu viel gegessen.

....

8) Ich belüge und betrüge gerne Menschen.

....

Dass oder weil?

...... Dummheit nie ausstirbt, freut viele Internetbetrüger sehr, nein, nicht nur die aus Nigeria. Sie schicken uns andauernd Mails, ... sie die Gier der Menschen kennen. ...... in diesen Mails Millionen Euros oder Dollars versprochen werden, schicken wir ihnen die gewünschten Informationen über uns zurück. ...... wir ihnen damit zu ihrem Glück verhelfen und uns schädigen, nehmen wir in Kauf. Dumm?

wechseln / Buchstabe

Wenn Sie in deutschen Wörtern die Buchstaben C und H und S hintereinander sehen, dann we*chs*eln Sie bitte die Bu*chs*taben und denken Sie, an KS oder X, bevor Sie sprechen. So verknoten Sie sich beim Aussprechen nicht die Zunge. Aber das gilt nur, wenn diese Buchstabenfolge im Stamm eines Wortes ist. "Wexeln" oder "wekseln" Sie bitte nicht bei dem Wort Bu*chs*tabe zu dieser Aussprache. Bu*chs*tabe ist zusammengesetzt aus Buch und Stab. Sie sagen also so: Buch-S*ch*tabe. Aber bitte nicht so schreiben!

wenn / als

Wenn es 17 Uhr ist, macht Herr B. normalerweise Feierabend. *Als* es gestern 17 Uhr war, musste er noch eine halbe Stunde im Büro bleiben. Das hat ihm gar nicht gefallen. Traurig dachte er an die schönen Zeiten früher zurück, *wenn* er dann pünktlich um 17 Uhr die Bürotür hinter sich schloss.

Wenn Sie *wenn* und *als* benutzen, um zu sagen, was früher geschah, dann sollten Sie bei *wenn* immer denken: *immer wenn*. Und *als* sagen oder schreiben Sie, wenn Sie an etwas denken, was nur einmal geschah. (Immer) *wenn* wir in die Schule gingen, freuten wir uns auf die Pausen. *Als* einmal die Schulglocke nicht funktionierte, hatten wir eine ganz lange Pause. Diesen Schultag werde ich nie vergessen.

wenn / falls

Wenn Sie bei Deutschen zum Essen um acht Uhr am Abend eingeladen sind, dann seien Sie bitte pünktlich, aber nicht überpünktlich. Klingeln Sie also nicht um 20 Uhr an der Haustür oder um Viertel vor acht, sondern um 20.05 Uhr. *Falls* Sie das Gefühl haben, Sie können nicht um fünf nach acht da sein, rufen Sie am besten gegen Viertel nach sieben an und entschuldigen sich und sagen, dass Sie voraussichtlich ein bisschen später kommen werden.

Wenn und *falls* können Sie immer dann als Synonyme ansehen, *wenn* eine Bedingung (*wenn*, dann) gemeint ist. *Falls* ist dabei ein wenig gehobeneres Deutsch als *wenn*.

werden / wurde / würde / wäre

Marcel ruft Antonia an: „Morgen *werde* ich dich besuchen. *Wirst* du da sein?", Antonia *wird* es heiß und kalt. Was *wird* Marcel wohl vorhaben? „Was *werden* wir tun?", fragt sie ihn. Er sagt, er *würde* gern mit ihr spazieren gehen. Am übernächsten Tag trifft Antonia ihre Freundin Moni. „Wie war's mit Marcel?", fragt sie. – „Ach", antwortet Antonia, „*wäre* Marcel nur ein bisschen romantischer, *würde* ich mich sehr glücklich fühlen. Aber so *wurde* es gestern nur ein langer Spaziergang – brennende Füße, sonst nichts."

Werde, wirst, wird, werdet und *werden* sind Präsensformen von *werden*. *Wurde* ist das Präteritum von *werden*. *Würde* ist der Konjunktiv II von *werden* und steht (fast) nie allein, dieses Wort braucht also (fast) immer ein zweites Verb. Etwa so: Marcel *würde* gern *spazieren gehen*. Ob er auch gern romantischer *wäre*, wissen wir nicht. Haben Sie aufgepasst? *Wäre* im letzten Satz ist der Konjunktiv II von *sein*!

wichtig / bedeutend

Ein *bedeutendes* deutsches Meinungsforschungsinstitut erklärte, dass nach einer neuen Umfrage der Mehrheit der Deutschen ein Arbeitsplatz *wichtiger* sei als Gesundheit. *Bedeutende* Menschen sind immer auch *wichtig* für ihre Zeit. Sie prägen ihre Gesellschaft. Dagegen ist ein *wichtiges* Ereignis nicht für alle *bedeutend*. Etwa wenn Frau Elke Schulz endlich ihr Baby bekommt, auf das sie so lange gewartet hat.

wider / wieder / Widder

Widder, die vor dem Siebzehnten geboren sind, müssen morgen aufpassen. Sie sollten sich daran immer *wieder* erinnern, vor allem dann, wenn der Chef sie auffordert, zwei Stunden länger im Büro zu bleiben. Dann bitte nicht *wider*sprechen.

Über kurz oder lang sind die Feinheiten der deutschen Rechtschreibung schon zu begreifen. Der *Widder* ist ein Tier, dessen Namen man schnell ausspricht, wenn man ihn sieht. Es bliebe sonst nicht viel Zeit zu flüchten. Er ist auch ein Sternzeichen. *Wider* etwas sein bedeutet gegen etwas sein, z. B.: Wenn man *widerspricht*, hat man eine andere Meinung. Und wenn man die Meinung des anderen mit Fakten oder guten Argumenten *widerlegt*, dann ist der andere zuerst einmal ganz still. Oder sind Sie anderer Meinung? Dann *wider*legen Sie bitte meine Aussage. Und wenn Sie mir zustimmen, dann *wieder*holen Sie doch einfach - in Gedanken - die unterschiedlichen Bedeutungen von Widder, wider und wieder^^.

Wintersport / Wintersportarten

Wir treiben gern *Wintersport.* Mindestens zweimal im Jahr – wenn wir es uns leisten können – fahren wir in die Berge, stellen uns an den Schleppliften an und rasen dann auf unseren Skiern oder mit dem Snowboard ins Tal hinab. Am Abend treiben wir dann andere *Wintersportarten*: Bierkrug stemmen oder Jodeln.

Sport gehört zu den Wörtern, die nur in der Singularform gebraucht werden. Im Plural heißt es *Sportarten*.

wirken auf / wirken für

Wie haben *auf* Sie der Hundedreck auf den Straßen und die vollen Regale mit Hundefutter *gewirkt*, als Sie hierher kamen? Dachten Sie etwa, hier möchte ich gerne Hund sein? Halt! Unsere Hunde sind auch fleißig und *wirken für* viele: Sie helfen Blinden und Einsamen, der Polizei beim Finden von Spuren und Drogen.

Wenn Ihnen ein Bild gefällt oder Sie von dem, was manche sagen, beindruckt sind, dann *wirkt* das *auf* Sie. Es macht Eindruck auf Sie. Etwas anderes bedeutet: *wirken für*. Hier ist jemand tätig für jemanden oder eine Organisation. Kurzum, jemand arbeitet für jemanden. Oft verbindet man damit auch eine bedeutende Arbeit, wie beispielsweise die Arbeit von Mutter Theresa, die in Indien *für die Armen wirkte* und viel Gutes tat.

wo / wohin

Frage: *Wo* gehen die meisten Menschen? Antwort: Natürlich auf den Bürgersteigen. Zweite Frage: *Wohin* gehen all diese Menschen? Antwort: Manche gehen in die Stadt, manche gehen auf den Markt und alle gehen ihrem Schicksal entgegen. Der eine wird in zwei Minuten in Hundedreck treten und der andere wird die Frau oder den Mann seines Lebens treffen.

Und sie bewegt sich doch! Das hat Galilei erklärt. Wenn man an diese Bewegung denkt, wird man niemals mehr fragen, *wo* gehen die Menschen, sondern immer: *wohin*. Und dann wird man an eine Präposition denken und an den Akkusativ. Und ebenso wird man an *zu* oder *entgegen* denken und sich erinnern: Wir gehen zum Arzt und wir gehen unserem Schicksal entgegen.

worden / geworden

„Warum wollen Sie in Ihrem Alter noch Schauspielunterricht nehmen? Sind Sie verrückt *geworden?*" – „Nein, aber ich bin als Abgeordneter in den Bundestag gewählt *worden.*"

Wenn am Satzende mehrere Perfektpartizipien zusammentreffen und das letzte davon *geworden* ist, dann verliert *geworden* seine Vorsilbe "ge-". Es heißt dann nur: *worden*. Der Mann ist nicht gewählt ~~geworden~~, sondern gewählt worden.

Worte / Wörter

„Yes, we can!" Mit diesen *Worten* warb Obama einst für sich bei den Präsidentschaftswahlen. Das waren *Worte*, die die Menschen trafen und bewegten und so wählte die Mehrheit ihn zum Präsidenten. Natürlich hatte Barack Obama die Rede gut einstudiert, bevor er sie hielt. Dabei hatte er die *Wörter* unterstrichen, die er besonders betonen wollte.

Worte = kann man hören und fühlen bisweilen und man erinnert sich lange oder immer daran.

Wörter = kann man in Texten sehen und viele können sie auch lesen. Und Sie schlagen unbekannte *Wörter* im Wörterbuch nach. Ein Tipp: Schlagen Sie bitte nicht jedes unbekannte *Wort* in einem Wörterbuch nach! Dann verlieren Sie nämlich schnell die Lust am Erlernen einer neuen Sprache.

wundern (sich) / bewundern

Gerade wird Dustin Bieber von vielen *bewundert.* Sie – zumeist jung und weiblich – finden ihn toll. Viele Jungs *wundern sich* darüber. Sie können nicht verstehen, was die Mädchen so toll an Dustin finden. Aber vielleicht sind sie ja auch nur neidisch auf ihn wegen seines Erfolgs bei den Girls.

zahlen / zählen / zählen auf

In diesem Moment *zählt* unser Planet 7.128.913.549 Menschen. Wer das *gezählt* hat? Na, es gibt da eine Internetseite mit einer Weltbevölkerungsuhr. *Auf* die können Sie *zählen,* wenn Sie genaue Angaben suchen, denn dort finden Sie immer die genaue Zahl der Weltbevölkerung. Die Seite ist von der Stiftung *Weltbevölkerung,* die etwas gegen die Armut auf der Welt tun will. Sie *zahlt* auch Miete für Büros in aller Welt und für Angestellte, vor allem in Afrika. Und für Rätsel-Fans: Wann wurde dieser Beitrag hier geschrieben? Wer die richtige Lösung einschickt, erhält drei Freiexemplare von *Versprechen Sie Deutsch-2013^^.*

Zahlen = bezahlen, für etwas Geld ausgeben; *zählen* = die Anzahl von etwas angeben oder überprüfen; *auf jemanden zählen* = sich auf jemanden verlassen, jemandem fest vertrauen.

zu (de)r Zeit / zurzeit

Zurzeit werden wieder mehr Menschen hier geboren. Aber *zur* (*zu der*) Zeit, als weniger Menschen geboren wurden, hatten die Politiker große Angst, dass das Rentensystem nicht mehr funktionieren würde. Dazu müssen Sie wissen, das Rentensystem funktioniert folgendermaßen: Diejenigen, die arbeiten, zahlen mit ihren Rentenbeiträgen die Rente für die Rentner und Rentnerinnen, solange diese leben. Wer das weiß, ist froh um jeden Menschen, der nach Deutschland kommt und hier eine Arbeit findet und Kinder hat oder macht. Darum ist Deutschland heute offiziell ein Einwandererland. *Zurzeit* gibt es noch ein paar Dumme, die sagen, *zur Zeit* des Wirtschaftswunders hatten wir nicht so viele Ausländer. Aber diese Leute sind oft schon in Rente und sollten eigentlich froh sein um jeden jungen Menschen, der hier arbeitet, gleich welche Hautfarbe er hat oder aus welchem Land er kommt.

Jetzt, heute und heutzutage sind identisch mit *zurzeit*. Wenn an die Vergangenheit gedacht wird, dann sagt man beispielsweise: *Zur Zeit* des deutschen Wirtschaftswunders. Und man meint damit: *zu der Zeit*, als es den Leuten – angeblich - so viel besser ging.

zu eng / zu nah

„Ich möchte dir nicht *zu nahe* treten", sagt Agnieszka zu ihrem Freund, „aber findest du nicht, dass dieses Hemd dir zu eng ist? Man sieht ja deinen dicken Bauch."

Jemandem *zu nahe* treten = einem Menschen zu nahe kommen. Indem man über Persönliches redet. Was verletzen kann. Liebende dürfen das, aber auch nicht immer, z. B sollte die Ehefrau, wenn die Mutter ihres Mannes in der gleichen Straße wohnt und sich täglich meldet, sich gut überlegen, wie sie das ihrem Mann sagt.
Und ein *zu enges* Hemd lässt den Bauch sehen, *zu enge* Schuhe drücken entsetzlich und führen zu Blasen an den Füßen.

zu gut / sehr gut

Der Enkel schenkt seiner schwerhörigen Oma ein neues Hörgerät. Gerührt sagt sie: „Du bist *zu gut* zu mir." Drei Wochen später fragt der Enkel seine Oma: „Wie funktioniert denn eigentlich das neue Hörgerät?" - „*Sehr gut*", antwortet die Oma, „ich habe jetzt schon dreimal mein Testament geändert."

Zu gut = besser als es sein sollte oder als man erwartete; *sehr gut* = fast 100%., Oma hört jetzt wieder alles, was in ihrer Nähe gesprochen wird.

zu Hause / Zuhause

Hier ist ein gemütliches *Zuhause* sehr wichtig, denn man hält sich – nicht nur wegen des Wetters – gern in den eigenen vier Wänden auf. So wird für die Einrichtung der Wohnung sehr viel Geld ausgegeben. Man will sich einfach wohl fühlen, wenn man nach der anstrengenden Arbeit *nach Hause* kommt und dann den Rest des Tages *zu Hause* bleibt.

Das *Zuhause* = Nomen für den Ort, wo jemand *zu Hause* ist.
Und wo sind Sie gerade: *zu Hause*, also *in Ihrem Zuhause*?

zu Tante Sveta / zur Tante

Jiri fährt jeden Monat einmal *zu Tante Sveta* nach München. „Warum reist du jeden Monat *zur Tante*?", wird er gefragt. – „Das ist wegen ihrer Rente. An jedem Ersten wird sie ans Fenster gestellt und so denken alle, Tante Sveta lebt noch."

Bei allem schwarzen Humor – eine Tante hat entweder einen Namen oder einen Artikel, wenn wir von ihr sprechen, ohne ihren Namen zu nennen. Nie aber beides gleichzeitig (~~zur~~ Tante Sveta).

zu trinken / zum Trinken

Zu trinken gibt es Wasser nicht überall auf der Welt. Als gute Gastgeberin hat Angela für ihre ausländischen Gäste also viel Mineralwasser – mit und ohne Kohlensäure – besorgen lassen. Darunter sind auch ganz exklusive Wasser, 4,80 Euro kostet eine Flasche davon. Ja, Ja, da ist auch Wasser von Nestle dabei. Weiß unsere Angela denn nicht, wo das abgefüllt wurde und wer deswegen nichts *zum Trinken* hat?

Klar, Wasser ist *zum Trinken* da. Wenn die Wasservorkommen aber privatisiert werden, dann gibt es bald für noch weniger Menschen gutes Wasser *zu trinken*. Ob Angela das weiß?

zu trinken / zu trinkende

Noch einmal zum Wasser zurück. Es ist wichtig, genügend Wasser am Tag *zu trinken*. Das hier *zu trinkende* Wasser aus der Wasserleitung hat gute Qualität. Noch muss also niemand verdursten.

Zu trinken = Infinitiv mit *zu* nach solchen Wörtern, wie: *Es ist wichtig*, ..., es ist schön, ... es ist gut, ...

Das *zu trinkende* Wasser heißt: Man *kann* es trinken. Zum anderen heißt es aber auch: Man *muss* oder *soll* es trinken. *„Zu + Partizip 1 + sein"* bilden eine Ersatzform für die Modalverben wie müssen, können, sollen und diese Form wird auch oft benutzt. Achten Sie dabei immer auf den Kontext. Wenn wir Autoren Ihnen sagen, das Buch *ist* hoffentlich bis zur letzten Seite *zu lesen*, dann meinen wir nicht, Sie *müssen* das tun. Wir hoffen vielmehr, dass das Lesen Ihnen noch immer Spaß macht. Sagt Ihnen aber Ihr Chef, die Arbeit *ist* bis morgen *zu erledigen*, denken Sie bitte nicht, Sie können das bis morgen machen, müssen aber nicht. Das könnte Ihren Chef dann sehr verärgern.

zu / in

Als der Feuerwehrmann *zu* der verschlossenen Tür kam, riss er sie schnell auf und stürmte *in* das Zimmer, um nachzuschauen, ob da noch jemand war. Natürlich saß da einer vor seinem Computer. „Mein Gott", schrie der Feuerwehrmann, „raus hier, es brennt!" Ungläubig blickte ihn der User an. „Warten Sie, ich muss das schnell auf Facebook posten."

Zu dem Zimmer = davor, noch nicht in dem Zimmer;
in das Zimmer = der Augenblick, wenn man *in* ein Zimmer geht.

zubauen / zu bauen

Viele Menschen haben Lust, sich ein eigenes Haus *zu bauen*. Dadurch verschwindet jedes Jahr sehr viel freies Land, das mit großen Siedlungen *zugebaut* worden ist. Früher hatte dort nur ein Haus gestanden und der Besitzer hatte eine wunderbare Sicht auf Wiesen und Wälder. Jetzt sieht er nur noch Beton, weil alles mit mehrstöckigen Häusern *zugebaut* ist.

Zubauen = etwas wird auf oder vor etwas anderes gebaut, zum Beispiel Häuser auf Wiesen, sodass man nur noch Wände sieht.
Zu bauen = ein Haus *bauen*, eine Straße *bauen*. Viele wollen ein Haus *bauen*; viele träumen davon, ein Haus *zu bauen*.

1. Wenn die neuen Schuhe .... sind, muss man sie von einem guten Schuster weiter machen lassen.

   a) sehr gut   b) zu nah   c) zu eng

2. Wie viele .... haben Sie bereits gelernt, seitdem Sie Deutsch lernen?

   a) Wintersport   b) Wörter   c) Worte

3. Die .... Aufgaben in den 19 Tests waren doch einfach.

   a) lösenden   b) gelöst   c) zu lösenden

4. Wasser ist .... da.

   a) zum Trinken   b) zu trinken   c) trinken

5. Auf Freunde sollte man immer .... können.

   a) zahlen   b) zählen   c) bezahlen

6) .... machen sich Bankmanager viele Gedanken über ihr Gehalt.

   a) Zur Zeit   b) Zu Zeiten   c) Zurzeit

Wo und wohin gehen Ihre Fragen?

1) .... reist Jiri jeden Monat? Zur Tante?
2) .... findet man das schönste Lächeln der Welt?
3) .... stellen Sie das Wasser im Haus ab?
4) ....legen Sie Ihren Haustürschlüssel?
5) .... gibt es die beste Pizza in der Welt?

Und wie schreiben Sie das?

1) Jetzt bleiben wir *zu Hause / Zuhause*.
2) Jeder wünscht sich, ein Haus *zubauen / zu bauen*.
3) Manche Menschen *wekseln / wechseln* Freunde wie Hemden oder Röcke.

Was ist richtig - worden oder geworden?

1) Wir sind trotz Euro-Krise noch nicht verrückt ....
2) Wann ist dieses Gesetz verabschiedet ....?
3) Wer ist 2010 Fußballweltmeister ....?
4) Warum ist Einstein nicht Arzt ....?
5) Warum sind immer wieder Menschen verlassen ....?

Wählen Sie wieder die richtigen Wörter.

1) Romina *bewundert/ wundert sich* über gar nichts.
2) Heute *zahlen / zählen* Männer nicht mehr immer für das Essen.
3) Viele Menschen *zahlen / zählen* ihre Falten im Gesicht.
4) Das *wirkt auf/ wirkt nach* Kosmetikproduzenten belebend.
5) Deshalb werden die Männer *zu der Zeit/ zurzeit* von dieser Branche heftig umworben.

Ai - wird und wurde(n) und würde und wäre

1) Lajo .... hier lieber auf romantischen Straßen fahren, statt auf der Autobahn.
2) Elitsa .... eines Tages in einem Beruf arbeiten, für den sie studiert hat.
3) Nour .... manchmal lieber mit all seinen Freunden sein.
4) Isabella .... eines Tages bewusst, dass es an der Zeit war wegzugehen.
5) Lilia .... gern schon am Ziel. Da .... sie zeigen, was sie kann.
6) In Anis Bauch strampelt Ellen. Die .... ganz sicher bald hier sein.
7) Jana .... sich entscheiden müssen, wo sie leben will.
8) Liliana .... gern in Spanien bei ihren Liebsten.
9) Wir alle .... geboren, um zu sein.

Das ist jetzt zu tun.

Überlegen Sie und sagen Sie dann, welche bedeutenden Ereignisse in Ihrem Leben auch für andere wichtig wären, erinnert .... Diese .... Ereignisse würden die Welt höchstwahrscheinlich ein wenig menschlicher machen.

zuerst / zum Ersten

Wichtig für alle Mieter einer Wohnung: *Zuerst* sich den Namen und die Telefonnummer des Vermieters gut merken. Zweitens: Der Vermieter will sein Geld, die Miete, jeden Monat, nämlich *zum Ersten* in jedem Monats auf seinem Konto sehen.

zum Lachen bringen / zum Lächeln bringen

Mit einem Strauß Blumen *bringt* man fast jede Frau *zum Lächeln*, *zum Lachen bringt* man sie aber nur mit einem tollen Witz, der ihren Geschmack trifft, oder durch ausgiebiges Kitzeln. Allerdings kitzelt man zu lang, dann kann sie auch recht böse werden.

Ein *Lächeln* ist nicht zu hören, nur zu sehen. Ein *Lachen* dagegen ist immer zu hören!

zumachen / abstellen

Reisetipps: Bevor Sie das Haus verlassen und die Haustür *zumachen*, sollten sie noch einmal Ihre Koffer *abstellen* und nachschauen, ob Sie auch wirklich den Wasserhahn an der Badewanne *abgestellt* haben, sonst könnten Sie vielleicht bei Ihrer Rückkehr aus dem Urlaub als Überraschung den größten See, den Sie je gesehen haben, in ihrer Wohnung sehen. Oder die Nachbarn könnten Sie sehr böse anschauen.

Man *macht* eine Tür *zu*, Koffer *stellt* man *ab*, wenn sie zu schwer werden. Und man *stellt* auch den Strom oder das Wasser *ab*.

zurücklegen (sich) / zurücklegen

Aus der jüngsten europäischen Geschichte: Man lebte gar nicht so schlecht und konnte von seinem Arbeitslohn jeden Monat etwas *zurücklegen*, um sich später eine größere Anschaffung, etwa ein Haus oder ein neues Auto, leisten zu können. Man legte also einen Teil seines Geldes auf ein Sparbuch. Dann verstellte man die

Lehne seines Fernsehsessels nach hinten und legte *sich* ein bisschen *zurück.* Ja, das war doch ein schönes Europa!

Zurücklegen = nach hinten in eine bequemere Position legen.
Etwas zurücklegen = Geld für spätere, schlechtere Zeiten sparen.
Zur Doppelbedeutung von *zurücklegen* zitiert Sigmund Freud in seinem Buch "Der Witz und seine Beziehung zum Unbewussten": Von Frau X wird erzählt, sie soll sich von Zeit zu Zeit etwas *zurückgelegt* haben, um etwas *zurückzulegen.*

zurückziehen / zurückdrehen

Wer wünscht sich nicht manchmal, die Zeit *zurückdrehen* zu können? Dann würde man sich ganz aus dem Alltag *zurückziehen* und in ein stilles Kämmerlein verziehen, einen Stapel Deutschbücher und eine Grammatik unter dem Arm. Dann würde man fleißig lernen und dann hätte man heute nicht die geringste Schwierigkeit mit dieser deutschen Sprache. Ja, das wäre doch wirklich nicht schlecht.

Zurückziehen bedeutet: Jemand will keine Menschen um sich; *zurückdrehen* musste man früher Uhren, heute wird nur noch selten etwas *zurückgedreht.* Es geht immer nur vorwärts. Auch ihr Deutsch wird immer besser, wenn Sie sich immer wieder damit beschäftigen, glauben Sie uns das.^^

Zwang antun / sich Zwang antun

Der evangelischen und der katholischen Kirche gehen in Deutschland die Gläubigen aus, inzwischen sind nur noch jeweils 30% der hier lebenden Menschen Mitglieder einer der beiden großen Kirchen. Das liegt nicht nur an der Unglaubwürdigkeit der Kirche (Stichwort: Missbrauch und Verlogenheit mit dem Umgang damit) sowie der Kirchensteuer, die jedes Mitglied der Kirche zahlen muss. Deshalb verschicken die Kirchen bunte und perfekt gelayoutete Briefe an die Christen. Deren Inhalt lautet: Kommen Sie doch mal vorbei, *tun Sie sich keinen Zwang an,* fühlen Sie sich wie zu Hause. Wer dann sonntags tatsächlich in die Kirche geht, hört, wie der Pfarrer oder die Pfarrerin (evangelisch) von der Kanzel herab predigt, man solle dem anderen keinen *Zwang antun*. Denn Gewalt predige die Bibel nicht, sondern Mitgefühl und Liebe.

Tu dir keinen Zwang an = fühle dich so wie zu Hause, fühle dich frei, zu tun, was du willst.

Jemandem Zwang antun: Man zwingt jemanden zu tun, was man will, der andere aber gar nicht. Man weiß ja durch Geschichte und eigene Erfahrung, wie man dem anderen hilft, dass er das tut, was man will. Aber geht das wirklich einzig durch Gewalt?

zwar..., aber ... / teils ..., teils ...

Zwar kann man hier alles kaufen, *aber* manchmal verzichtet man lieber auf das Einkaufen, weil die Verkäufer und Verkäuferinnen nicht sehr freundlich sind. Das liegt *teils* an ihrem miesen, also schlechten Gehalt, *teils* aber auch an ihrer Einstellung den Kunden gegenüber.

Zwar..., aber...: Man schränkt ein, relativiert etwas. *Zwar* sollen die Verkäuferinnen verkaufen, *aber* manchmal haben sie wenig Lust dazu, weil sie so wenig verdienen.

Teils ... , teils ...: Man nennt Ying und Yang, nennt zwei Dinge oder Gründe, die gleich stark zu beachten sind. *Teils* wollen die Verkäuferinnen verkaufen, wenn sie eine Provision bekommen, *teils* wollen Sie sich nicht so viel Mühe geben, weil sie so wenig verdienen. Aber vielleicht auch: weil die Kunden manchmal auch gar nicht freundlich sind.

zweifeln an / verzweifeln

Sie haben nun fast alles im *Fehlerverlernbuch für Ausländer* gelesen. Bitte *zweifeln* Sie nicht *an* ihrem Deutsch, wenn Sie in den folgenden Übungen noch immer Fehler machen. Das ist überhaupt kein Grund zu *verzweifeln* und das Buch enttäuscht in die Ecke zu werfen und sich zu schwören, nie wieder Deutsch! Das wünschen wir Autoren uns von ganzem Herzen.

Zweifeln = sich nicht sicher sein, ob etwas stimmt oder nicht; *verzweifeln* = keinen Mut mehr haben, keine Hoffnung mehr haben, weil nichts mehr hilft.

Zwiesel / zwischen

Sie waren sehr fleißig, haben das Buch ganz gelesen. Sie haben sich jetzt wirklich Urlaub verdient. Schlagen Sie also *Versprechen Sie Deutsch – 2013* zu, packen Sie schnell Ihren Koffer und dann nichts wie weg in einen Urlaub! Unser Tipp: Fahren Sie doch nach *Zwiesel*, der Stadt im Bayerischen Wald, die für ihre Glasprodukte so bekannt ist. Es liegt bei Bayerisch-Eisenstein, an der Strecke *zwischen* Regensburg und der tschechischen Grenze. Dort können Sie zu gutem Preis wunderbare Gläser und Glasschalen kaufen.

Zwiesel... Sie sehen das *I* und *E*. Sie wissen, das wird wie ein ganz langes *I*(iiii) gesprochen. Und bei *zwischen* sehen Sie nur das *I*(i), und Sie wissen, das muss man kurz aussprechen.

ZX / ZZ

Wenn Sie jetzt nach *ZX* online auf die Suche gehen, finden Sie Bilder von Sportschuhen, Bilder von heißen Motorrädern und heißen Sportautos. Unter *ZZ* finden Sie vielerlei Verschiedenes. Alles hat mit Dynamik zu tun. Was hat Dynamik mit Ihrem Deutsch zu tun? Zuerst waren Sie froh, weil Sie immer mehr deutsche Wörter und Sätze verstanden. Dann waren sie betrübt und die Motivation, weiter zu lernen, war wie weggeblasen – Sie hatten das Gefühl, ihr Deutsch wird schlechter. Z – z– z – Unsinn! Sie sind eine Stufe weiter! Sie selbst erkennen Ihre Fehler, ist das nicht toll? Lassen Sie sich nicht verunsichern, von niemandem, selbst von ihrem oder Ihrer Liebsten nicht. Sie sind auf dem richtigen Weg. Lesen Sie viel, loggen Sie sich auf Internet-Seiten ein, z. B. bei faz.de. Sie fragen sich vielleicht, ob wir Autoren für diese Werbung bezahlt werden. Unsere Antwort: Nein, noch nicht, haha. Aber dort finden Sie so viele wunderbare Artikel in wunderbarem Deutsch, zu allen Themen, die Sie interessieren.

Und wenn Sie Lust haben, einen Kommentar zu „Versprechen Sie Deutsch?" abzugeben, dann kommen Sie doch auf unsere Seite bei Facebook. Dort können Sie uns auch „*liken*", müssen Sie aber nicht. Auf jeden Fall - wir freuen uns auf Ihren Besuch

Facebook/Versprechen Sie Deutsch?

TEST 20

1. ...... kann man in 20 Tests viel richtig machen, aber das heißt nicht unbedingt, dass man jetzt alles kann.

   a) Teils   b) Zwar   c) Zum Ersten   d) Zu

2. Wenn man unglücklich ist, kauft man viele Dinge zum .... ein.

   a) lachen   b) essen   c) Essen   d) lächeln

3. Wenn Sie Ihre Miete nicht immer pünktlich .... zahlen, werden Sie Probleme mit dem Vermieter bekommen.

   a) zuerst   b) zum Ersten   c) am ersten   d) erstens

4. Lernen ist wie Rudern gegen den Strom. Hört man damit auf, treibt man .... So sagte Laotse.

   a) zu nah   b) zurück   c) zu eng   d) zu

5. Heather tut sich .... an, wenn sie ihre Freunde besucht, denn sie fühlt sich dort wie zu Hause.

   a) zurückziehen   b) zurückdrehen

   c) keinen Zwang   d) Zwang an

Teils und *zwar* und *aber*

1) ......fiel er hin, ... stieß sie ihn.

2) .... beherrscht niemand die deutsche Sprache perfekt, ... das stört die Experten überhaupt nicht.

3) Sie sollten ...... viele Bücher lesen, ... sollten Sie aber auch Kontakt zu Ihren Mitmenschen suchen.

4) ...... ist das gar nicht so einfach, ... manchmal hat man Glück.

Wie schreibt man das?

1) zw ....schen   2) Zw .... bel;   3) z .... hen;

4) z ....schen   5) z ....ren;   6) Zw ....sel.

Helfen Sie beim Erzählen.

Sie hatten etwas Geld ...., damit Sie *dieses* wunderbare *Versprechen Sie Deutsch 2013* ihrer Freundin zum Geburtstag schenken können. Als Sie die Wohnung verließen, gaben Sie der Haustür einen Tritt, weil Sie sie .... wollten und Ihre Hände in der Jacke steckten. Sie würden .... , dachten Sie, wenn es dieses Buch nicht mehr gäbe. Als Sie in den Buchladen kamen, sah der Verkäufer Sie so merkwürdig an, als zweifelte er ...... Ihrem Verstand. „Wollen Sie mich .... Lachen. bringen?" fragte er. „Das Buch gibt es schon lang nicht mehr. Sie können doch nicht die Zeit .... Komisch, Sie sind heute schon der dritte Kunde, der danach fragt." Da .... Sie und forderten ihn auf, einmal bei Amazon zu suchen. Was er sogleich auch tat.

Schwer? Sammelsurium - aus vielen Lektionen.

1) Schwatzhafte Leute machen das mit einem Gerücht: ....

2) Wer einen Bus kauft, muss sein Garagentor ....

3) Kluge Leute tun das mit ihrem geistigen Horizont: ....

4) Picasso hat viele Bilder im kubistischen Stil ....

5) Manch ein Diktator ist nicht gewaltig, sondern ....

6) Einen zu engen Rock muss man ....

7) Wer denkt, er sei der Beste, bringt viele ....

8) Wenn nichts im Kopf ist, ist er ....

9) Wenn etwas im Kopf ist und man denkt, bekommt man eine
   .... von der Welt.

10) Viele Dinge tun wir ....

Und noch einmal zurück - welcher Satz ist richtig?

1) Man braucht nur jeden Tag ein bisschen lernen, dann wird man
   perfekt.   **R**   **F**

2) Man braucht nur jeden Tag ein bisschen Lernen, dann wird man
   perfekt.   **R**   **F**

Zuallerletzt noch dieses Rätsel.

Was will jemand, der auf Händen durch Zwiesel geht?

Lösungen

Testen & Üben 1

1c, 2b, 3c, 4d, 5a, 6a, 7c

Das rechte Wort an den rechten Ort
Am Freitag, dem 13., gibt *jeder* normale Mensch seinen Freunden den *Auftrag*, besonders gut aufzupassen. *Weiterhin* besorgt man *Anträge* für die Leute, die man gern hat. So können diese beruhigt ihre Autos auf der Straße *abstellen*.

Auf die richtige Wahl kommt es an
1) das Fahrrad abstellen 2) alles schmeckt 3) der fette Hans, *aber* der dürre Franz 4) bei der Prüfung versagen.

Wer sucht, der findet
1) Zum Telefonieren musste man früher: abheben 2) Gibt es beim Bäcker: *Laib* 3) Eineiige Zwillinge tun es: *sich gleichen* 4) Sagt man in Diskussionen: *auf der anderen Seite*.

Raus mit den Fehlern
„Aber liebste Frau B., warum darf ich Ihnen keinen *Antrag* machen?" So fragte Herr Raab Frau B. - „Mein Herr", sagte Frau B. zu Herrn Raab, „es gefällt mir nicht, dass Sie (-) Moderator von Beruf sind." Herr Raab dachte nun daran, dass Frau B. nicht nur Herrn Jauch, den Millionenbringer, gut kannte, *sondern* auch Angela. Da bedankte sich Herr Raab ganz höflich dafür, dass Frau B. seine Frage so ehrlich *beantwortet* hatte.

Testen & Üben 2

1b, 2a, 3a, 4b, 5a, 6b, 7a, 8b, 9b

Richtig oder falsch?
1) Falsch. Die freien Hände der Arbeitslosen werden leider nicht benutzt, um freie Stellen zu schaffen. 2) Richtig. Hunde werden genutzt, um Rentner und Rentnerinnen von dummen Gedanken abzuhalten.

Kreuzworträtsel
Senkrecht: 1. Bekannter 2. Belastung 3. Aufwachen 4. Aufmerksamkeit
5. Ausgeben 6. Besatzung 7. Aufwecken 8. Ausziehen
Waagerecht: 9. Aufmerksamkeiten

Testen & Üben 3

1b, 2d, 3a, 4b, 5a, 6a, 7c

Was ist das?
1) Man ist noch nicht so klug wie hinterher: *vorher*. 2) In Museen
machen das viele: *bewundern*. 3) Alle Leute in China sind das: *die
Bevölkerung*. 4) Beim Schlafen hat man es nicht: *das Bewusstsein*. 5)
Dort wird Reis gegessen: *im chinesischen Restaurant*.

Machen Sie mit da(r)-Wörtern, was Jogi will.
1) Jogi *ist* immer *dagegen*, nur defensiv zu spielen. Auch: ... dass
defensiv gespielt wird. 2) Er *ist* immer *dafür*, dass die Spieler den Kopf
benutzen. 3) Er *denkt darüber nach*, wie man das erreichen kann. 4) Er
ist noch immer *davon überzeugt*, dass sie (wir) den Titel holen.

Was kommt nach bis?
Bis Weihnachten will Linda 20 Kilo abnehmen. Sie hungert von morgens
bis abends. *Bis auf* Kamillentee trinkt sie nichts. *Bis zu* dreimal täglich
trinkt sie davon drei Liter. Jeden Nachmittag joggt sie von ihrer
Wohnung *bis zum* Bahnhof. Dort steht sie vor der Bäckerei. Dann sagt
sie zu sich: *Bis hierher* habe ich es geschafft, dann halte ich es auch noch
bis Weihnachten aus. Dann geht sie schnell weiter.

Ich nix gut deutsch! Sie besser machen!
1) Für einen Kuchen braucht man nicht viele Zutaten. 2) Auf diesem Foto
ist die schöne Isabel abgebildet. 3) Weil Carlos viel studiert hat, ist er
jetzt gebildet. 4) Bevor Sie essen, waschen Sie sich die Hände.

Testen & Üben 4

1 c, 2 b, 3 b, 4 c, 5 c, 6 c, 7 a

Sie - die - der - es - das - sie
1) Sie kennen meine Geschichte. Erzählen Sie *die* allen, die *sie* hören
möchten. 2) Der Faule denkt, *der* ist gut, der *es* richtig macht. 3) Das
Radio spielt nur das, was *Sie* einstellen.

Sich und mich und sich und dich

1) Nicht nur Hunde stellen *sich* vor den Spiegel. 2) Selena kämmt *sich* seit zwei Stunden. 3) Hast du *dich* heute schon vor den Spiegel gestellt? 4) Wenn ich *mich* kämme, fragen alle, warum.

Unterstreichen Sie die richtige Form.

Meine Liebste schenkt *mir* ein neues Auto. Bevor sie *mir* die Schlüssel in die Hand drückt, sagt sie: „Kauf *dir* bitte auch eine neue Brille. Und außerdem rate ich *dir*, eine Vollkaskoversicherung abzuschließen." Dann sieht sie *mich* durchdringend an und fordert *mich* auf, *ihr* beim Einsteigen zu helfen. Der Porsche ist nämlich ganz schön niedrig.

Böse Artikel und andere unbestimmte Ungeheuer

Wenn am Abend *der* Mond über *(-)* München aufgeht, dann geht *die* Sonne erleichtert schlafen. Wenn dann gegen zwei Uhr dreißig *ein* Auto ohne Auspuff über *die* Maximilianstraße donnert, wacht sie wieder auf und fragt sich: Was für *ein* Mensch will mich da ärgern? Und so beschließt sie, am nächsten Tag zu streiken. Das ist *der* Grund, warum es manchmal schlechtes Wetter in München gibt. Frage: Was sollten also alle *(-)* Münchner nachts besser tun? Richtig, sie sollten *die* Autos stehen lassen.

Von guten und schlechten Relationen

Viele, *die* ihren Partner als Ersatz für einen Hund ansehen, leiden unter einem Sprachphänomen, *das* sich Kommanditis nennt. Außerdem leiden sie unter der Wahnvorstellung, *die* alle Griechen für immer mit Platon verbindet, dass nämlich ein Euro im Haus nicht die Lösung für viele Probleme ist.

Testen & Üben 5

1d, 2a, 3a, 4d, 5d

Das rechte Wort an den rechten Ort

Ein Mann kam *einmal* in eine Bar in Texas. Er sagte dem Barmann, er wolle *etwas* trinken. Dieser zog jedoch *auf einmal* seinen Revolver und schoss in die Luft. Der Mann bedankte sich und ging, denn der Barmann hatte für sein Problem die richtige Lösung gefunden. Haben Sie jetzt *den Eindruck*, Sie werden auf den Arm genommen? Die Lösung ist nichts *Besonderes*. Der Mann hatte keinen Durst, sondern nur einen Schluckauf.

Erkennen Sie die falschen Wörter?

a) Statt *auf einmal* heißt es *einmal*. b) Statt *Shopping* heißt es *einkaufen*.
c) Statt *eigene* heißt es *einige*. d) Statt *Eisenbügel* heißt es ein *Bügeleisen*
e) Statt *einen Eindruck* heißt es *den Eindruck*. f) Statt *einer von schönsten*
heißt *einer der schönsten*. g) Statt *einzuladen* heißt es *einladen*.

Wo stimmen die S? Tragen Sie die Wörter ein.

2) Kuss 5) Fuß 6) Füße 7) weißt 9) Hass 10) Maß

Tragen Sie hier die falschen S ein. Aber korrekt bitte.

1) muss, 2) Schluss 3) Fluss 4) heißt 5) Füße 6) beißt

Und die Regel

ß bei langem Vokal, ß bei zwei Vokalen, ss bei kurzem Vokal.

Testen & Üben 6

1d, 2a, 3b, 4d, 5a, 6b, 7d

Wer suchet, der findet.

1) Gute Schüler bekommen das manchmal: *Förderung*. 2) Wer das hat,
steht oft vor dem Kühlschrank: *Fresssucht*. 3) Man entwickelt etwas, was
es noch nicht gibt: *erfinden*. 4) Eltern versuchen ihren Kindern das zu
geben: *Erziehung*.

Ändern Sie die falschen Wörter? Fortsetzung 1

a) Statt *erfand* heißt es: *empfand*. b) Statt *erklären wusste* heißt es
erklären konnte. c) Statt *viel* heißt es *fiel*. d) Statt *sind* heißt es *gibt es*.
e) *Statt fangen* heißt es *anfangen*. f) Statt *ein Paar* heißt es *ein paar*.

Finderlohn für richtige Effs

Wer *Fragen* zu diesem wichtigen Thema hat, *freue* sich über diese
Übung, weil sie nicht nur für Männer und *Frauen* wichtige Erkenntnisse
bringt, sondern auch manches *Freibier* verspricht.

Setzen Sie das passende Wort ein.

1) Im Winter ohne Schuhe auf die Straße zu gehen - *ist etwas Dummes*.
2) Das neue Auto des Nachbarn zu zerkratzen - *ist etwas Gemeines*. 3)
Sich zu verlieben - *ist etwas Schönes*. 4) Geld in die Dritte Welt zu
schicken - *ist etwas Gutes*.

Und noch dies

Es ist *wichtig*, eine *wichtige* Aufgabe in aller Ruhe zu erledigen.

1 d, 2c, 3c, 4b, 5a, 6b, 7c, 8b

Eingebildete ausgebildete Bildungen
1) *Ausgebildete* Arbeitnehmer verdienen mehr. 2) Mit der *Bildung* kommt der Hunger. 3) *Eingebildete* Kranke sind gute Patienten. 4) Das Gefährlichste ist: *eingebildete Bildung*.

Richtig oder falsch?
1) *Vor* drei Wochen hat bei Konstantin der Wecker geklingelt. 2) *Für alle* gilt das Gleiche: Bitte keine Fehler zugeben. 3) Vor Richtern sollte man *auf* alle Fälle nicht zu viel sagen. 4) In dem kleinen Zimmer ist es *ganz anders*, als er sich das vorgestellt hatte. 5) *Gar nichts* Interessantes passierte.

Für Gourmets: gefallen und genießen
Uli in Bayern *gefällt* die Arbeit als Manager der Bayern. Er *genießt* nicht die Macht des Amtes, sondern das Vertrauen *gefällt ihm*, das man in ihn setzt. Vor kurzer Zeit wäre er fast ausgerutscht und *gefallen*. Aber alles ist gut gegangen und so *genießt* er weiterhin die Spiele seiner Elf von seiner Loge aus.

Puzzeln Sie mit, dann setzen Sie ein
1) Kandinsky hat viele Meisterwerke *geschaffen*. 2) Der Teufel soll sehr *geschickt* mit Worten sein. 3) Manche lieben *Geschirre*, nicht nur Dresurreiterinnen und -reiter. 4) Sein Sohn hat endlich das Abitur *geschafft*.

Was sagen Sie in diesen Situationen?
Vier Uhr morgens auf der Autobahn: Der Motor Ihres Wagens brennt. Doch da hält schon ein ADAC-Pannenfahrzeug: „Sie hat der Herrgott *geschickt!*"
Es regnet und es ist kalt. Trotzdem gehen Sie ins Freibad. Dort erfahren Sie, Sie haben eine monatliche Rente von 5000 Euro gewonnen, weil Sie der zweimillionste Besucher sind. Sie rufen: *„Freibier* für alle!"

1 d, 2b, 3b, 4d, 5b, 6d, 7c

Wer suchet, der findet.
1. Von unten nach oben: *hinauf*. 2. Von draußen nach drinnen: *hinein*. 3. Ich stehe oben, jemand kommt: *herauf*. 4. Ich stehe draußen, jemand

kommt: *heraus*. 5. Wo ich gerade stehe: *hier*. 6. Ich bin an einem Ort, jemand kommt zu mir: *hierher, her*.

Das rechte Wort an den rechten Ort

Das Ritterfräulein Kunigunde lebte unglücklich in einem Turm auf Burg Pechstein. Es gab nicht einmal Internet dort. „Ist es *hier* langweilig!", stöhnte sie jeden Tag. So öffnete sie Tag für Tag ihr kleines Fenster und schaute *hinaus* auf das weite Land. Eines Tages kam ein junger schöner Ritter auf seiner Yahama *herbei*geritten, der hieß Sigbert. „Komm *her*", rief Kunigunde durch das Fenster. Siegbert rollte in den Burghof *hinein* und stapfte in seiner schweren Motorradkleidung die Treppe zu Kunigunde *hinauf*. Doch seine Stiefel waren so schwer, dass die Treppe einstürzte und Siegbert *hinunter*fiel. Da kamen viele andere Ritter *herbei* und sangen den Rap, der gerade überall im Radio zu hören war: Siegbert ist *gefallen*, hat der Kuni nicht *gefallen,* so steht sie *hier* an diesem Ort und wünscht den Siggi ganz weit fort.

Ein paar Hinweise in jeder Hinsicht. Was passt?

Franz las nie die *Hinweise* auf den Beipackzetteln seiner Medikamente . In dieser *Hinsicht* war er sehr unvorsichtig. Lance dagegen las die *Hinweise* immer sehr sorgfältig. In dieser *Hinsicht* war er sehr vorsichtig.

Was ist Ihnen im Kopf geblieben

1) einen Arzt holen 2) ein Konzert hören 3) in einer Ein-Zimmer-Wohnung leben 4) jemandem Gesundheit wünschen.

Lektion gelernt?

Zuerst dachten die Leute auf der kleinen Insel, es wird alles gut. *Nachdem* die Banken geschlossen worden waren, dachten sie: *Hinterher* weiß man immer alles besser.

Testen & Üben 9

1 b, 2c, 3a, 4a, 5c, 6d

Beantworten Sie diese Fragen.

1) in Breslau 2) im November 1483 3) in die Stadt 4) in der Sushi-Bar Sakura 5) nach Barcelona

In Zukunft oder in der Zukunft?

Was werden die Menschen *in der Zukunft* machen, wenn sie schon heute nicht mehr wissen, womit sie die hohenHeizkosten bezahlen sollen. Wird dann vor jedem Haus ein hohes Windrad, also eine Windkraftanlage, stehen, weil die Besitzer dieser Häuser sich entschieden haben, *in Zukunft* ihren Energiebedarf selbst zu produzieren?

Streichen Sie die falsche Lösung.
1) *Im* November 1989 ist die Mauer gefallen. 2) Das war eine einzigartige Erfahrung *im Leben* vieler Deutscher. 3) *1990* war Deutschland wieder ein ungeteilter Staat. 4) Mancher machte sich dann *Illusionen*, dass alles besser würde. 5) Manche wollten sprechen, weil sie etwas *auf dem Herzen* hatten.6) Viele wollten *ihr Leben* verändern und gingen in den Westen.

Was ist Ihnen ihm Kopf geblieben?
1) indem wir lernen ... 2) in die Stadt fahren ... 3) in meinem Leben ... 4) *auf* diesem Foto 5) Danke für Ihre Mail

Finden Sie das richtige Ende.
Für Pierre ist ganz lo*gisch*: Franzö*sischer* Käse schmeckt ihm am besten. Das sagt er ganz ehr*lich* jedem, der ihn nach seiner Meinung fragt.

Das Gegenteil zu oder im Gegensatz zu?
1) Im Gegensatz zu Präsident Obama wurde Präsident Assad nicht demokratisch gewählt. 2) *Das Gegenteil zu* Demokratie ist Diktatur.

Testen & Üben 10

1d, 2a, 3a, 4b, 5a 6d

Er oder man oder du oder Sie?
1) Man kann viel Geld verdienen, wenn *man* die richtige Idee hat.
2) Jemand kann hier viel Geld verlieren, wenn *er* auf die falschen Leute hört. 3) Sie können bei uns viele nette Leute kennenlernen, wenn *Sie* in einen Sportverein gehen. 4)Du musst immer wissen, wem *du* gestern was erzählt hast.

Wo leben diese Leute?
1) Der Bürgermeister eines Dorfes lebt *auf dem Land*. 2) Eine Krankenschwester in Hamburg *lebt in der Stadt*. 3) Ein Öko-Bauer lebt *auf dem Land*. 4) Ein österreichischer Skilehrer lebt *auf dem Land*, er selbst würde sagen, er lebt *in den Bergen*.

Finden Sie die Wörter.

Waagerecht: 1) klingen 2) niemand 3) Kirsche 4) kämpfen 5) bekämpft (Bitte beachten: Ä = AE). Senkrecht: 1. Kirche 2. Klingeln 3. kann 4. Komma 5. Kaltmiete

Zeigen Sie Ihr Wissen und Können und Ihre Kenntnisse.

Heidi *kennt* viele Leute im Show-Business. Sie *kann* gut mit Leuten umgehen und *weiß*, wie sie die großen Stars behandeln muss. Als noch niemand sie *kannte*, *konnte* sie das auch schon.

Testen & Üben 11

1a, 2c, 3b, 4a, 5c, 6a

Haben Sie das schon gelernt?

1) Wenn man allein reist, kann man viele Menschen *kennenlernen*. 2) Die Erfahrung *lehrt*, dass manche Leute ein wenig dümmer, andere ein wenig klüger sind. 3) Auf dem Oktoberfest kann man die Menschen sehr gut *studieren*. 4) Aber nicht nur dumme Menschen *leeren* eine Maß Bier in einem Zug.

Etwas ist durcheinander hier.

Angela *liebt es*, bei Fußballspielen dabei zu sein. Natürlich *liebt* sie auch ihren Mann.

Verbessern Sie diese entsetzlichen Fehler

1) Wer einmal *liebt*, dem glaubt man nicht. 2) Im Bett *liegen* drei Paar Füße. 3) Professoren *lehren* gerne Studenten, die alles wissen möchten. 4) Im Schrank *hängt* ein schwarzer Gürtel.

Ein guter Engel hat aufgeräumt

1) Wo *hängt* mein Bademantel? 2) Wo *steht* der Kühlschrank? 3) Wo *liegt* die Zeitung? 4) Wohin haben Sie den Abfallkorb *gestellt*?

Noch einmal: Lernen und Studieren

1) Nach der Schule *lernt* man einen Beruf. 2) Alle Eltern wollen, dass ihre Kinder nach dem Schulabschluss *studieren*. 3) In der Schule *lernt* man. An der Uni *studiert* man. 4) Wer etwas genau beobachtet, der *studiert* etwas. Zum Beispiel das Verhalten der Autofahrer bei Rot an der Ampel.

Schlangensätze schmecken nicht

1) Wer länger lebt, erlebt mehr. 2) Je selbstständiger man ist, desto weniger ärgert man sich. 3) Der große Dichter wollte mehr Licht ans Bett.

1b, 2c, 3c, 4c, 5b, 6b, 7c, 8b

Beginnen Sie den Satz mit diesen Wörtern
Der Nachtisch schmeckt mir. 1) *Morgens* schmeckt mir der Nachtisch. 2. *Am Sonntag* schmeckt mir der Nachtisch. 3) *Nach dem Hauptgang* schmeckt mir der Nachtisch. 4) *Nachdem ich alles gegessen habe*, schmeckt mir der Nachtisch.

Rätsel-Kochbuch
Carola fragt *mich*, ob *mir* ein deutsches Kochrezept einfällt. Bei *ihr* gibt es manchmal Rosenkohl in Lauch-Sahnesoße. Das geht so: *Nachdem* man den Rosenkohl geputzt hat, putzt man auch den Lauch. Den Rosenkohl kocht man dann in *mindestens* 15 Minuten weich, den Lauch schneidet man in kleine Ringe. Butter gibt man in einen kleinen Topf, streut zwei Löffel Mehl darauf, lässt das Mehl in der heißen Butter schwitzen und *nachdem* das gemacht ist, gießt man so viel Wasser dazu, dass eine *nicht* zu dicke Soße entsteht. Darin kocht man den Lauch. Man würzt kräftig mit Sahne, Salz, Pfeffer und Muskat und gießt die Soße über den Rosenkohl. Dazu isst man Kartoffeln und trinkt einen trockenen Weißwein. Wer wollte das nicht *näher kennenlernen*?

Raus mit den falschen Wörtern
1. Statt *zumindest* heißt es *mindestens*. 2. Statt *zu Hause* heißt es *nach Hause*. 3. Statt *am meisten* heißt es *meistens*. 4. Statt *zu* heißt es *auf*. 5. Statt *Bedeutung* heißt es *Meinung*.

1b, 2b, 3c, 4b, 5b, 6c

Schreiben Sie das im Präteritum
Gestern *ereignete sich* in der Politik nichts. Es *geschah* nichts in der Welt, worüber die Zeitungen hätten berichten können. Die Journalisten schüttelten ungläubig den Kopf. Ja, gestern *passierte* tatsächlich nichts in der Welt.

Nichts davon ist in der Zukunft wahr
1) Es ist *nicht* wahr, dass die Krankenkassenbeiträge wieder erhöht werden. 2) Es ist nicht wahr, dass viele *nichts* zum Essen haben werden. 3) Es ist nicht wahr, dass die Leute *keine* Arbeit haben werden. 4) Jeder,

der *nein* sagen will, muss den Mund halten. *Kein* Mensch wird mehr viel darüber nachdenken.

Was gehört da hinein?
1) Häuser 2) Leute 3) Bäume 4) Meute 5) Mäuse 6) Geräusche

Kennen Sie das?
1) Sie denken an etwas Schönes und Sie *genießen* die Vorstellung. Da Sie aber Schnupfen haben, müssen Sie *niesen*. 2) Sie erfahren, dass Ihr Lieblingskäse bei wichtigen Käsekritikern nur den achten Platz *einnimmt*. Sie *nehmen* daher lieber einen anderen Käse. 3) Sie hören im Radio immer *öfter*, dass Mangel an Licht *oft* krank macht. Sie nehmen sich vor, *öfters* in die Sonne zu fahren.

Haben Sie alles über *oben* und *unten* verstanden?
Wenn man *oben* geht, muss man sich manchmal verbeugen. Wer *unten* geht, muss sich immer verbeugen.

Raten Sie den richtigen Begriff
1) Passanten 2) Ofen 3) Nummer 4) Professor 5) Planen

Testen & Üben 14

1c, 2b, 3c, 4c, 5a, 6a, 7c, 8a

Warum nicht mal den Genitiv
1) Davids Frau 2) Lionels Auto 3) Lady Gagas Kleid 4) das Glück der Menschen 5) der Rückschritt der Zivilisation

Das rechte Wort an den rechten Ort
"Rassisten *sagen* endlich im Suppenschüssel-Prozess *aus*" lautet die *Schlagzeile* der heutigen Abendzeitung. Die Angeklagten sollen eine Schüssel *geschaffen* haben, die nur japanische Hühnersuppe mag. Laut ihrer Aussage *schmeckten* ihnen alle anderen Suppen nicht, deshalb kamen sie auf die Idee, eine *Schüssel* zu erfinden, die nur Hühnersuppe in sich gießen lässt und alle anderen Suppen mit großem Druck einfach wieder ausspuckt. So mussten Köche und Köchinnen ihre Küchen ständig *aufräumen*. *Professionelle* Suppenschüsselhersteller versuchten *schließlich*, dem Geheimnis der Schüssel auf die Spur zu kommen - bisher allerding vergeblich. Heute *endlich* sagten die Suppenrassisten aus. Die Polizei *rät* allen Betroffenen, die eine solche Schüssel gekauft

haben, die Schüssel bei Herrn Wundersam, der ja *Reklame* für sein Wunderwerk macht, zu *reklamieren*.

Wer suchet, der findet.
1. Wer in seinem Beruf ein Experte ist, arbeitet *professionell*. 2. Wer nichts falsch macht, macht alles *richtig*. 3. Wer eine neue Wohnung hat, muss seine alte *räumen*. 4. Wer Probleme hat, braucht einen *Rat*. 5) Wer alles Fremde bekämpft, ist ein *Rassist*.

Raten Sie doch mit Ministern mit.
1) Minister bitten oft ihre Berater, ihnen einen *Rat* zu geben.

2)„Würden Sie mir zum Rücktritt *raten / mich verraten*?" So fragen sie.

3) Minister *raten* selten, wer an ihrem Stuhl sägt. 4) Wenn sie das wüssten, würden sie den Verräter schnell an die Presse *verraten*.

Testen & Üben 15

1c, 2c, 3a, 4c, 5b (aber auch eine schwierige ist möglich, allerdings wird es nicht oft so in Verbindung mit Sprache benutzt), 6b, 7d

Welche Städte sind das?
1) Es fällt *schwer*, diese Stadt nicht zu mögen, denn sie hat einen großen Hafen und viele Sehenswürdigkeiten, die man sich *ansehen* kann - nicht nur die Reeperbahn, wie viele sich *vorstellen*. Das ist: Hamburg.
2) Dort *sitzen* die Abgeordneten unter einem Dach aus Glas. *Es gibt* auch einen großen Fluss. *Als* Deutschland 1990 wiedervereinigt wurde, gab es dort viel Unruhe. Das ist Berlin.
3) -...: In dieser Stadt *spazieren* viele Filmschauspieler auf den Straßen. Viele zieht es darum in diese Stadt im Freistaat. Es gibt dort *sowohl* Bayern-Fans *als auch* Löwen-Fans zu sehen. Das ist München.

Etwas Weltgeschichte mit seit oder seitdem
1) *Seit* dem Aufkommen des Internets finden Menschen schneller zusammen. 2) *Seitdem* Menschen schneller zusammenfinden, gibt es mehr Lust auf Demokratie. 3) *Seit* dem Aufkommen einer größeren Lust auf Demokratie fällt es Diktatoren schwerer, an der Macht zu bleiben. 4) *Seitdem* es Diktatoren schwerer fällt, an der Macht zu bleiben, bleiben sie lieber in ihren Palästen und sehen sich alte Familienbilder an. 5) *Seit dem* Betrachten alter Familienbilder überlegen sich Diktatoren, ob sie nicht ihr Land verlassen sollten. 6) *Seitdem* sich Diktatoren überlegen, ihr Land zu verlassen, hat sich schon einiges auf der Welt verändert.

Entscheiden Sie richtig.

1) *Als* die Bilder laufen lernten, gab es noch keinen Ton dazu. 2) Liebe Eltern, es geht mir gut. Ich hoffe, *ihr* kommt mich bald besuchen. 3) Das Buch *liegt* neben dem Bett. 4) Es gibt viele Männer auf dem Fußballfeld; *sie* kommen aus verschiedenen Ländern.

Wenig - selten - viel

Selten / *wenig* geschätzt werden von Vielessern die Kalorien. *Wenig* / *selten* geschätzt werden von Vielessern Menschen, die sagen, wer *viel* isst, sollte unbedingt auch joggen.

So viele Sorgen - Schreiben Sie die Sätze neu.

1) Manche Politiker *sorgen* sehr viel *für* ihre Verwandten. 2) Diese Verwandten machen *sich keine Sorgen* um morgen. (... sorgen sich nicht *um* morgen. 3) Sie können *für* ihre Kinder *sorgen*.

Testen & Üben 16

1c, 2a, 3d, 4b, 5c, 6c

Das rechte Wort an den rechten Ort

Vor *über* einer Woche lief im Fernsehen die Reportage über ein *tapferes* Mädchen, das als 14jährige gar nicht *brav* auf die Erwachsenen hören wollte und schließlich als erste 16jährige mit ihrem Boot "Guppy" die Welt *umsegelte*. Mitten auf dem Ozean soll sie fleißig für die Schule *gelernt* und holländische Texte ins Englische *übersetzt* haben. Auch soll sie täglich ihren Eltern, die ihr erlaubt hatten, so lange von einer Insel auf die andere *überzusetzen*, drei SMS geschickt haben. In Philipsburg auf der Karibikinsel Sint Maarten wurde sie schon von ihren Eltern erwartet, und das Städtchen veranstaltete eine Umzugsparade für das *tapfere* Mädchen.

Spaß haben oder Spaß machen

1. Es *macht* Spaß, jemanden in den April zu schicken. 2. An diesem Buch werden Sie noch lange Ihren Spaß *haben*. 3. Wenn alle viel Spaß bei der Arbeit *haben*, braucht die Firma keinen Betriebspsychologen. 4. Wenn allerdings alle viel Spaß bei der Arbeit *machen*, könnte es sein, dass die Firma bald Konkurs anmeldet.

Wählen Sie die richtige Vorsilbe aus und setzen Sie sie ein.

1. Der Film fängt um 20 Uhr *an*. 2. Im Mordfall X sagt Herr Bieder bei der Polizei *aus*. 3. Die Lautsprecherstimme am Bahnhof sagt den nächsten Zug *an*. 4. Sabine muss in der Schule ein Gedicht *auf*sagen. 5. Professor

Meier ist krank. Sein Seminar muss daher *ab*gesagt werden. 6. Es ist *unter*sagt, in der Toreinfahrt Fußball zu spielen. 7. Man sagt Herrn Wampe *nach*, er esse täglich bis zu 3 Kilo Nudeln. 8. Frau Lenz sieht *aus*, als habe sie 3 Nächte nicht geschlafen. 9. Erik sieht nicht *ein*, warum er seine Wohnung räumen soll. 10. Jaques sieht sich fast täglich die Mona Lisa *an*. 11. Batman sieht sich im Hafensilo *um*. 12. In der Prüfung sollen Sie nicht *ab*schreiben. 13. Können Sie "z. B." *aus*schreiben?

Testen & Üben 17

1a, 2c, 3d, 4c, 5d, 6b, 7b

Welche Partner fehlen den Verben? Aber Achtung!
1) bezahlen 2) beurteilen, verurteilen 3) begleichen, vergleichen 4) entstehen, erstehen, gestehen, verstehen 5) reorganisieren 6) deplatzieren 7) inhalieren 8) zerreißen.

Sagen Sie die Wahrheit?
1) Haben Sie nie Hunger? *Doch. / Aber ja.* 2) Wollen Sie nicht geliebt werden? *Doch. / Aber ja*. 3) Verstehen Sie nichts vom Leben? *Doch. / Aber ja*.

Zaubern Sie mit dem Dativ.
1) Niemand darf *denen*, die Sie lieben, Leid zufügen. 2) Ärzte verschreiben *den / ihren / dem / ihrem* Patienten nicht gern Massagen. 3) Der Präsident übergab *dem* Trainer die Kündigung. 4) Wir verdanken *unseren* Eltern sehr viel. 5) *Niemandem / Keinem / Keiner* wird die Einreise verweigert.

Entscheiden Sie sich für das Richtige.
Die Wohnbaugesellschaft *vermietet* auch an sozial Schwächere. Der *Vertrag* wird von der Gesellschaft zugeschickt. 3) Wer in geordneten *Verhältnissen* lebt, braucht keine Angst vor einer Kündigung zu haben. 4) Wenn man eine *verwohnte* Wohnung zugewiesen bekommt, muss man schnell selbst renovieren. 5) Zusammenfassend ist zu sagen: *Verglichen* mit anderen Ländern ist die Zahl der Wohnungssuchenden sehr klein.

Sagen Sie es richtig.
1) Er hat das Auto noch nicht *bezahlt*. 2) Zahnstein sollte regelmäßig *entfernt* werden. 3) Schon immer haben Politiker gern Märchen *erzählt*. 4) Wem haben Sie zuletzt etwas *verziehen*? 5) Zutiefst enttäuscht hat er den Lottoschein *zerrissen*. 6) Tom hat viele Millionen in der Euro-Lotterie *gewonnen*. 7) Haben Sie schon einmal jemanden

missverstanden? 8) Sie kam sich in ihrem Outfit etwas *deplatziert* vor. 9) Wann werden wohl die Rechte aller *respektiert* werden?

Testen & Üben 18

1 c, 2b, 3a, 4b, 5c, 6b, 7d (auch a, aber dann können Missverständnisse entstehen.)

Verwechseln Sie noch oft / viel /sehr / groß / teuer?
In der Fußgängerzone gibt es *viel* zu sehen. *Oft* musizieren Könner und Dilettanten nur zehn Meter voneinander entfernt. Das geht den Geschäftsleuten *sehr* auf die Nerven. Wenn sie allerdings die Musikanten verjagen, kommt sie das *teuer* zu stehen. Deshalb fordern sie, dass endlich eine Umfrage gemacht wird. Die muss aber *groß* genug sein, damit die Ergebnisse repräsentativ sind.

Rätselchen
Das ist das *Subjekt*.

Sagen Sie es richtig.
1. Ich bin heiß. 2. Mir ist heiß. 3. Mir ist kalt. 4. Ich bin warm. 5. Ich bin kalt. 6. Mir ist warm. 7. Mir ist schlecht. 8) Ich bin schlecht.

Dass oder weil?
Dass Dummheit nie ausstirbt, freut viele Internetbetrüger sehr, nein, nicht nur aus Nigeria. Sie schicken uns andauernd Mails, *weil* sie die Gier der Menschen kennen. *Weil* in diesen Mails Millionen Euros oder Dollars versprochen werden, schicken wir ihnen die gewünschten Informationen über uns zurück. *Dass* wir ihnen damit zu ihrem Glück verhelfen und uns schädigen, nehmen wir in Kauf. Dumm?

Testen & Üben 19

1 c, 2b, 3c, 4a, 5b, 6c (Wenn Sie dieses Buch 2022 lesen, könnte auch b richtig sein.)

Wo und wohin gehen Ihre Fragen?
1) *Wohin* reist Jiri jeden Monat? Zur Tante? 2) *Wo* findet man das schönste Lächeln der Welt? 3) *Wo* stellen Sie das Wasser im Haus ab? 4) *Wohin* legen Sie Ihren Haustürschlüssel? 5) *Wo* gibt es die beste Pizza in der Welt?

Und wie schreiben Sie das?
1) Jetzt bleiben wir *zu Hause*. 2) Jeder wünscht sich, ein Haus *zu bauen*.
3) Manche Menschen *wechseln* Freunde wie Hemden oder Röcke.

Was ist richtig - worden oder geworden?
1) Wir sind trotz Euro-Krise noch nicht verrückt *geworden*. 2) Wann ist
dieses Gesetz verabschiedet *worden*? 3) Wer ist 2010
Fußballweltmeister *geworden*? 4) Warum ist Einstein nicht Arzt
geworden? 5) Warum sind immer wieder Menschen verlassen *worden*?

Wählen Sie wieder die richtigen Wörter.
1) Romina *wundert sich* über gar nichts. 2) Heute *zahlen* Männer nicht
mehr immer für das Essen. 3) Viele Menschen *zählen* ihre Falten im
Gesicht. 4) Das *wirkt auf* Kosmetikproduzenten belebend. 5) Deshalb
werden die Männer *zurzeit* von dieser Branche heftig umworben.

Ai - wird und wurde und würde und wäre
1) Lajo *würde* hier lieber auf romantischen Straßen fahren, statt auf der
Autobahn. 2) Elitsa *wird* eines Tages in einem Beruf arbeiten, für den sie
studiert hat. 3) Nour *würde* manchmal lieber mit all seinen Freunden
sein. 4) Isabella *wurde* eines Tages bewusst, dass es an der Zeit war
wegzugehen. 5) Lilia *wäre* gern schon am Ziel. Da *würde* sie zeigen, was
sie kann. 6) In Anis Bauch strampelt Ellen. Die *wird* ganz sicher bald hier
sein. 7) Jana *wird* sich entscheiden müssen, wo sie leben will.
8) Liliana *wäre* gern in Spanien bei ihren Liebsten. 9) Wir alle *wurden*
geboren, um zu sein.

Das ist jetzt zu tun
Überlegen Sie und sagen Sie dann, welche bedeutenden Ereignisse in
Ihrem Leben auch für andere wichtig wären, *erinnert zu werden*. Diese
zu erinnernden Ereignisse würden die Welt höchstwahrscheinlich ein
wenig menschlicher machen.

Testen & Üben 20

1b, 2c, 3b, 4b, 5c

Teils und zwar und aber

1) *Teils* fiel er hin, *teils* stieß sie ihn. 2) *Zwar* beherrscht niemand die
deutsche Sprache perfekt, *aber* das stört die Experten überhaupt nicht.
3) Sie sollten *teils* viele Bücher lesen, *teils* sollten Sie aber auch Kontakt

zu Ihren Mitmenschen suchen. 4) *Zwar* ist das gar nicht so einfach, *aber* manchmal hat man Glück.

Wie schreibt man das?
1) zwischen 2) Zwiebel 3) ziehen 4) zischen   5) zieren; 6) Zwiesel.

Helfen Sie beim Erzählen.
Sie hatten etwas Geld *zurückgelegt*, damit Sie *dieses* wunderbare *Versprechen Sie Deutsch - 2013* ihrer Freundin zum Geburtstag schenken können. Als Sie die Wohnung verließen, gaben Sie der Haustür einen Tritt, weil Sie sie *zumachen* wollten und Ihre Hände in der Jacke steckten. Sie würden *verzweifeln*, dachten Sie, wenn es dieses Buch nicht mehr gäbe. Als Sie in den Buchladen kamen, sah der Verkäufer Sie so merkwürdig an, als zweifelte er *an* Ihrem Verstand. „Wollen Sie mich *zum* Lachen bringen?" fragte er. „Das Buch gibt es schon lang nicht mehr. Sie können doch nicht die Zeit *zurückdrehen*. Komisch, Sie sind heute schon der dritte Kunde, der danach fragt." Da *lächelten* Sie und forderten ihn auf, einmal bei Amazon zu suchen. Was er sogleich auch tat.

Schwer? Sammelsurium - aus vielen Lektionen.
1) Schwatzhafte Leute machen das mit einem Gerücht: *verbreiten*.
2) Wer einen Bus kauft, muss sein Garagentor *verbreitern*. 3) Kluge Leute tun das mit ihrem geistigen Horizont: *erweitern*. 4) Picasso hat viele Bilder im kubistischen Stil *geschaffen / gemalt*. 5) Manch ein Diktator ist nicht gewaltig, *sondern gewalttätig*. 6) Einen zu engen Rock muss man *weiter machen*. 7) Wer denkt, er sei der Beste, bringt viele zum *Lachen*.) Wenn nichts im Kopf ist, ist er *leer / hohl*. 9) Wenn etwas im Kopf ist und man denkt, bekommt man eine *Vorstellung* von der Welt. 10) Viele Dinge tun wir *unbewusst*.

Und noch einmal zurück - welcher Satz ist richtig?
Man muss nur jeden Tag ein bisschen lernen, dann wird man perfekt.

Zuallerletzt noch dieses Rätsel.
Vielleicht will er Leute zum Lachen bringen. Vielleicht will er aber auch dadurch erreichen, dass der Buchhändler immer genügend Exemplare von *Versprechen Sie Deutsch – 2013* vorrätig hat.

Muttersprachliche Fehlerquellen

Arabisch

1. Ein Problem für Sie: Deutsche Verben bilden nicht immer regelmäßig ihre verschiedenen Formen (gehen - ging - gegangen).

2. Beginnen Sie im Deutschen einen Satz mit einem Verb, wie Sie es aus Ihrer Sprache gewohnt sind, so formulieren Sie eine Frage: Fährst du nach Hamburg? In deutschen Hauptsätzen achten Sie immer darauf, dass das Verb an der zweiten Position im Satz steht. Kommen weitere Verben im Infinitiv oder Partizip Perfekt hinzu, stehen sie am Ende. In Nebensätzen stehen alle konjugierten Verben am Ende.

3. In Ihrer Sprache bedeutet: wayn = wo?. Verwechseln Sie das also nicht mit dem deutschen *wann?*

4. Jeder deutsche Satz braucht ein Verb. Besonders bei dem Verb *sein* müssen Sie auf der Hut sein. Vergessen Sie das nicht: Ich *bin* aus Ägypten (nicht: ~~Ich aus Ägypten~~).

5. Jedes Verb braucht im Deutschen ein Subjekt. Das Verb allein in der konjugierten Form, in der das Subjekt enthalten ist, genügt nicht. Deshalb brauchen Sie auch die Personalpronomen: Er arbeitet (nicht: ~~arbeitet~~).

6. Die Modalverben im Deutschen bereiten Ihnen einiges Kopfzerbrechen, denn aus Ihrer Sprache kennen Sie sie nicht. Denken Sie daran, nur das Modalverb zu konjugieren. Das dazugehörige Verb steht im Infinitiv: Er kann Klavier spielen (nicht: ~~Er kann Klavier spielt~~).

7. Nomen brauchen im Deutschen einen Artikel, den Sie am besten immer zusammen mit dem Namen lernen: Das Buch ist sehr interessant.

8. Adjektive stehen im Deutschen in der Regel vor dem Nomen und müssen dekliniert werden, das heißt, eine Endung bekommen: das schnelle Auto (nicht: ~~das Auto schnell~~).

Chinesisch

1. Deutsche Verben müssen unbedingt konjugiert werden, auch wenn die Person und die Zeit durch den Kontext, durch adverbiale Ergänzungen oder den Satzbau klar scheinen: Gestern verstand Ludwig nichts mehr.

2. Das deutsche Verb nimmt in Hauptsätzen immer die zweite Position ein, in Nebensätzen steht es am Satzende. Bei mehreren Verben stehen die nicht konjugierten im Hauptsatz am Satzende: Sie sollen nicht verzweifeln.

3. Jeder deutsche Satz braucht ein Subjekt und ein Verb (~~schneit~~, es schneit; ~~ich beschäftigt~~, ich bin beschäftigt).

4. Deutsche Namen brauchen einen Artikel. Da oft schwer oder gar nicht zu verstehen ist, ob zum Namen der, die oder das gehört, lernen Sie am besten von Anfang an jedes Nomen zusammen mit dem Artikel. Allgemeine Nomen (Auf der Straße stehen Autos) oder unzählbare Nomen (Hast du Zucker?) stehen ohne Artikel, ebenso Eigennamen (Andreas geht spazieren).

5. In der dritten Person Singular unterscheidet die deutsche Sprache bei den Personalpronomen zwischen er, sie und es: er bezieht sich auf Nomen, die den Artikel der tragen; sie auf solche mit die; es auf solche mit das.

Englisch

1. Das Hauptproblem für Sie sind die deutschen Artikel und die Endungen von Adjektiven. Sie sollten sich daher immer ein neues Nomen zusammen mit dem Artikel einprägen.

2. Die Kasus (Nominativ, Dativ und Akkusativ) kennen Sie aus Ihrer Muttersprache nicht. Vielleicht hilft es Ihnen zu wissen, dass ein deutscher Satz außer dem (Nominativ-)Subjekt nur jeweils eine Ergänzung im Dativ oder Akkusativ haben kann. Einige Verben haben nur eine Dativergänzung, andere nur eine Akkusativergänzung. Lesen Sie in einer neueren Grammatik unter Verbvalenzen nach.

3. Mir ist warm / kalt / heiß, nicht: ~~ich bin warm / kalt / heiß~~.

4. Die deutsche Satzstellung unterscheidet sich von der Ihrer Muttersprache: im Hauptsatz hat das Verb immer die zweite Position, ein weiteres Verb steht am Ende: England hat das Spiel gewonnen.

5. Die Präfixe von trennbaren Verben stehen am Satzende: Der Zug kommt (übermorgen um 17:30 Uhr auf Gleis sechs) an.

6. Das Adverb steht im Deutschen meistens hinter dem Verb: Wir fahren manchmal an den Bodensee (nicht: wir manchmal fahren ...).

Französisch

1. Das Hauptproblem dürfte für Sie die deutsche Satzstellung, speziell die Verbstellung sein. Im Hauptsatz steht das Verb an der zweiten Position. Sie wollen Deutsch besser beherrschen. Jedes weitere Verb (im Infinitiv oder Partizip 2) findet sich am Satzende. In Nebensätzen stehen alle Verben am Satzende. Sie wollen die deutsche Sprache besser beherrschen, weil Sie nicht mehr in den falschen Zug einsteigen wollen.

2. Im Deutschen stehen Adjektive in der Regel vor dem Nomen und werden dann auch dekliniert (also die Endungen beachten): ein alter Mann, das neue Haus, ein großes Schiff eine hübsche Frau.

3. Deutsche Relativpronomen nehmen verschiedene Formen an, je nachdem, worauf sie sich beziehen: Das Kind, das auf der Straße spielt, ist allein. Das Kind, mit dem ich gestern gesprochen habe, kommt aus Frankreich. Die Leute, deren Namen ich nicht weiß, kommen aus China.

4. Viele Nomen bekommen im Deutschen einen anderen Artikel, als Sie - von Ihrer Muttersprache ausgehend - vermuten. Lernen Sie daher immer die Nomen zusammen mit dem Artikel. Etwa: die Sonne, der Mond.

Griechisch

1. Die deutsche Satzstellung unterscheidet sich von der Ihrer Muttersprache dadurch, dass das Verb im deutschen Hauptsatz immer an der zweiten Position stehen muss. Weitere Verben (im Infinitiv oder Partizip 2) stehen am Satzende. In Nebensätzen stehen alle Verben am Satzende: Fast alle Griechen können Sirtaki tanzen.

2. Im Gegensatz zu Ihrer Sprache formt das Deutsche Fragen oft durch Inversion: Gehst du mit ins Theater?

3. Auch bei Verneinungen behält das Verb im Hauptsatz die zweite Position: Wir haben keine Suppe mehr. Das macht aber nichts.

4. Bedenken Sie, dass die Nomen im Deutschen oft ein anderes Genus besitzen als im Griechischen, Sie sollten daher Namen immer zusammen mit dem Artikel lernen, etwa: das Auto.

5. Die griechische Präposition DE hat im Deutschen mehrere Entsprechungen: in, an; aro kann von, seit oder in heißen.

Italienisch

1. Im deutschen Hauptsatz muss das konjugierte Verb die zweite Position haben. Weitere Verben (in der Infinitiv- oder Partizip-2-Form) stehen am Satzende: Viele Deutsche wollen Italien (immer wieder im Sommer) besuchen. Anna hat gestern (auf dem herrlichsten Markt der Welt Blumenkohl) gekauft.

2. Deutsche Namen haben vom Italienischen abweichende Genera: la macchina - das Auto, la gonna - der Rock oder la radio - das Radio. Verlassen Sie sich also nie auf Ihre Muttersprache.

3. Das Adjektiv steht im Deutschen meistens vor dem Namen: das Weiße Haus (nicht: ~~das Haus Weiß~~).

4. Nach unpersönlichen Ausdrücken steht im Deutschen der Infinitiv mit zu: Es ist schwer, Deutsch zu lernen ,nicht: ~~es ist schwer Deutsch lernen~~).

5. Die Steigerung der Adjektive ist zwischen Italienisch und Deutsch verschieden: piü grande = größer (nicht: ~~mehr groß~~), il piü grande = der größte (nicht: der ~~mehr große~~).

Japanisch

1. Deutsche Hauptsätze haben das Verb an der zweiten Position. Weitere Verben (im Infinitiv oder Partizip 2) stehen dann am Satzende. Deutsche Nebensätze haben das Verb am Satzende: Man muss das nicht immer falsch machen.

2. Präpositionen stehen im Deutschen gewöhnlich vor dem Nomen: in die Stadt, auf den Berg, hinter der Sonne.

3. Deutsche Nomen haben in der Regel einen Artikel, der unbedingt dazugehört. Lediglich allgemeine Ausdrücke (Japanische Firmen produzieren Elektrogeräte), unzählbare Nomen (es fällt viel Schnee) und Eigennamen (Fritz hat alles) stehen ohne Artikel.

4. Deutsche Sätze benötigen außer dem Verb auch ein Subjekt. Wo es kein logisches Subjekt gibt, steht das Ersatzsubjekt es: Es ist notwendig(,) die Regel zu lernen.

5. Deutsche Verben müssen konjugiert werden, das heißt: Sie verändern ihre Endungen je nach der Person (ich gehe, du gehst, er geht).

6. Deutsche Adjektive drücken keine Zeit aus, dies wird durch begleitende Verben ausgedrückt: Heute ist es schön, gestern war es schön.

Persisch

1. Die deutsche Satzstellung dürfte Ihnen einige Probleme bereiten: Das Verb steht im Hauptsatz immer an der zweiten Position: Ich gehe in den Garten (nicht: ~~Gehe ich in den Garten~~).

2. Wenn Sie, wie in Ihrer Muttersprache, mit dem Verb beginnen, versteht ein Deutscher eine Ja-Nein-Frage: Gehe ich in den Garten? Ja.

3. Weitere Verben im Hauptsatz stehen am Satzende, sie werden dann

im Infinitiv oder Partizip 2 benutzt und nicht konjugiert: Stefanie möchte ein Eis essen. (nicht: ~~Stefanie möchte ein Eis isst~~.).Aber: Norma *hat* gestern mit Helga Streit *gehabt* Hier muss *gehabt* gesagt oder geschrieben werden, weil es ja das Partizip Perfekt ist, mit dem man das Perfekt bildet.

4. Das Perfekt wird im Deutschen nur dann mit sein gebildet, wenn es Verben der Bewegung, der Veränderung oder sein und bleiben betrifft: Sie *sind* geflogen, dann *sind* Sie eingeschlafen und *sind* im Flugzeug geblieben. Sonst bildet man das Perfekt mit haben. (Ich bin geschlagen ist eine Passivform, kein Perfekt, den Unterschied zwischen *geschlagen haben* und *geschlagen werden* haben manche Ihrer Landsleute vielleicht in schmerzhafter Erinnerung.)

5. Deutsche Nomen brauchen unbedingt einen Artikel. *Der* Winter kommt bestimmt.

6. Das Adjektiv steht im Deutschen gewöhnlich vor dem Nomen und muss dekliniert werden (eine Endung bekommen): ein *kluger* Mensch, eine *graue* Maus.

7. Relativpronomen verändern im Deutschen ihre Form, je nachdem, worauf sich der Relativsatz bezieht: Von dem Kind, *das* vor etwas mehr als 2000 Jahren geboren wurde, war irgendwie anders. Und: Das Kind, mit *dem* ich am Sonntag spazieren ging, war mein Sohn.

Slawische Sprachen

1. Deutsche Namen brauchen fast immer einen Artikel: der Ausländer, die Ausländerin, das Ausland. In Ihren Muttersprachen haben Namen eine Endung, die anzeigt, welchen Kasus (Nominativ, Genitiv, Dativ, Akkusativ) oder welches Genus (Maskulinum, Femininum, Neutrum) das Namen hat. Wenn Sie diese Endung weglassen, klingt das Nomen für Sie komisch. Aber genauso klingt es, wenn Sie bei deutschen Namen den Artikel weglassen. Einzige Ausnahmen: bei Eigennamen, wenn etwas allgemein genannt wird (Es gibt in Deutschland Ausländer), und bei nicht zählbaren Begriffen (Morgen gibt es Schnee, Paul trinkt Wein) dürfen Sie den Artikel weglassen.

2. Die deutsche Sprache unterscheidet zwischen langen und kurzen Vokalen. Lange Vokale bekommen oft ein h als Partner (fahren, zahlen), nach kurzen Vokalen steht oft ein Doppelkonsonant (wollen, sollen, müssen, fallen, stellen). Leider gilt diese Regel nicht immer.

3. In allen Hauptsätzen hat das Verb die zweite Position, in Nebensätzen steht es am Satzende. Sie verstehen manches nicht, wenn Sie dies vergessen.

4. Hat ein Hauptsatz zwei Verben, bilden diese eine Klammer: das konjugierte Verb hat die zweite Position, das andere Verb steht am Satzende (im Infinitiv oder in der Partizip-2-Form: er kann (schon seit seinem siebten Lebensjahr) schwimmen, er hat (zu allem immer nur) genickt. In Nebensätzen stehen alle Verben am Ende, das konjugierte Verb hat die allerletzte Position: Natalia konjugiert nicht, wenn sie schlafen will.

5. Bei trennbaren Verben steht das Präfix am Satzende (der Zug fährt... ab, der Kurs fängt... an, nicht: der Kurs anfängt...).

6 Bestimmte Verben und bestimmte Präpositionen gehören im Deutschen fest zusammen und sind als eine Vokabel zu lernen, zum Beispiel: interessiert an, sich freuen auf/ über, warten auf. Perfekt, Plusquamperfekt und Futur sind im Deutschen zusammengesetzte Zeiten, die aus einem Hilfsverb (sein, haben, werden) und dem Verb (in der Infinitiv- oder Partizipform) bestehen: ich bin gefahren, ich habe gekauft, er wird kommen (nicht: ich gefahren). Die Partizip-2- oder Infinitivformen werden nicht konjugiert.

7. Jeder deutsche Satz braucht unbedingt ein Subjekt. Wo es kein logisches Subjekt gibt, wird es durch das Wörtchen es ersetzt: es regnet, es gibt.

8. Die deutschen Reflexivpronomen werden dekliniert: ich wasche mich, du wäschst dich, er wäscht sich, wir waschen uns, ihr wascht euch, sie waschen sich (nicht: ich wasche sich).

9. Vorsicht bei Verben, die auf Russisch auf -irowat beziehungsweise auf Serbokroatisch auf -irati enden! Sie entsprechen nicht den deutschen Verben auf -ieren (russisch: planirowat, serbokroatisch: planirati ist auf Deutsch: planen, nicht etwa planieren).

Spanisch

1. Im deutschen Hauptsatz muss das konjugierte Verb die zweite Position haben. Weitere Verben (in der Infinitiv- oder Partizip-2-Form) stehen am Satzende: Viele Deutsche wollen Spanien (immer wieder) besuchen. Elena hat gestern (einen blauen Blazer und eine rote Krawatte) gekauft.

2. Deutsche Namen haben vom Spanischen abweichende Genera: el coche - das Auto, la falda - der Rock, el sol - die Sonne. Verlassen Sie sich also nicht immer auf Ihre Muttersprache, sondern hören Sie bei Nomen besonders gut hin.

3. Das Adjektiv steht im Deutschen meistens vor dem Namen: das Weiße Haus (nicht: ~~das Haus Weiß~~).

4. Auf Deutsch genügt es, wenn man einmal nein sagt: Sie hat das niemals gesagt (nicht: ~~Sie hat nicht das niemals gesagt~~).

5. Der Imperativ steht im Deutschen ohne ein Personalpronomen: Geh! (nicht: Geh du!).

6. Nach unpersönlichen Ausdrücken steht im Deutschen der Infinitiv mit zu: Es ist schwer, Deutsch zu lernen (nicht: ~~Es ist schwer, Deutsch lernen~~).

7. Die Steigerung der Adjektive ist anders im Deutschen: mas grande = größer (nicht: ~~mehr größer~~); el mas grande del mundo = der größte der Welt (nicht: ~~der mehr große~~ ...)

8. Die Aussprache: Ihr B klingt nach V. Ändern Sie das!

Thailändisch

1. Das Allerwichtigste: Ihre Aussprache des Deutschen bereitet Ihnen große Schwierigkeiten und Sie haben das Gefühl, man versteht ihr Deutsch nicht. Das ist auch so. Der Grund für Ihre Schwierigkeit, verstanden zu werden: Ihre Wörter kennen keine Stopplaute am Ende, etwa ein T, ein S. Wenn Sie „und" lesen, sagen Sie „unt". Das „wirkt". Ai, in diesem Wort sind zwei Knacklaute hintereinander. Ja, man muss sie im Deutschen hören. Eine weitere ganz große

Schwierigkeit ist für Sie die Aussprache von L und N am Ende eines Wortes. Wenn Sie „geben" lesen, sagen Sie gern „gebel", wenn Sie „Gabel" lesen, sagen Sie „Gaben". Da versteht man Sie natürlich nicht. Wenn Sie ein H am Anfang eines Wortes sehen, holen Sie zuerst tief Luft und pressen diese mit dem H heraus. Auch der Laut "Sch" bereitet Ihnen große Schwierigkeiten. Rollen Sie Ihre Zunge nach hinten und nach oben im Gaumen. Üben Sie das, immer wieder. Am Morgen vor dem Spiegel, wenn Sie noch nichts gesprochen haben. Denken Sie dabei an Shakira. Überlegen Sie, wie zischelt eine Schlange und wie klingt ein starker Sturm, der mächtig bläst?

2. Sie konjugieren Verben nicht. Das müssen Sie aber im Deutschen. Ich schwimme, mein Mann schwimmt auch (nicht: ~~Ich schwimmen, mein Mann schwimmen auch~~.

3. Sie benutzen in Ihrer Sprache keine Zeiten wie etwa Präsens oder Präteritum, sondern drücken die Zeiten mit Wörtern wie gestern, heute, morgen aus.

4. Ihre Satzstellung ist freier im Thailändischen. Prägen Sie sich das Satzbauschema im Deutschen ein und lernen Sie Satzgefüge wie "Ich spreche gern Deutsch, weil ich hier verstanden werden möchte" auswendig und wiederholen Sie diese Satzgefüge täglich, wenn Sie allein sind.

Türkisch

1. Vergessen Sie im Deutschen nie das Verb *sein*: Er ist groß, die Türkei ist schön (nicht: ~~er groß, die Türkei schön~~). Gibt es ein Verb im Satz, so brauchen Sie *sein* natürlich nicht: es schmeckt (nicht: ~~es ist schmeckt~~).

2. Das Perfekt ist im Deutschen eine zusammengesetzte Zeit, die aus einem Hilfsverb (sein / haben) und dem Partizip 2 gebildet wird. In Hauptsätzen steht das Hilfsverb an zweiter Position, das Partizip 2 am Satzende: Peter hat heute Morgen auf dem Markt in der Kreisstadt eine große Kiste mit roten Tomaten gekauft (nicht: ~~Peter gekauft Kiste~~ ...).

3. Deutsche Namen brauchen einen Artikel. Nur wenn es sich um einen Eigennamen handelt (Isabel hat einen schwarzen Hund) oder wenn

etwas allgemein ausgedrückt ist (Menschen unterscheiden sich von Tieren dadurch, dass sie Angehörige ihrer eigenen Art umbringen) oder wenn ein unzählbarer Begriff genannt wird (Trinken Sie Kaffee? oder Es fällt Schnee), können Sie den Artikel weglassen.

4. Hat ein Satz kein logisches Subjekt, braucht er im Deutschen das Ersatzsubjekt *es* (Es regnet den ganzen Tag).

5. Deutsche Adjektive stehen meistens vor dem Nomen und werden dann dekliniert: eine schöne Frau (nicht: ~~eine Frau schön~~).

Vietnamesisch

1. Gewöhnen Sie sich daran, dass die deutsche Sprache, anders als Ihre Muttersprache, deren Wörter nur eine Silbe tragen, sehr lange Wörter haben kann. Wörter wie *Arbeitsunfähigkeitsbescheinigung* entschlüsseln Sie am besten, wenn Sie hinten anfangen und Wort für Wort nach vorn wandern. Das Wort am Ende ist für den Artikel zuständig. Etwa: der Buchtipp (der Tipp)

2. Deutsche Nomen brauchen einen Artikel, jeder Satz braucht ein Verb: Dieses Buch ist gut (nicht: ~~Buch dies gut~~). Dieser Mann ist alt (nicht: ~~Mann dies alt~~). Beachten Sie auch, dass im Deutschen Adjektive dekliniert werden (eine Endung haben: dieser alte Mann) und Verben konjugiert werden (verschiedene Endungen je nach Person oder Zeit haben: er ging, wir saßen).

3. Deutsche Fragen werden oft durch Inversion gebildet: Schreibst du deinem älteren Bruder einen Brief? (Nicht: ~~Älterer Bruder haben schreiben Brief oder nicht?~~)

4. Die Person wird im Deutschen gern durch ein Pronomen ersetzt, wenn man zuvor von dieser Person sprach und man also weiß, von wem geredet wird. Du hast einen älteren Bruder. Schreibst du *ihm* einen Brief? (Nicht: ~~Älterer Bruder haben, schreiben Brief oder nicht?~~)

5. Jeder Satz braucht ein Subjekt. Wenn es kein Subjekt gibt, benutzen Sie das Ersatzsubjekt *es*. *Es* gibt viel zu erzählen. *Es* ist kalt.

für alle / vor allem 70
für / vor 70
ganz anderes / ganz anders 70
gar nicht / gar nichts 71
geantwortet / beantwortet 71
gebeten / gebettet / gebetet 71
gebildet / ausgebildet / eingebildet 71
gefallen / gefallen 72
Gegend / Umgebung 72
gehen / es geht 73
genießen / gefallen 73
geschafft / geschaffen 73
geschickt / geschickt mit 74
gehören / es gehört sich 74
Geschirr / Geschirre 74
gesehen / ausgesehen 74
gestern / morgen 75
~~gestrietten~~ / gestritten 75
gewaltig / gewalttätig 75
gewohnt / gewöhnt 75
gezogen / eingezogen 76
gibt / es gibt 76
Glas Wein / Gläser Wein 77
gleich / ähnlich 77
gleiche / selbe 80
groß / schwer 80
großer / größer 80
gut / schön 81
Hare / Haare 81
hat gefallen / ist gefallen 81
hat gesehen / sah 81
hatte / hätte 82
Haus / Wohnung 82
Heil / Gesundheit 83
herauf / herunter 83
Herrn / Herren 83
herum / heran 83
hier / her 84
hier / hierher 84
hin / her 84
hinauf / herauf 85
hinaus / heraus 85
hinein / herein 85
Hinsicht / Hinweis 85
hinterher / nachdem 85
hoch / groß 86

hohe / Höhe 86
holen / hohl 86
hören sprechen / sprechen hören 87
hören / hören 87
hören / zuhören 87
-ich-Endungen / -isch-Endungen 90
Ihnen / dich 90
Ihnen / ihnen 90
Ihr / Sie 91
Ihre Leben / ihr Leben 91
Illusionen machen / Illusion hingeben 91
Im Gegensatz dazu / das Gegenteil zu 91
Im Herzen / auf dem Herzen 92
im November 1483 / 1483 93
in 1998 / im Jahr 1990 93
in der Meinung / meiner Meinung nach 93
in der Stadt / auf dem Land 93
In einem Zug / in einem Zug 94
in Zukunft / in der Zukunft 94
in / an 94
in / an/ auf 95
in meinem / ~~im~~ meinem 95
in / im 95
in / nach 96
indem / in dem 96
ins Bett / im Bett 96
interessant / interessiert 96
irgend / irgendeiner 97
ist egal / es ist egal 97
je … desto / je … umso 97
jemand, … er /man …, man 100
~~Kaltmitte~~ / Kaltmiete 100
kämpfen / bekämpfen 100
kannte / konnte 101
kaufen / einkaufen 101
keine Leute / niemand 101
kennen / können 102
kennen / wissen 102
Kinder / Kindern 102
Kirche / Kirsche 103
klingen / klingeln 103
Kollege / Mitschüler 103
Koma / Komma 103

... mehr Bücher von Paul Krieger und Hans-Jürgen Hantschel

Bei *Klett*

finden Sie aus der Reihe **Mit Erfolg zu ...**
Übungs- und Testbücher der beiden Autoren
von **A1 - C1.**

Die Testbücher bieten ...
- gezielte Prüfungsvorbereitung auf die
  Zertifikate
- für Ihren Deutschkurs und für Selbstlerner

Die Testbücher enthalten:
- ausführlicher Erläuterungen zu den jeweiligen Prüfungen
- detaillierte Beschreibung der Prüfungsteile
  - Lesen
  - Hören
  - Schreiben
  - Sprechen
- Modelltests
- Lösungsstrategien und Tipps
- kommentierte Lösungen zur Selbstkontrolle
- Transkriptionen der Hörtexte

Mit Erfolg zu Start Deutsch A1-A2, Testbuch
ISBN: 978-3-12-675834-5
Mit Erfolg zu telc Deutsch B2, Testbuch
ISBN: 978-3-12-676805-4
Mit Erfolg zum Goethe-Zertifikat C1, Testbuch
ISBN: 978-3-12-675835-2